本成果受北京语言大学校级项目（中央高校基本科研业务费专项基金）（18YBB06）和北京语言大学院级项目（中央高校基本科研业务费专项基金）（19YJ080304）资助

国家社科基金
重大项目成果

对外汉语教学语法丛书

◎ **总主编** 齐沪扬

语气词

胡建锋 ◎主编 | 郑家平 ◎著

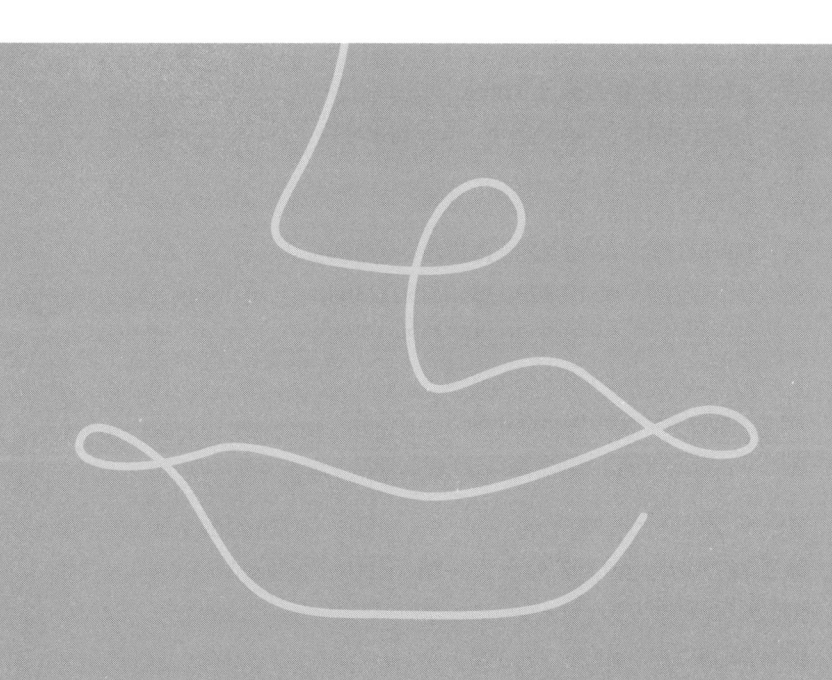

北京语言大学出版社
BEIJING LANGUAGE AND CULTURE
UNIVERSITY PRESS

© 2023 北京语言大学出版社，社图号 23190

图书在版编目（CIP）数据

语气词 / 胡建锋主编；郑家平著. -- 北京 : 北京语言大学出版社，2023.10
（对外汉语教学语法丛书 / 齐沪扬总主编）
ISBN 978-7-5619-6411-8

Ⅰ. ①语… Ⅱ. ①胡… ②郑… Ⅲ. ①汉语－助词－对外汉语教学－教学研究 Ⅳ. ①H195.3

中国国家版本馆 CIP 数据核字（2023）第 176957 号

语气词
YUQICI

排版制作：	北京光大印艺文化发展有限公司
责任印制：	周 燚
出版发行：	北京语言大学出版社
社　　址：	北京市海淀区学院路 15 号，100083
网　　址：	www.blcup.com
电子信箱：	service@blcup.com
电　　话：	编 辑 部 8610-82303647/3592/3395
	国内发行 8610-82303650/3591/3648
	海外发行 8610-82303365/3080/3668
	北语书店 8610-82303653
	网购咨询 8610-82303908
印　　刷：	北京联兴盛业印刷股份有限公司
版　　次：	2023 年 10 月第 1 版　　印　次：2023 年 10 月第 1 次印刷
开　　本：	787 毫米 × 1092 毫米　1/16　印　张：16.75
字　　数：	274 千字
定　　价：	88.00 元

PRINTED IN CHINA
凡有印装质量问题，本社负责调换。售后QQ号1367565611，电话010-82303590

总　序

摆在读者面前的，是国家社科基金重大项目"对外汉语教学语法大纲研制和教学参考语法书系（多卷本）"（17ZDA307）的所有成果。这些成果包括大纲系列4册、书系系列26册、综述系列8册，以及选取研究过程中发表的一部分优秀学术论文集辑而成的论文集1册，共计39本著作，约700万字。这个项目的研制，历时5年有余，参加的研究人员多达50余人，来自国内和海外近30所高校。

2017年11月，全国哲学社会科学工作办公室正式公布"2017年度国家社科基金重大项目立项名单"。2018年4月14日，国家社科基金重大项目"对外汉语教学语法大纲研制和教学参考语法书系（多卷本）"的开题报告会举行。2019年8月，2017年度国家社科基金重大项目中期检查评估报告提交，2023年1月召开课题结项鉴定会。

根据专家组意见，特别是专家组组长赵金铭教授两次谈话的意见，按照全国哲学社会科学工作办公室立项通知书上的要求，本项研究牢固树立问题意识、创新意识和精品意识，立足学术前沿，体现有限目标，突出研究重点，注重研究方法，符合学术规范。项目的执行情况、所解决的问题和最终成果如下：

大纲、书系和综述是主要的研究成果。三类不同的成果面对的读者是不一样的：大纲是给教师教学与科研使用的，同时也顾及学习汉语、研究汉语的一些国际学生；书系主要是给在一线教学的对外汉语教师看的，以解决这些教师在教学过程中的实际问题为目的；综述是对大纲和书系的补充，主要面向对外汉语教师、汉语国际教育专业研究生和本科生，以及需要进一步了解、研究相关领域的群体，为这些人继续研究相关问题提供材料和方法。三种不同的读者群体决定了三类成果的不同写法。

1. 大纲研制

大纲研制的最终成果是两套大纲：分级大纲（初级大纲和中级大纲）和分类大纲（书面语大纲和口语大纲），共4册。语法大纲不局限于语法知识本身，而是以学习者语言能力的培养为目标。凡是能促进学习者语言能力的语法项目都应析出为大纲的项目。语法项目的编排依据的是语法形式，使用条件式来描述细目的功能。使用条件式有利于促进语法知识转化为语言能力。

分级大纲中语法项目的等级不宜简单理解为语言本身的难度区分，更应理解为习得过程性的内在要求。以促进学习者生成语言能力为目标，支持学习者语言能力生成的语法项目都应列目，项目编排以语法结构为基础，细目的描写以促进语言能力生成为重。大纲体现习得的过程性，总体上为螺旋形呈现。

目前对外汉语教学和科研依据的都是通用语体的语法大纲，至今尚没有分语体的大纲问世，这种状况显然与发展迅速的第二语言教学事业不相适应。书面语语法大纲和口语语法大纲的研制，填补了大纲研究的空白，在今后的教学指导、教材编撰、汉语水平测试等方面，都能发挥很大的作用。

2. 书系研发

我们在全国范围内分三批次遴选和推荐了撰稿人，这些撰稿人都有长期从事对外汉语教学的经历，且都是语法专业背景出身。从目前情况看，学术界和教学界都需要这一类书，这套书也具有填补空白的作用。而且，这套书是开放性的，条件成熟可以再继续做下去，达到30本到50本的规模，甚至再多一些都是可能的。

书系的研发应以"语法项目"作为书名，不求体系完整，成熟一本撰写一本；专业性不能太强，要考虑到书系的读者需求，他们阅读这本书是为了解决教学上的问题，除了必要的理论阐述和说明之外，要尽量早一点儿切入到教学中去；提出的问题要切合教学实际，60~80个问题，其实就是这本书的目录，有人来查，很快就能对症下药，找到自己想要的东西；提的问题要有针对性，要有实用性，针对学生的水平等级，围绕这个语法项目，把教学上可能遇到的问题按等级排序。总之，这是一套深入浅出的普及性小册子，一定会受到广大对外汉语教师的欢迎。

3. 综述编著

按照标书要求，阶段性成果包括两套综述汇编。编著这两套综述汇编，首先是项目研制的需要，是和大纲研制、书系研发互相支撑、互相配合的；其次是近20年的综述汇编，学术界和出版界均尚无相关成果问世，很多研究者迫切需要这方面的资料；最后是这套综述汇编的写法与其他综述成果不同，两套综述不仅仅是"资料汇编"，里面更有很多作者的评议和引导，是"编著"类的"综述"，这类"综述"其实是不多的。这样的写法比目前在做的或者已经出版的"综述"要科学得多，实用得多。

综述分为两套：《近20年对外汉语语法教学研究》和《近20年汉语作为第二语言语法习得研究》。综述的主要读者应该是研究者，是关心该领域的研究者，作者收集的材料要尽可能齐全，作者所做的分析要有依据，作者做出的解释要能让研究者信服。两套综述都能做到对相关问题做出梳理，述评结合，突出评价的学术性、原创性和实用性，力图使读者对相关论题有一个全面的认识和深刻的思考，并为进一步的研究提供方向。

对上述这些成果的介绍只能点到为止，事实上，具体到每一本著述，都是有必要重点介绍的。好在每套书都另有主编，请读者自行阅读每套书的主编写的"序"吧。我这里还想向读者介绍的是这些著述的作者们，没有他们，这些成果难以问世。

本项课题涉及面广，研究人员多，在最初填写招标书时我们已经意识到了："本项研究工程浩大，……大纲和书系非一校之力可完成，将集中全国不同高校共同承担。"本课题前后参加研究的人员有 50 多人，分布在国内及海外近 30 所高校。如何将这些研究人员组织起来，集思广益，凝神聚力？课题组在"集全国高校之力"上，下了大力气。

原先设想由某个高校具体负责某块项目研究，但该想法在实际操作中遇到了问题。开题报告会后，课题组调整后的组织方式体现出优势来。四个研发小组的组长取代了原来子课题负责人的职位和功能，优势体现在：他们面对的是具体的项目，而不是具体的研究人员；他们针对项目选取研究人员，而不是为已有的研究人员配备研究内容；他们可以从全国高校选择自己相中的研究人员，而不需采取先满足校内再满足校外的程序和方式。人尽其才，物尽其用，效率提高，质量保证，自然是意料之中的结果。例如，书系组的 20 多位作者来自 15 所高校，综述组的作者来自 12 所高校。这是第一个方面。

第二个方面，就是充分利用会议的机会，将会议定位于有目标的会议、有任务的会议，让会议开出成效来。自课题立项之后，围绕着课题的研究进展，课题组已经开过多次会议。一是一年一度的"教学语法学术讨论会"，课题组所有人员都参加，至今已经开过多届：淮北（2017）、扬州（2018）、南宁（2019）、黄山（2020），等等。二是一年多次的课题专项讨论会，有需要就开。如在杭州，就分别开过综述组、数据平台组、书系组的专项讨论会；在南京、上海都开过大纲组的专项讨论会；2020 年 7 月，在腾讯会议上开过两次大纲组的专项讨论会；等等。这些会议目标明确，交流便捷，解决问题能力强，时间跨度短，是联络不同高校研究人员的好方式。

这套书的所有主编和作者都十分尽力。对外汉语教师的工作量很大，大多数人都有每周 10 节以上的课时量；况且，大多数人的手上还有自己的科研项目要做，还有自己指导的研究生的论文要看，还有各自的不同研究论文要写。种种忙碌和辛苦之中，要挤出这么多时间和精力，去从事另外一块研究任务，还是高标准、有要求、无报酬的研究任务，如果没有一种对对外汉语教师这个职业的由衷热爱，没有一种为对外汉语教学事业做点儿贡献的精神支撑，他们是断然不可能接受这样的研究任务的。更何况有些作者接受了两项不同的研究任务，研究强度和研究压力可想而知。因此可以这么说，这些成果渗透着作者们的辛劳，饱含着作者们的心血，每一本都是"呕心之作"，这样的赞誉是得当的。

北京语言大学出版社是这个项目的合作者和推动者。项目立项不久，出版社和课题组就有过接触。出版社前后两任社长和总编辑都向课题组表过态，希望这个课题的所有成果能在北京语言大学出版社出版，出版社愿意为课题的宣传、推广、出版尽责任，做贡献。2020年1月，课题组和出版社有过进一步的密切联系，敲定了详细的合作计划。2022年3月，出版社申报的"对外汉语教学语法丛书"成功入选2022年度国家出版基金资助项目。这些成果的出版，没有出版社的支持是做不到的。

再次感谢在漫长的研究过程中给予我们支持、帮助的所有老师和朋友。

对于这套教学参考语法书系，这里想重点介绍下这套书系的编撰特点和编撰原则。编撰特点可以归纳为以下四点："设计理念要接受多元的语言学理论指导""编撰方针是两种语法分析方法的结合""结构框架要考虑本体研究和教学研究的需要""问题设计要以'碎片化'语法为主"。关于这四点的具体阐述就不再展开了，事实上读者通过这四点已经可以大致了解这套书系的编撰理念了。入选的26本专著选取了不同的语法项目作为书名，面对不同的主题，每本书都会在不同层面、不同角度、不同对象上反映出这套书系的整体面貌和阐述形式，以及结构框架和问题设计，值得一读。

这套教学参考语法书系两个必须遵守的编撰原则是普及性和实践性。普及性原则体现在要做到对读者进行语法知识的普及。语法知识普及要考虑两个方面的问题：一是理论知识的普及，一是语法术语的普及。书系的编写还要遵守实践性的原则，这个原则体现在三个方面：一是面向教学实践，二是面向教师群体，三是面向教学语法。这套书系不以学术高度与理论深度为目标，而以是否能够解决实际问题为标准。出版这样的系列丛书尚属首次，相信普及性原则和实践性原则会使这套书系更接地气，更受欢迎。

教学参考语法书系研发是和汉语教学语法大纲研制平行的、互相支撑的一项研究，书系是以大纲为参照编写的，作为本体研究和教学研究的重要工具书，是对大纲的深化和阐述。书系书目的确定，编写方式的确定，以至于作者队伍的确定，都尽量做到和大纲的研制同质同步。当然，由于书系服务的目标人群和大纲不完全一样，作者会更多地关注语法教学的实效性，对具体问题的一些处理，可能会有与大纲不同的地方，这一点也是需要说明的。

谨以此作为总序。

齐沪扬

初稿于 2020 年 7 月

二稿于 2022 年 5 月

三稿于 2022 年 12 月

序

本专辑包括《助词"了"》《助词"着"》《"能"与"会"》《语气词》和《语篇的衔接与连贯》五本著作,是齐沪扬教授主编的对外汉语教学语法丛书书系系列六大专辑之第三辑。

之所以把这几本专著放在一个专辑里,主要是因为它们有几个共同点:第一,在研究内容上都是相对封闭的。《助词"了"》《助词"着"》和《"能"与"会"》都是写一个词或一组词的,而《语气词》的研究对象也是有限的;至于《语篇的衔接与连贯》,是语篇研究中的一个重要部分,是研究衔接手段、衔接成分的,和前面几本一样,在研究内容上也是相对封闭的。第二,"了""着""能""会"和语气词,以及小句之间的衔接方式,在教学和学习过程中都是高频出现的。第三,这些形式在使用时涉及多层面的因素,有多种意义,用法具有多样性。第四,"了""着""能""会"和语气词等的用法或表达的意义,都与语境密切相关,只有在语境中才能全面、准确了解。

近年来,越来越多的学者认识到,语言教学的范围不仅包括语法、词汇层面的内容,还包括语用、语篇等相关内容,不仅要让二语学习者学会,更要让他们用好。与之相关的,对于一个词或者语法点应该讲授哪些内容,在传统的关于句法、语义研究的基础上,学者们也开始关注语用和语篇的相关内容。从研究内容上看,本辑的专著,除了尽可能解决传统的句法和语义问题外,还着力解决在中介语语料库中体现得很突出的语用和语篇问题。有些语篇,即使在词汇、句法等方面都没有问题,看起来仍然不地道,主要就是在语篇的衔接和连贯方面出现了问题;再如信息配置方面的问题,信息的类别从不同视角可以分为已知信息与新信息、前景信息与背景信息、预期信息与非预期信息等，而在不同的语言中，不同信息类别进入语篇的方式可能存在差异，学习者习得汉语时难免会出现各种问题，这与具体语言形式相关，如"着""了"等时体标记就与前景/背景信息配置密切相关；还有语言的主观性方面的问题，进入语篇的语言不仅传递客观信息，而且传递主观信息，不同语言中，表达主观性的手段不尽相同，汉语情态词、语气词都与主观性表达密切相关。

本辑的专著不仅关注研究对象自身的用法，更关注与之相关的词语或句式之间的系统性，比如关于"能"和"会"的研究，不仅基于情态义分析它们的句法特征等，还关注它们与其他语法范畴的联系与制约关系。在研究中，注意不同层级的用法差异，关注高层级对下一个层级的制约等，比如助词"了""着"等，特别关注其在不同句式中的用法，从高层面研究它们的具体用法。研究的内容从句法、语义到语用、语篇，全面覆盖教学可能涉及的知识点，比如关于语气词的研究，不仅说明不同语气词的话语分布特点、话语功能，还关注常见偏误，以及具体教学的问题等；关于语篇衔接的手段，不仅关注显性衔接，还关注隐性衔接，研究的内容都非常全面。几本专著都着力解决二语习得过程中的一些常见偏误问题和教学中的常见问题，相关的内容具有直接的应用价值，问题的设置都具有针对性。

同时，每一本专著又有着自己的特色。《助词"了"》对于如何处理具体问题视角十分明晰，从"性质与功能""联系与区别""连用与共现""偏误与原因""教学与实践"等角度处理相关问题，秉持从简从易的原则，比如把词尾"了"和句末"了"作为同一个体标记在不同位置上的分布来处理，将复杂的问题简单化，具有操作性，全书"以简约为求"。《助词"着"》从绝对时间和相对时间视角出发考察了"着"的用法，还从动词或动词词组的类别、数量词组、外部事件参照等角度进行探讨，并结合时间副词、相关结构和句式等，对相关用法进行全方位的研究，突显了"着"的时间性特征对其功能的影响，全书"以时间为线"。《"能"与"会"》以语义为着眼点，基于"能"和"会"的情态义分析它们的句法特征及其与其他语法范畴的联系与制约关系等，在此基础上，分析、解释和应用"能"和"会"，考察细致入微，对各种用法以及使用的条件都有详细的描写，全书"以分布为纲"。《语气词》基于该类词的多样性、动态性和细微性的特点，将汉语抽象、空灵的语气词用法置于具体的用法中讲解，选取日常口语中两个常用语气词"呀""吧"做详细介绍，另选取若干常用语气词做典型功能及用法介绍，使得语气功能易于理解，语气差异具体可感，全书"以用法为引"。《语篇的衔接与连贯》围绕语篇衔接与连贯这个核心，考察了影响语篇衔接与连贯的具体因素，比较了一些衔接方式对语篇组构产生的影响等，从二语习得中的偏误出发，基于已有的相关成果，针对具体的衔接对象，进行相关衔接方式的选择性研究，全书"以组构为要"。

以上五本专著基于教学和学习，选择不同的研究视角，或者考察了相关的知识，或者介绍了相关的方法，对可能出现的问题做出内容取舍。我们相信，这些对本知识点或者相关知识点的研究成果，无论对教学还是对学习，都具有直接的参考价值，必将有助于提升教师相关语法知识的教学水平。

胡建锋

2022 年 5 月

目 录

引言 / 1

第一部分 理论篇 / 11

1. 语气词是什么？ / 11

2. 语气词可以分为哪几类？ / 14

3. 语气词和语气助词、小品词是同一种词吗？ / 17

4. 语气词与叹词有什么异同？ / 20

5. 句末语气词和句中语气词有什么异同？ / 24

6. 语气词能连用吗？ / 27

7. 现代汉语中的典型语气词缘何而来？ / 32

8. 非典型语气词如何产生？ / 35

9. 汉语语气词的传信、传疑、完句功能指什么？ / 37

10. 语气词主要表达哪些话语功能？ / 42

11. 关于语气词功能的争论有哪些？ / 45

第二部分 知识篇 / 50

12. 语气词"呀"与"啊"有什么关系？ / 50

13. 句末语气词"呀"主要分布在哪些句类中？ / 53
14. "呀"字疑问句主要分布在对话中的哪些位置？ / 58
15. "呀"字陈述句和感叹句主要分布在对话中的哪些位置？ / 62
16. "呀"字感叹句和设问句主要分布在对话中的哪些位置？ / 65
17. 位于句末的"称呼语/人称代词+呀"表达怎样的功能？ / 67
18. 语气词"呀"为反问句和特指疑问句带来了什么？ / 70
19. "不是！"和"不是呀！"有什么区别？ / 76
20. "咱们吃饭呀"和"你们吃饭呀"语气上有什么不同？ / 79
21. 句末语气词"呀"为感叹句带来了什么？ / 83
22. 平等权势关系对句末语气词"呀"的使用有什么影响？ / 87
23. 不平等权势关系对句末语气词"呀"的使用有什么影响？ / 90
24. 亲疏关系对句末语气词"呀"的使用有什么影响？ / 95
25. 句末语气词"呀"的使用受哪些语用因素影响？ / 99
26. 句末语气词"吧"为什么是汉语L2学习者的学习难点？ / 101
27. 句末语气词"吧"主要分布在哪些句类中？ / 105
28. 表祈使语气的"吧"字句主要分布在对话中的什么位置？ / 109
29. 表揣度语气的"吧"字句主要分布在对话中的什么位置？ / 114
30. 表陈述语气的"吧"字句主要分布在对话中的什么位置？ / 118
31. 语气词"吧"给祈使句带来了什么？ / 123
32. 语气词"吧"给疑问句和陈述句带来了什么？ / 127
33. 平等权势关系对句末语气词"吧"的使用有什么影响？ / 131
34. 不平等权势关系对句末语气词"吧"的使用有什么影响？ / 134

35. 亲疏关系对句末语气词"吧"的使用有什么影响？/ 139

36. 句末语气词"吧"的使用受哪些语用因素影响？/ 141

37. 疑问句"你不去？"和"你不去啊？"有什么异同？/ 145

38. "下手真是没轻没重的啊"是陈述句还是感叹句？/ 149

39. "你吃啊"是劝说还是命令？/ 153

40. 语气词"呢"的用法有多少种？/ 156

41. 语气词"呢"的核心功能是什么？/ 161

42. 语气词"呗"是"吧"音变而来的吗？/ 164

43. 语气词"呗"主要分布在哪些句类中？/ 166

44. 语气词"呗"给陈述句带来了什么？/ 170

45. "呗"字祈使句主要表达什么功能？/ 175

46. 语气词"呗"给疑问句带来了什么？/ 179

47. 使用语气词"呗"的时候是不是都不开心？/ 182

48. 句末语气词"呗"的核心功能是什么？/ 185

49. "你去呗"是不是生硬的命令？/ 190

50. 作为语气词的"了$_2$"到底表示什么？/ 195

第三部分 习得与教学篇 / 199

51. 常见语气词容易出现哪些偏误？如何纠偏？/ 199

52. 如何纠正偏误"*你叫什么名字吗"？/ 202

53. "妈妈送给我呀，小裙子"对不对？/ 205

54. 为什么说"好吧"以后，朋友不高兴了？/ 209

55. 语气词应该怎样教？／213

56. 如何教语气词"的"？／216

57. 如何教语气词"嘛"？／219

58. 几种常见的"呢"字结构如何教学？／222

59. 如何教授双音节语气词？／226

60. 如何从互动的角度进行课堂语气词教学？／228

参考文献／240

后　记／248

引 言

齐沪扬教授的国家社科基金重大项目"对外汉语教学语法大纲研制和教学参考语法书系（多卷本）"（17ZDA307），包括两项重要的研究内容：对外汉语教学语法大纲的研制，以及教学参考语法书系的编写出版。这两项内容相结合，能够为对外汉语教学提供系统而详尽的帮助。书系以"一点一书"的形式呈现，一个知识点编写一本教学参考书，力求为所涉及知识点的教学提供全面的参考和指导。《语气词》就是该书系的组成部分之一。

一、为什么选择语气词？

在汉语作为第二语言的教学中，语气词教学一直是教和学的难点与薄弱点。一方面教师难于教，表现为在教材编写和实际教学环节中，对语气词及语气系统重视不够、把握不清；另一方面学习者难于习得掌握，他们或回避使用语气词，或在具体使用时错误百出。是什么原因使语气词难教难学呢？我们认为，汉语语气词的多样性、动态性和细微性等特点使其成为汉语作为第二语言教学界公认的难点和薄弱点。

（一）语气词的多样性

众所周知，汉语语气词十分丰富，并且一直在随着社会的发展而不断变化。严格意义上来说，现代汉语语气词的绝对数量有限，除典型语气词"啊、吧、呢、吗、了、的"以外，其他单音节语气词或由这些典型语气词音变而来，如"哇、哪、呀、嘛"等；或由方言或互联网进入日常口语交际，如"哦、哒、滴、哈、咯"等；此外，一些典型语气词也随着时代的发展产生了新的用法。例如：

（1）不是今天，是明天哈！

（2）明天去的呢！您放心。

例（1）中的"哈"原来主要是东北方言中常用的语气词，近年来在互联网中被年轻人广泛使用，并慢慢进入日常口头交际中。"呢"是典型语气词，但近年来在互联网交际中又产生了新的用法，如例（2）中的"去的呢"，类似的用法还有"好的呢""知道的呢"，这些新用法和新趋势都值得加以研究。除了单音节语气词以外，现代汉语中还有一些双音节甚至三音节语气词，如"也好、的话、着呢、罢了、而已、就是了"等。

（二）语气词的动态性

汉语语气词的动态性主要表现在语气词意义的空灵多变上。语气词是汉语语气范畴最基本和最重要的形式标志，语气词意义的空灵多变主要体现在四个方面。

其一，同一个语气词在不同语境下可以表达多种语气和功能。例如：

（3）我不知道你是谁啊！

（4）你是谁啊？为什么来我家？

（5）你是谁啊？我凭什么听你的。

例（3）~（5）都出现了小句"你是谁啊"，但在不同语境下，其表达的语气及功能是有差异的。其二，同一种语气可以由不同语气词来表达，比如，"啊、吧、吗、呢"都可以表达疑问的语气。其三，语气词与不同语调、语气副词、叹词等语气成分配搭或同现，可以表达不同的语气义及用法。其四，语气词的意义和功能在会话交流中会不断发生变化，具有较强的互动性（郑家平，2018）。由此可见，语气词与句子结构的关系并不紧密。

（三）语气词的细微性

汉语语气词的细微性主要表现在语气词的互动性上。从实际使用的角度来看，语气词主要用于口头对话中，除了受交际互动影响表达言者的语气、情感之外，语气词的使用也会对交际双方的互动产生新的影响，因此，语气词具有一定的互动功能。交际双方的权势地位、亲疏关系、情感、事件紧迫性等因素都可能影响语气词的表意功能及互动功能。我们认为，互动是言语交际的本质，也是语气词使用的本质动力和特点，对语气词互动功能的描写将有助于提高语气词教学效率，并促进学习者对语气词的习得。

二、汉语语气词的研究状况

（一）本体研究状况

语气范畴是语法范畴的重要组成部分，汉语的语气范畴主要包括语调、语气词、语气副词、叹词等，同时，句式的变换、语言成分的配搭、韵律的变换等隐性因素也会影响语气的表达（齐沪扬，2002）。其中，语气词无疑是汉语语气系统中最基本和最重要的一种形式标志，对语气词的深入研究有利于探讨汉语语气范畴中意义与形式的对应关系。那么，语气词在语气表达和语言交际中到底起什么作用？这是研究汉语语气范畴时不可回避的问题，也是语气词研究的中心问题。

从研究的理论基础和方法论的角度，我们可以将汉语学界对语气词的研究分为三类，分别是从传统角度进行的语气词研究、从话语角度进行的语气词研究和从互动角度进行的语气词研究。

1. 传统汉语语气词研究

从传统角度开展的语气词研究主要包含以下几个方面：一是语气词的界定，二是语气词的源流分析，三是从句法研究角度开展的语气词研究，四是从功能意义角度开展的语气词研究。

关于语气词的界定，学界历来存在着一些争论，主要体现在语气词名称的界定、语气词范围的界定以及语气词位置的界定三个方面。语气词源流研究包含两个方面，一个方面是对典型语气词历史来源的历时考察，另一个方面是对非典型语气词即派生语气词来源的考察。对语气词的句法研究，按照位置不同，可以分为对句末语气词的句法研究和对句中语气词的句法研究。在过去的研究中，对句末语气词的句法研究除了讨论句类分布与语气的关系外，比较注重的是对语气词同现和连用的研究。对句中语气词的句法研究，主要关注的是到底哪些词可以出现在句中位置，以及语气词可以出现在句中哪些位置上，即对句中语气词句法限制条件的研究。传统语气词意义及功能研究受历史影响，关注的主要问题是语气词的传信和传疑功能，以及语气词的完句功能。

总之，从传统角度进行的语气词研究可以说是现代汉语语气词研究的第一个阶段。这一阶段的研究多采用静态的研究视角，以句子为主要研究对象，受技术手段影响，所使用的语料多为书面语料，采用的主要研究方法是句子分析法。这一时期讨论较多的问题是语气词的界定，以及源流、语气词的句法特点、语气词所表达出的语气意义等。

2. 汉语语气词话语功能研究

二十世纪六七十年代兴起的话语分析方法为语气词功能研究提供了新的理论和方法视角。与传统语法分析相比，话语分析紧密联系语言实际，同时注重从交际双方的角度出发，探索语言的组织运用特征，这就为语气词研究提供了动态视角。这一阶段的研究主要从话题标记研究、篇章分析研究、"语气"与"口气"研究、情态功能研究、主观性与交互主观性研究几个角度展开，采用动态的研究视角来观察和研究汉语语气词现象，所使用的语料多为会话或篇章语料，采用的方法以会话分析等语用学方法为主。

对语气词意义及功能的研究是现代汉语语气词研究最为重要的方面。现有研究大多遵循汉语语法注重语义功能研究的传统，如对语气词疑信功能的探讨、情态功能的探讨、篇章话语功能的探讨等，研究者关注较多的是语气词所表达的语气意义。但语气词的意义空灵多变，使用和理解语气词都要依赖上下文语境等语用因素，在句法结构上我们找不到明确的形式依据，因此在实际研究中也很难把握语气意义的实质。传统研究中，各家致力于分析不同语气词个体的意义和用法，但这样分类得到的语气意义多到难以列举；屈承熹（2006）也认为，语气词意义和功能"分得越细，衍生的问题就越多"，导致的直接结果可能就是分类标准不统一，衍生出的各种意义相互抵触、前后矛盾。因此，有必要将对语气词意义和功能的探讨置于真实的互动交际中，考察语气词在言语互动中所表现出来的核心意义及功能。

3. 基于互动的汉语语气词研究

互动语言学强调意义与功能是在交际互动中逐渐浮现出来的，并且主张在真实语境中研究自然口语语料，这种研究框架非常适合对语气词的研究，越来越多的研究者开始采用互动语言学研究范式对现代汉语语气词进行研究，如刘锋（2015）做了关于湖南吉首方言中语气词"哒"和"哦"的研究，方梅（2016a）对语气词"呀""哪""啦"的互动功能进行了研究，高增霞（2016）从互动角度考察了"吧"的使用，郑家平（2018）对句末语气词"呀""吧""嘛""呗"的互动功能及互动能力进行了系统研究。但现有研究也存在一些问题。首先，研究者的关注点集中在个别语气词上，如国内外都有比较多的研究关注非典型语气词"哦"，而对典型语气词"啊、呢、吧、吗"等关注较少或根本没有关注；其次，已有研究更关注句末语气词的互动性，而对句中语气词的关注少之又少；最后，国外的研究（Luke，1990；Wu，2004）多从话语研究的角度对语气词的互动功能展开讨论，而国内的研究（方梅，2016b；高增霞，2016）更多采用的仍是传统的汉语语法研究范式，只是在结论中体现了互动的理念。

综观自《马氏文通》（1898）以来的现代汉语语气词本体研究历史，我们对此领域的研究状况提出如下几点基本认识：第一，在汉语语法学界，语气词研究有着优良的传统，赵元任先生、吕叔湘先生、王力先生等前辈大师都对汉语的语气范畴有过精辟论述，其后广大学者共同努力，着力挖掘语气词个体的意义及功能，已经取得相当多的可喜成就，这是我们做进一步研究的坚实基础。第二，已有的现代汉语语气词研究，重在多角度、多层次的个案研究，取得了许多优秀的成果，但这些成果的平衡性和体系性还有待加强，如对句末语气词的关注明显多于句中语气词，对典型语气词的研究明显多于非典型语气词，对口头互动中的语气词研究明显多于对网络互动平台中语气词的研究。第三，尚未形成对于现代汉语语气词的整体性认识，对于语气词个体的核心意义及功能，至今也没有形成统一的认识。我们认为其根本原因在于很多研究理论与研究方法并不能很好地契合汉语语气词的特点，我们有必要从理论创新和方法论创新的角度重新探讨汉语语气词的功能和特点。

（二）教学研究状况

在汉语国际教育领域，关于语气词的教学研究并不多见，研究也并不深入。这一方面反映了汉语教学领域对语气词教学的重视度不够，另一方面也反映出教学和科研人员不知从何处入手对汉语语气词教学进行研究。

《HSK汉语水平考试大纲》(2009)甲级词收录了10个语气词,分别是"啊、吧、的、啦、了、吗、嘛、哪、呐、呢";乙级词收录2个,"哩、哇";丙级词1个,"喽"。大多数汉语教材对语气词教学重视不够,比如颇具影响力的《新实用汉语课本》(第2版)、《发展汉语》系列教材中,都仅对甲级词中的"啊、吗、的、吧、了、呢"六个词进行了简单讲解,对语气词的功能及使用语境等几乎没有介绍。关于语气词的教学研究也并不多见,已有研究多集中于调查研究和偏误分析。

分析前人的语气词教学及习得研究,我们发现,语气词教学的困境包括两个方面:一是难教,体现在教材设计难,教材中语气词示例少,讲解少,练习内容不够全面深入;由于对语气词的功能把握不到位,课堂教学中难以引入、开展语气词教学。二是难学,语气词本身的互动性、动态性等特点决定了语气词的习得本身就是一个循序渐进、螺旋上升的过程,而学习过程受教材影响,可能对语气词重视不够。我们认为,语气词教学的难题归根结底要通过研究清楚语气词的互动功能来解决。

三、本书的编写原则和教学知识框架

(一)编写原则

1. 实用性

本书的首要编写原则是实用性。一方面,书中所列问题源自教与学的实践;另一方面,这些问题要切实指导教与学的实践,力求做到将语气词的研究成果转化为可直接指导教学实践的内容。通过回顾汉语语气词的本体研究和教学习得研究,结合编者多年汉语教学的实践经验,我们选取教师在教语气词时感到最困惑的若干本体问题,以及学生最容易出错的若干典型偏误,形成60个以问题为纲的条目。我们希望以最简洁的表达总结每个语气词的功能及用法,以使研究结论能够直接应用于教学实践。

为保证书中示例的真实性和实用性,结合语气词的互动性特点,书中所列举的语料力求反映真实的互动交际情况,也希望尽可能多地涵盖日常生活场景的方方面面。因此,本书以郑家平(2018)自建的影视剧语料库为主要语料来源。该语料库由100部反映现代生活的国产电影的全部对白、台词转写而成,总字数

1607979 字，同时也参考了部分电视剧台词，如《我爱我家》《人民的名义》等。

2. 普及性

汉语国际教育事业的快速发展需要大量的师资投入。其中既有具有语言学相关专业背景的专业师资，也有学术背景各异但从事汉语国际教育的工作人员。他们需要快速了解某些语法点的基础知识，并能在书中找到针对具体问题的具体解答。因此，本书首先要考虑的是普及性，同时也要兼顾学术性及教学参考性。为了尽量照顾到所有的读者对象，我们特意选择了一些基础知识点，比如语气词与叹词的区别、句中语气词与句末语气词的功能特点等，以使非专业出身的汉语教师能够获得对语气词的全面认识。当然，书中的大部分篇目与教学实践紧密相连，所以对上述教师人群同样具有较大的帮助和参考价值。

3. 授人以渔

由于汉语语气词种类丰富，同时其本身具有互动性、动态性的特点，因此单一语气词不具备特别典型的功能，比如某一个单一语气词可能在不同语境下表达不同的功能与情态，而某两个语气词可能会表达相同的功能。汉语教师不可能通过一本书穷尽式地了解所有语气词的表意及功能，因此，本书力求做到点面结合，授人以渔。我们选取日常口语中的两个常用语气词"呀""吧"做句法分布特征、话语功能分析、交际功能分析的详细介绍，另选取若干常用语气词做典型功能及用法介绍。我们试图通过点面结合的思路，帮助读者了解典型语气词的用法，同时掌握在教学实践中分析语气词用法的方法，帮助教师在教学中更好地把握语气词的动态性及细微性等特点。

（二）教学知识框架

本书共分为三个部分：理论篇、知识篇、习得与教学篇。

理论篇主要介绍语气词的基本概念、分类、功能、易混概念等基础知识，目的是帮助读者加深对语气词的全面理解。

知识篇通过点面结合的方式为读者讲解典型语气词的功能及用法。其中详细讲解语气词"呀"和"吧"的分布特征、话语功能及人际互动功能，以帮助读者了解如何在具体语境中分析语气词的功能和用法。

习得与教学篇主要涉及语气词的偏误分析，包括语法偏误和语用偏误两类。

语法偏误是指违反了语法规则的偏误类型,语用偏误是指合乎语法规范,但违反了语用规则的偏误类型。这部分旨在帮助读者有效预测汉语学习者的易错之处。教学部分旨在对语气词的课堂教学提供直接指导,其中包括较为宏观的语气词教学原则介绍,也包括具体语气词的教学设计,比如汉语课堂教学中语气词的引入方法、讲解方法、练习的设计、教学示例的选取、课堂活动的设计等等。这部分可以帮助读者设计并完成语气词的课堂教学。

在各部分所占的比例方面,理论篇共设计了 11 问,知识篇 39 问,习得与教学篇 10 问,具体的知识框架见表 1:

表 1 《语气词》知识框架

内容	问题的类别	问题举例
理论篇（11问）	基本概念	语气词是什么？ 语气词能连用吗？ 汉语语气词的传信、传疑、完句功能指什么？
	易混淆概念	语气词和语气助词、小品词是同一种词吗？ 语气词与叹词有什么异同？ 句末语气词和句中语气词有什么异同？
知识篇（39问）	句法及话语分布	句末语气词"呀"主要分布在哪些句类中？ "呀"字疑问句主要分布在对话中的哪些位置？
	语气词的功能	"不是！"和"不是呀！"有什么区别？ 平等权势关系对句末语气词"呀"的使用有什么影响？ 语气词"呢"的用法有多少种？
	易混淆语气词的区分	语气词"呀"与"啊"有什么关系？ 句末语气词"吧"为什么是汉语 L2 学习者的学习难点？
习得与教学篇（10问）	语法及语用偏误	常见语气词容易出现哪些偏误？如何纠偏？ "妈妈送给我呀,小裙子"对不对？
	教学理念	语气词应该怎样教？
	教学模式	如何从互动的角度进行课堂语气词教学？
	教学方法	如何教语气词"嘛"？ 几种常见的"呢"字结构如何教学？

四、结语

汉语语气词由于数量丰富且动态性强,一直是教学中的难点和薄弱点,这也是我们决定编写《语气词》这本教学参考语法书的主要原因。在语气词的现有研究中,本体研究难以满足教学的需求,而教学研究本身也相对薄弱,因而很多教学中急需解决的问题在现有研究成果中难以找到答案。根据这种需求,我们搭建了语气词的教学知识框架,从理论、知识、习得与教学三个方面进行了较为系统的梳理。同时,根据汉语语法教学的规律、语气词的特点以及海内外汉语教师的需求,我们确定了《语气词》一书的编写原则:实用性、普及性以及授人以渔。语气词的教学问题绝不是一本书能够解决的,但我们希望本书不仅能授人以鱼,更能够授人以渔,能够给汉语教师提供语气词教学的切实帮助和有益启示。

第一部分　理论篇

1.语气词是什么?

一、什么是语气?

在日常的交流互动中，人们的话语难免会带上某种主观意识，带有语气。一句话如果没有语气，也就不能成为句子了。到底什么是语气呢？贺阳（1992）根据前人的研究，将"语气"定义为"通过语法形式表达的说话人针对句中命题的主观意识"。从语义上看，语气是对句中命题的再表述，表述的内容或是说话人表达命题的目的，或是说话人对命题的态度、评价等，或是与命题有关的情感；从形式上看，语气要通过一定的语法形式或语法手段来加以表现。

二、现代汉语语气范畴有哪些表达形式?

语气范畴是语法范畴的重要组成部分，现代汉语普通话的语气范畴主要包括语调、语气词、语气副词、叹词等，同时，句式的变换、语言成分的配搭、韵律的变换等隐性因素也会影响语气的表达（齐沪扬，2002）。例如：

（1）你去哪儿？
（2）这是谁呀！真是稀客！
（3）你让我去我就去吗？我偏不去。
（4）哎！真拿她没办法。

例（1）是一个疑问句，主要通过语调传疑。例（2）的语气词"呀"，表达了说话人不敢置信或嘲讽的语气。例（3）中的"偏"是一个语气副词，表达了说话人拒不配合的态度和语气。而例（4）中的"哎"是一个叹词，表达了说话人的感叹和无可奈何的情感。

有时，韵律或句式的改变也会带来语气的变化。例如：

（5）认识你很高兴！你是不是中国人？

（6）你是不是中国人？连长城都不知道。

（7）你是不是起来一下。

例（5）和（6）中都有"是不是"短语。例（5）中，从前句可以判断，这里的"是不是"表达的是疑问语气，语气的重点在于确认对方的身份；而例（6）表达的则是反诘语气，说话人知道对方是中国人，可是对他"连长城都不知道"这件事感到不满，所以语气的重点在于"是不是"。由此可见，韵律改变了，语气也发生了变化。而例（7）中，"是不是"短语所在的句子是一个祈使句，用"是不是"委婉地向说话人提出请求或建议。可见，句式的改变有时也会带来语气的变化。

三、语气词具有哪些特点？

汉语系统中表达语气的形式和手段众多，但语气词无疑是其中最基本和最重要的一种形式标志。语气词是"语气在词汇层上的一种典型的表达方式"（徐晶凝，2000）。作为一种后置虚词，语气词总是黏着于词、词组或句子之后，读轻声，表达不同的语气和功能。"具有语气词是汉语有别于一部分印欧语系语言的一个显著特点。"（齐沪扬，2002）对语气词的深入研究有利于探讨汉语语气范畴中意义与形式的对应关系。（陆俭明，1984；马真，2016）汉语语气词具有以下四个特点。

1. 意义空灵多变

语气词是汉语语气范畴最基本和最重要的形式标志，汉语语气词十分丰富，文言文中即存在很多常用语气词，如"已、也、焉、哉、耳"等等。现代汉语中，学界普遍认为常用语气词主要包括"的、了、啊、吧、呢、吗"六个。从意义的角度看，语气词空灵多变，主要体现在四个方面。其一，同一个语气词在不同语境下可以表达多种语气和功能。例如：

（8）我不知道你是谁啊！

（9）你是谁啊？为什么来我家？

（10）你是谁啊？我凭什么听你的。

例（8）～（10）都出现了小句"你是谁啊"，但在不同语境下，其表达的语气及功能是有差异的。在例（8）中，"啊"表陈述语气，陈述的是"我不知道"的这个事实，此外还表达了说话人感到莫名其妙的情感。例（9）中，结合下文我们知道，"你是谁啊"表达的主要是疑问语气。例（10）中的语气词"啊"强化了句子的反诘语气，表达了说话人的不满情感。其二，同一种语气可以由不同语气词来表达，比如，"啊、吧、吗、呢"都可以表达疑问语气；其三，语气词与不同语调、语气副词、叹词等语气成分配搭或同现，可以表达不同的语气义及用法；其四，语气词的意义和功能在会话交流中会不断发生变化，具有语用功能上的动态多样性（齐沪扬，2002）。例如：

（11）妈妈，我来嘛！让我试试。

（12）妈妈，我来嘛！你别管了，真是的。

例（11）和（12）中都包含小句"我来嘛"，都是孩子对妈妈说的话，可是在具体的会话交流中，听话者可以揣度出说话人的用意。例（11）中"嘛"使得语句带上了撒娇的语气，而例（12）中的"嘛"则带有不耐烦的语气，二者在语用功能上都起到增添语气的作用，但也存在一定的差异，这种差异是语气词与上下文互动而产生的动态结果。

2. 可以连用

现代汉语中部分语气词是可以连用的。首先，语气词的连用大多是两项连用，很少三项或多项连用；其次，能够连用的语气词主要位于句末，句中语气词不能连用；再次，能够连用的语气词范围主要集中在"的、了、啊、吧、呢、吗"六个典型语气词中，如"了吗、的啊"等等；最后，语气词的连用是有一定规则的，我们在后面的问题中会详细介绍。

3. 变化性强

语气词主要用于口头表达，在交际中，语气词会由于说话者的个人习惯或约定俗成等原因而产生音变现象，如"啊"音变现象、句末语气词连用现象、受地区方言影响等，都可能产生新的语气词。随着互联网的普及，网络语境中产生了大量的新兴语气词，如"哦、哈、呵、哒"等，这些语气词从网络中的特殊使用场景逐渐进入网络日常交际场景，甚至成为口头交际中的常见语气词，由此可见语气词的变化性有多强。

在书面语中，同一个语气词往往会采用不同的字来记音，如"吗"和"么""嘛"，"呢"和"呐"，"哦"和"噢""喔"，等等，这种情况在一定程度上也造成了语气词使用的变化性强的特点。

4. 具有完句功能

语气词的完句功能主要体现在两个方面，一是与时间因素有关的完句功能，语气词"了""呢""的"都具有这样的功能（吕文华，1983；张谊生，2000；齐沪扬，2002）。二是与情感因素有关的完句功能，语气词本身具有表情达意的功能，因此，可以使附着的语句带有强调、揣测、夸张、提醒、不满、迟疑、勉强等感情色彩，大部分语气词在表达情感功能的同时也能充当完句成分，一些语句缺了相应的语气词，就无法表达相应的感情色彩。例如：

（13）？妈妈回来。（如果成立，需要上下文语境）

（14）妈妈回来吧。（表祈求语气）

（15）妈妈回来喽！（表提醒语气）

（16）妈妈回来呗！（表祈求，但祈求结果交于对方把握）

（17）妈妈回来呀！（命令式祈求）

例（13）"妈妈回来"，如果从单句的角度看是不成立的，必须置于上下文语境中才能够成立，比如妈妈要上班了，年幼的孩子不希望妈妈离开，于是向妈妈喊"妈妈回来"。例（14）～（17）中，"妈妈回来"加上不同的语气词后成为可以成立的单句，这些单句可以在上下文语境中表达不同的语气。

2.语气词可以分为哪几类？

现代汉语中语气词的绝对数量有限。从不同的角度，我们可以对语气词进行分类。

一、句法位置角度

语气词的句法位置比较单一,从句法位置的角度看,学界普遍认为语气词就是指位于句末的。但不可否认,一些语气词既可以出现在句末,也可以出现在句中,如"啊、吧、呢"等。位于句末的语气词主要表达某种语气,具有完句功能,而位于句中的语气词多表示提顿或者作为话题、主位的标记,也因此,除一些构式外,语气词后大多存在语音停顿现象。例如:

(1)你干什么呢?

(2)说起来呢,你还要叫她一声婶子。

(3)你干什么呢你?知不知道这是什么地方?

例(1)中的"呢"是典型的句末语气词,具有传疑功能,同时具有标记话题和停顿功能。例(2)中的"呢"是典型的句中语气词,作为主位标记,起提顿作用之余,主要提示后文的重要信息。例(3)中的"呢"也是一个句中语气词,但是"你干什么呢你"是一个人称代词复用结构,属于一种特殊构式,因此,语气词后并没有语气停顿,但一般来说,整个构式后会有语音停顿。

二、音节数量角度

语气词系统中,从音节构成的角度看,除了占大部分的单音节语气词外,还有一小部分双音节语气词,如"罢了、而已、似的、着呢、也好、的话、不成"等,还有三音节语气词,如"就是了"等。例如:

(4)别说你没时间,只是不想参加罢了。

(5)我还骗你不成?相信我就是了。

例(4)中的"罢了"和例(5)中的"不成""就是了",是多音节语气词。值得注意的是,多音节语气词数量有限,我们在后文中会详细介绍。

三、功能角度

语气词的功能灵活多变,因此基于功能的分类一直存疑。其中,被学者们讨论较多的就是"语气"与"口气"。胡裕树（1979/1995）、张斌（1983、1993）、文炼、允贻（1987）等都曾提到应该将"语气"和"口气"区分开来，以"语气（modality）"专指陈述、疑问、祈使、感叹四种传统语气，以"口气（tone）"专指跟句中感情色彩相关的种种表达法，如肯定、否定、强调、委婉、活泼、迟疑等。孙汝建（1999）对"语气"与"口气"进行了深入系统的研究，他认为，句中语气词只能表达口气，而不能表达语气，而句末语气词有的表达语气，有的则具有增添口气、消减口气、指明疑问点或暗示预设等功能。例如，他认为"啊"能为句子增添"舒缓"口气，"嘛""呗"能增添"显然"的口气，"吧""呗"能起消减疑惑口气的作用；"吗"和"呢"能为句子指明疑问点。张小峰（2003）认为，在分析语气词的话语功能时，十分有必要区分"语气"与"口气"，他认为"语气"与言语行为密切相关，而"口气和说话者不同程度疑信的心理态势关系密切"，"口气"与言语行为只存在间接的关系。因此，他认为与疑信功能密切相关的"吧""呢""啊""的""了"可以称作"口气词"。

（6）你说说啊，我们都想听听你的意见。

（7）老师说的呗，孩子还能乱说吗？

根据孙汝建（1999）的观点，例（6）中的"啊"为句子增添了"舒缓"口气；例（7）中的"呗"为句子增添了"显而易见"的口气，"吗"则指明了疑问点。

我们认为，没有必要区分"语气"与"口气"，因为从交际互动的角度来看，语气词的使用就是为了互动，或者说语气词本身就是互动的标志。语气词为句子带来的各种功能从本质上来说都是其为交际双方所带来的互动功能。

综上，我们认为，对语气词意义及功能的研究是现代汉语语气词研究最为重要的方面，有着悠久的历史和传统，取得了一系列可喜的成果。现有研究大多遵循汉语语法注重语义功能研究的传统，如对语气词疑信功能的探讨、情态功能的探讨、篇章话语功能的探讨等，研究者关注较多的是语气词所表达的语气意义。但语气词的意义空灵多变，使用和理解语气词都要依赖上下文语境等语用因素，在句法结构上我们找不到明确的形式依据，因此在实际研究中也很难把握语气意义的实质。以往的研究中，各家致力于分析不同语气词个体的意义和用法，但正如胡明扬（1988）所指出的那样，这样分类得到的语气意义多到难以列举。屈承熹（2006）也认为，语气词意义和功能"分得越细，衍生的问题就越多"，导致的直接结果可能就是分类标准不统一，衍生出的各种意义相互抵触、前后矛盾。语气词是一种在口头交际中广泛使用的语言成分，我们有必要将其置于交际互动实践中，考察其在互动中所体现的意义与功能。此外，在汉语语法研究领域，一直存在语气词与语气助词、小品词等名称混用的现象，也存在语气词和叹词的纠缠，还存在将句末语气词与句中语气词并论的说法，我们需要一一厘清这些问题，这样才能够更好地对汉语语气词进行界定。

3.语气词和语气助词、小品词是同一种词吗？

汉语中常见的语气词有"啊、呢、吧、的、了、吗"等。语气词是汉语语气系统中最基本和最重要的一种形式标记，具有多样性、动态性、细微性等特点，有很强的人际互动功能。语气词研究一直是汉语语言学界研究的重点和难点问题。其中，语气词名称的界定问题一直没有定论。由于研究侧重点的差异，语气词被赋予多种名称，如"语气词""语气助词""话语小品词（utterance particles）""句子小品词（sentence particles）"等等。名称与研究范围和研究侧重点息息相关，我们有必要对其加以界定。

一、国内研究——"语气词"和"语气助词"并用

在国内，关于语气词名称的界定，主要围绕着到底称作"语气助词"还是"语气词"这一问题展开。根据孙锡信（1999）的考证，早在唐代，柳宗元在《复杜温夫书》中即将"乎、欤、耶、哉、夫、矣、耳、焉、也"等词称为"助字"（助词），并将这些"助字"按功能归入"疑辞"类和"决辞"类。对语气词的这一称谓一直沿用到近代。《马氏文通》（1898）延续了"助字"的说法，用其指称位于句末且表达一定语气的词，并做了进一步的阐释：

凡虚字以结煞实字与句读者，曰"助字"。……字以达意。意之实处，自有

动静诸字写之。其虚处，若语气之轻重，口吻之疑似，动静之字无是也，则惟有助字传之。

《马氏文通》按功能将"助字"分为"传信"和"传疑"两大类，这与唐代延续下来的功能分类基本一致。

到了二十世纪四五十年代，语气词逐渐脱离"助字"范畴，独立出来。吕叔湘（1942/2014）在《中国文法要略》中首次提出"语气词"的概念，但这里所说的是广义的语气词，既包括狭义的语气词，也包括语气副词和感叹词。王力（1954）首次提出狭义的"语气词"概念，用以专指句末语气词，同时以"语气末品"专指语气副词。

总的来说，学界对语气词名称的界定存在两种不同观点。一种观点沿用《马氏文通》的称谓方法，将这类词称为"语气助词"或"语助词"，比较有影响的如黎锦熙（1924/1992）、赵元任（1979）、刘月华等（2001）、胡明扬（1981、1988）、房玉清（1992）、屈承熹（2006）、徐晶凝（2008）等。其主要依据有二：一是从语音上看，语气词都读轻声，并且语音常常受前一个音节影响；二是从语法方面看，语气词一定要附着于前一个短语或句子上。上述两个特点与助词相同，因此，研究者认为可以将这类词归入助词类，称作"语气助词"。另一种观点从词类的角度出发，认为语气词与一般的助词存在着明显的差异，应该单独算作一类，持这一观点的有王力（1954）、朱德熙（1982）、黄伯荣等（1991）、张斌（1998）、方梅（1994）、张谊生（2000）、郭锐（2002）、齐沪扬（2002）、朱敏（2012）等。

二、国外研究——小品词

关于语气词的名称，除了国内的"语气助词"与"语气词"，在国外，有些研究者根据西方语言学传统将汉语语气词称作"话语小品词"（utterance particles）（Luke, 1990；Wu, 2004、2014）或"句子小品词"（sentence particles）（Li & Thompson, 1981）。在西方语言学界，"小品词"的涵盖范围特别广泛，指除名词、动词、形容词、代词之外的其他词类，Dudenredaktion（1966）认为小品词的作用是"承担句子中其他词类无法完成的所有任务"（转引自綦甲福、邵明，2010）。我们认为，无论是"话语小品词"还是"句子小品词"，都无法准确概括汉语语气词所具有的句法、语气、语用等特点。

三、"语气词"这一称谓更符合汉语语气词的特点

我们认为，语气词的名称之辩从本质上说是语气词的归属问题之辩，它关乎词类体系的完善，是汉语语法体系中的一个重要问题。据考证，《马氏文通》之前，汉语的虚实之分是比较模糊的，人们普遍将虚词称作"助字"或"语助"，因此，我们认为，传统语法研究将语气词归入助词类，主要是遵循历史传统。但是，随着时代的发展和对语气范畴研究的逐渐深入，人们认识到语气词在语音、句法分布、意义和功能各方面，都与助词存在很大的差异。

第一，从语音上看，语气词存在比较多的连用现象，部分语气词有可能来源于连用合音或语流音变，如"啦""哪""呗"等；而助词一般不能连用，语音也几乎不会受前字影响。

第二，在句法分布上，语气词一般都位于句末（包含小句末），并且与句子的关系并不是密切黏附的。在大多数情况下，是否使用语气词仅在句义及功能上产生差异，但不影响成句。例如：

（1）你去吧！

（2）你去！

例（1）"你去吧"，是一个带有协商语气的祈使句，去掉"吧"变成例（2）"你去"，从语法上句子依然成立，但例（2）的语气明显生硬，命令意味更强。与语气词不同，助词多紧密黏附于词或短语之后，起连接作用，很多情况下，去掉助词，语法上就不再成立。例如：

（3）我的书

（4）*我书

例（3）"我的书"中助词"的"起连接作用，如果去掉"的"，"*我书"从语法上不成立。

第三，在意义和功能方面，语气词主要表达一定的语气和情绪，起传信、传

疑或促进互动的作用；而助词系统十分庞杂，大部分助词[①]只表示语法意义，没有实在的词汇意义，在功能上也主要起连接作用。

由此可见，"语气词"这一称谓比"语气助词"或"小品词"更加符合这一类词的特点。

4.语气词与叹词有什么异同？

叹词一般能够独自成句，位置灵活，主要用来表达感叹，它可以表达人的强烈感情，也可以作为应答语。例如：

（1）哎！真是个周扒皮。

（2）妈妈：吃饭吧。

　　孩子：嗯。

例（1）中的"哎"表达说话人的感叹或叹息，例（2）中的"嗯"是孩子对妈妈的应答，二者都是叹词。

从语义功能来看，语气词和叹词都能够表达情感，如赞叹、感慨、惊讶、提醒、领悟等，因此在语义上有相近之处。在文字符号方面，部分语气词和叹词使用相同的汉字，如"啊"及其音变形式"呀""哇"，都既可以用作语气词，也可以用作叹词。例如：

（3）啊！真是一个好天气。

（4）真是一个好天气啊！

例（3）中的"啊"是叹词，例（4）中句末的"啊"是语气词，尽管使用的文字符号都是"啊"，表达的都是感叹的情感，但二者的词性是不同的。由于以上原因，在汉语语法学界一直存在着到底要不要把语气词和叹词归为一类的争论。胡明扬（1981）认为"语气助词和叹词都表示语气，因此可以统称为语气词"，房玉清（1992）认为"叹词实际上是独立的语气助词"。

[①] 根据张谊生（2000）的研究，也有少量助词表达实在的意义，如表示次第的助词"第、初"等。

从整个现代汉语词类系统看，语气词和叹词应该分属两个不同的词类，尽管两类词之间有许多相似之处，但从功能和分布看，这两类词是有相当大的差异的（齐沪扬，2003）。

一、语气词和叹词在句法位置上互补

从分布上看，语气词和叹词所处的位置是互补的，语气词只能出现在句尾，而叹词则是单独成句的。例如：

（5）呀！是你呀！

例（5）中两个"呀"都表达感叹，但第一个"呀"单独成句，在形式上以感叹号与后面的句子隔开，这是一个叹词；而第二个"呀"附着在句末位置，是一个语气词。

二、语气词的语气功能比叹词更丰富

从表达语气功能的角度看，语气词与叹词都是可以表达语气的词类，但叹词在大多数情况下，只能表达感叹语气；而语气词除了可以表达感叹语气外，还可以表达"确认""疑问""反诘""测度""祈使""夸张"等丰富的语气，因此，在表达语气功能方面，语气词比叹词丰富得多。例如：

（6）他哪儿敢见我呀！

（7）红中！抓牌呀！快抓牌呀！

（8）那是见谁夸谁还是也分人呀？

同样是语气词"呀"，例（6）中表达反诘语气，例（7）中表达祈使语气，例（8）中表达疑问语气，可见，其语气功能十分丰富。

三、语气词的连用与叹词的叠用有所不同

在日常口语中，语气词和叹词都具备使用上的独特性，最典型的就是语气词可以连用，叹词可以叠用。语气词连用指的是不同语气词连在一起使用，而叹词的叠用指的是同一个叹词连在一起使用。例如：

（9）你吃饭了吗？

（10）哎哎哎！你干什么呀？！

例（9）中语气词"了"和"吗"连用，属于语气词连用现象。例（10）中"哎哎哎"，是将叹词"哎"叠加使用，属于叹词叠用现象。

值得注意的是，相同的两个语气词不能叠用，而不同的两个叹词不能连用。此外，语气词的连用现象大多为两个不同语气词连用，在有些情况下能够产生新的语气词，特别是在近几年，随着网络语言的流行，传统语气词连用后衍生出了一些新语气词。例如：

（11）我儿子早就上大学了啊！你不知道嘛？

（12）好哒！

例（11）中，"了"和"啊"连用，可以用语气词"啦"代替，如"我儿子早就上大学啦"。而例（12）中的"哒"，是近几年在网络上特别是社交媒体中广泛使用的新语气词，其实是由传统语气词"的"和"啊"连用而产生的。一般来说，语气词连用产生新语气词，主要是从语音的角度合音而成，我们在后面的问题中会再详细阐述。

跟语气词连用不同，叹词叠用现象可以是两个叹词叠用，也可以是多个叹词叠用，当然，表达的功能也有细微的差别。例如：

（13）哎哎！你干嘛呢？

（14）哎哎哎！嘛呢嘛呢？！

这两个句子都是电影《失恋33天》男主人公的台词。例（13）中使用的两个叹词"哎"的叠用，表达的是提醒注意之意；而例（14）中三个叹词"哎"叠用，在提醒注意之外还增加了急切之意。理论上，还可以四个、五个甚至更多个叹词叠用，特别是在如今的社交媒体中，为了表达情感，叹词可以被无限叠用。例如：

（15）啊啊啊啊！期待！

（16）啊啊啊啊啊啊啊啊啊啊啊啊啊！我怎演了我男神？

例（15）（16）这样的叹词叠用现象在社交媒体语言中比比皆是，已经成为流行趋势。可见，在数量上，语气词连用和叹词叠用是存在比较大的差异的。

四、语气词和叹词在读音上的差异

上文中我们提到,由于采用相同的书写形式,语气词和叹词存在纠缠现象。但事实上,二者在语音上也是存在差异的,那就是,语气词只能读轻声,而叹词可以根据表达需要,使用不同的声调(赵元任,1979)。例如:

(17)啊!是你呀!

(18)啊?你说什么?这是真的吗?

(19)啊!明明白白,放心,我不会说出去的。

例(17)~(19)中使用的都是叹词"啊",但在日常口语中,为了表达需要,三个"啊"的声调可能是不同的。比如例(17),表达恍然大悟之意,通常读四声;例(18)表达疑惑,一般读二声;例(19)表达了然之意,一般读三声。

综上,我们认为,从句法分布、语义功能、语音及实际应用等多个角度看,语气词和叹词都存在比较大的差异,二者分属两种不同的词类。近年来,随着语言类型学研究的深入,国内外对叹词的研究都颇有进展。Kockelman(2003)通过对玛雅语的调查发现,绝大多数叹词的用法并不是表达传统意义上的感叹,而是发挥社交互动和文化交流功能。刘丹青(2011)认为,"叹词的共同本质属性是代句",而非感叹,因此叹词是一种代句词。上述类型学中的发现进一步表明,语气词和叹词是不同的。

综合上述两节的论述,我们认为,现代汉语中,语气词与助词、叹词相比,在语音、韵律、句法和功能等方面都具有自身的特点,因此,语气词是一个独立的词类,能够在互动交际中表达特定的情感或情态意义。齐沪扬(2002)、郭锐(2002)、徐晶凝(2008)、王珏(2012)等学者曾对语气词提出了不同的界定标准,在此基础上我们认为,语气词至少应该具备如下三个特点:

第一,语音上读轻声,并伴随停顿。

第二,句法分布上位于对话句或篇章成分(如话题/主位、述题、焦点、并列或重复成分)之后,可连用,可与其他语气成分共现。

第三,句法功能上"有或没有会直接影响到语句的效力"(徐晶凝,2008)。

5.句末语气词和句中语气词有什么异同？

一、句末语气词与句中语气词的区别

顾名思义，句末语气词和句中语气词的区别主要表现在位置上，句末语气词是指出现于句末的语气词，是被学界普遍认可的典型语气词。而句中语气词指位于句中位置的语气词。例如：

（1）我没时间，你来吧。

（2）你啊你，让我说什么好呢。

例（1）中的"吧"和例（2）中的"呢"都位于句末，是句末语气词；而例（2）中前一个小句中间的"啊"，则是一个句中语气词。

已有研究中，有的学者不承认句中语气词的地位，王力（1954）认为语气词表示的是全句的语气，因此总是位于句末的；孙锡信（1999）认为语气词应限于句末语气词，包含全句末，也包含分句末。齐沪扬（2002）认为，句中语气词多出现在相对独立的成分或小句后，实际上也是一种句末语气词。

我们认为有必要从句法位置、韵律、语义功能的角度对句末语气词和句中语气词加以区分。

1.句法位置角度

就单句而言，句末位置和句中位置是一对对立的概念，但句末语气词和句中语气词又是相互包容的。这是因为，在汉语中，所有语气词都可以置于句末，而只有其中一小部分语气词能够置于句中，如"啊""哈""吧""呢""嘛"等。例如：

（3）我嘛，还得再想想。

（4）他啊，最喜欢吃糖葫芦。

（5）拍马屁呢，也得会拍。

例（3）中的"嘛"、例（4）中的"啊"和例（5）中的"呢"都位于句中位

置,是句中语气词。但是,这几个语气词同时也可以位于句末,用作句末语气词。例如:

(6)新宿舍主要离公司近嘛!

(7)谁最喜欢吃糖葫芦啊?

(8)我还不知道这件事呢。

因此,从出现位置的角度来说,有一部分语气词既可以做句中语气词,也可以做句末语气词。但从数量上来看,能够置于句中位置的语气词仅是语气词的少数,因此不能将二者简单等同起来。

2. 韵律角度

从韵律的角度看,句中出现的语气词,多作为停顿标记,置于句中停顿之前,赵元任(1979)把句中语气词称作"停顿助词",王洪君(1999)从韵律的角度出发,认为语句节奏实际上就是"连调域",连调域的分界处即一个气息单位[①]后,才能添加句中语气词。例如:

(9)这个嘛,真不好说。

(10)听说呀,这家工厂下个月就发不出钱了。

例(9)和例(10)中的句中语气词"嘛"和"呀",在句中都表示语气上的停顿,从韵律的角度看,它们出现在一个气息单位之后,通过停顿表达说话人的情感。

句末语气词也置于句末停顿之前,基本也受气息单位韵律限制。因此,从语音层面上来看,句中语气词和句末语气词基本相同,但二者停顿的时长是有差别的。张谊生(2000)分析了"吗""呢""吧""啊"四个句中语气词的位置和句法功能,他认为句中语气词受前加成分结构影响,停顿时长有所差别,所表示的语法意义、情态意义也有所不同。例如:

(11)我觉得呢,不去也无所谓。

(12)她送给我们啊,一人一个精致的化妆镜。

一般来说,句中语气词前后往往各是一个气息单位,从语言表达来看,每个

---

① 气息单位是节奏的基本单位,现代汉语中一般以4~7个音节为一个气息单位。

节奏或韵律单位一般都表达一个相对完整的语义单位。所以，句中语气词前加成分较短或结构简单时，或者说话人要表达思索、引发注意等情况时，句中语气词后的停顿较长，如例（11）；而前加成分较长时，一般来说句中语气词后的停顿时长较短，如例（12）。

3. 语义功能角度

从语义功能方面看，句中语气词和句末语气词存在着一定的差别。一般认为，句末语气词具有传疑、传信、表达情绪、成句等功能，而句中语气词多表示停顿。齐沪扬（2002）曾指出，句中语气词在句子中的首要作用就是语气上的"提顿"，其次还可表达一定的口气，但"传信和传疑的功能几乎可以忽略不计"。例如：

（13）谁啊？大晚上来敲门。

（14）谁啊这是，大晚上来敲门。

例（13）中的句末语气词"啊"表达不满语气的同时，也有传疑功能；而例（14）中的句中语气词"啊"，主要起提顿作用，也能表达说话人的不满语气，但并没有很强的提问功能，因此不表达传疑功能。

随着功能语言学研究的深入和发展，研究者认识到了句中语气词作为主语标记或话题标记的作用（曹逢甫，1979；朱德熙，1982）。方梅（1994）的研究认为，句中语气词所隔开的两个语段之间的关系，很难用句法—语义关系来说明，她认为，汉语的句中语气词实际上是"反映句子次要信息和重要信息划分的'主位—述位'结构的标志"。因此，我们认为，语句中不是任意位置都能添加语气词的，这也是句中语气词对句法位置的选择。例如：

（15）我啊，已经想好了以后要在哪儿定居了。

（16）一看你啊，就透着一股子书卷气。

例（15）中的句中语气词"啊"，很明显是作为话题标记的，在语气上起提顿作用。例（16）中的句中语气词"啊"的前述部分，显然并不是主语标记或话题标记，而是一个划分"主位—述位"的标记，"啊"后的信息是说话人要表达的重要信息或焦点信息。

史有为（1995）认为，停顿能与句中语气词"啊""嘛""呢""吧"同现，使得语气词在表示停顿的同时,在情态上各有区别。例如,"啊"表示犹豫、跌宕的语气,"嘛"有较多思索考虑并等待回答的意味,"吧"兼有假设和两难语气,等等。徐晶凝(2008)从情态角度进行的研究也表明,位于句中的语气词与句末语气词在情态功能方面存在着一定的差异。

二、典型句末语气词和句中语气词

根据齐沪扬(2002)的观点,语气词可以分为典型语气词和非典型语气词,这一区分主要是针对句末语气词而言的。使用频率高、分布领域广、表意功能强的语气词即典型语气词,学界普遍认可的是"的、了、啊、吗、呢、吧"六个;非典型语气词使用频率较低,分布领域较窄,表意功能较弱,比如由上述六个典型语气词音变派生出的一些语气词,如"啦、呀、嘞、哦、哈、呗、嘛"和一些双音节语气词,如"罢了、似的、不成、来着、的话"等。很多最新研究表明,这些非典型语气词也能表达独特的语义功能。在日常口头交际中,很多句末语气词都可以用于句中位置,但实际上典型的句中语气词主要是"吗、呢、吧、啊"四个。

综上,我们认为,句中语气词和句末语气词在句法位置、韵律、语义功能等方面都存在着一定的差异,不能将二者混为一谈。

6.语气词能连用吗?

现代汉语中的语气词是能够连用的。语法中的连用现象指线性序列中,以分布特征为理论依据的词类的有序性问题,从某种意义上来说,连用是"同现"的一种类型。但是"连用"与"同现"却是不同的,"连用"的词类在线性序列上的相对位置是固定的,中间可以缺位,但顺序不能颠倒。按照词类的不同性质,可以将连用分为同类词连用和异类词连用;而按照连用词类的不同位置,可以分为连续连用和断续连用两类。

就语气词来说,句末语气词附着于句末,句中语气词根据交际需要用于句中。理论上来说，语气词的异类词连用现象有很多可能。因此，我们这里讨论的主要是语气词的同类连用现象。

一、语气词的同类连用现象探讨

语气词的同类连用并不是随意的，而是建立在一定顺序的基础上的。并且，只有单音节语气词可以连用，双音节或多音节语气词不存在这种现象。这就首先涉及语气词分类的问题。

朱德熙先生（1982）将语气词分为三组。第一组表示时态，包括"了""呢$_1$""来着"。第二组表示疑问或祈使，包括"呢$_2$""吗""吧$_1$""吧$_2$"。其中，"呢$_1$"表示时态，"呢$_2$"表示疑问，"吧$_1$"表示疑问，"吧$_2$"表示祈使。第三组与前两组不同，表示说话人的态度或情感，主要包括"啊""呕""欤""嚜""呢$_3$"等。

（1）我吃饭呢，等一会儿。

（2）你说呢？

（3）学校离我家有十里地呢。

（4）你是东北人吧？

（5）走吧走吧，别说了！

例（1）中的"呢"是"呢$_1$"，表示正在进行的状态。例（2）中的"呢"是"呢$_2$"，表疑问。例（3）中的"呢"是"呢$_3$"，表达说话人夸张的情感。例（4）中的"吧"是"吧$_1$"，是对自己的推断进行确认，表示疑问。例（5）中的"吧"是"吧$_2$"，表示祈使。

朱德熙先生指出，这三组语气词在句子中出现的顺序是固定的，也就是说，"如果句子里有两个或两个以上的语气词接连出现，总是第一组在前边，第二组次之，第三组在最后。"我们用数字1、2、3代表上述三个组，来看一下根据朱德熙先生的语气词分类，语气词连用的情况。例如：

（6）你吃了吗？（1+2）

（7）不小了啊，该处对象了。（1+3）

（8）好好说呗，急什么！（2+3）

（9）这还用说，人家已经知道了呗。（1+2+3）

例（6）中是语气词"了"和"吗"连用，即"了吗"。例（7）中是语气词"了"和"啊"的连用，即"了啊"。例8中的"呗"，朱先生认为是"吧"和"欸"的连用。而例（9）中的"了呗"，就是"了""吧"和"欸"三个语气词的连用。朱先生进一步指出，这三组语气词连用时顺序不能颠倒，同属一组的语气词不能共现，所以句末不可能出现"吧呢""呢了"等情况。

在此之后，胡裕树（1979/1995）也将汉语语气词分为三类，分别是第一组"的""了"，第二组"呢""吗""吧"，第三组"啊"。张谊生（2000）将语气词分为四类，分别是A类"的"，B类"了"，C类"吗""吧""呢"，D类"啊"。

不难看出，上述分类尽管不同，但大致的标准是相似的。第一，对语气词分类的对象主要是典型语气词"的、了、啊、吧、呢、吗"六个；第二，表时态的"的"和"了"基本都在顺序序列的前列；第三，比较一致的看法是，语气词"啊"都被列在顺序序列的最后一位。

二、语气词连续连用规则

张谊生（2000）认为，四类语气词连用时，其顺序是有规律的，并提出了如下九种顺序。

AB类：

（10）我已经够焦头烂额的了，你就别给我添乱了。

AC类：

（11）学生跟老师这样说话的吗？

AD类：

（12）毕业季可真够忙的啊！

BC类：

（13）你走了吗？一起吃晚饭吧。

BD类：

（14）我早就把你看透了啊。

CD类：

（15）这孩子，可真逗人哪！（哪＝呢＋啊）

ABD 类：

（16）你快看看他，伤得也够重的啦。（的啦＝的＋了＋啊）

ACD 类：

（17）这件事还是她亲口告诉我的哪。（的哪＝的＋呢＋啊）

BCD 类：

（18）看来人家早就把咱们的战术琢磨透了哪。（了哪＝了＋呢＋啊）

我们可以看到，这一分类中的 CD 类、ABD 类、ACD 类和 BCD 类连用都有合音语气词现象，后三种是一个单音节语气词与一个合音语气词的连用。

齐沪扬（2002）在此基础上，又将不存在合音现象的 AB、AC、AD、BC、BD 五类连用现象细分为两大类，一是单一类，即连用的两个语气词都可以单独附着于句末，这一类有 AB、AC、BC 三类，我们用上面的例（10）（11）（13）加以验证：

（19）我已经够焦头烂额的了，你就别给我添乱了。

——我已经够焦头烂额的 // 我已经够焦头烂额了

（20）学生跟老师这样说话的吗？

——学生跟老师这样说话的？// 学生跟老师这样说话吗？

（21）你走了吗？

——你走了？// 你走吗？

第二是组合类，也就是说连用的两个语气词是不能分开的，只有连用才能成立，主要有 AD 类和 BD 类，我们用上面的例（12）和（14）进行验证。

（22）毕业季可真够忙的啊。

——毕业季可真够忙的。// ？毕业季可真够忙啊。

（23）我早就把你看透了啊。

——我早就把你看透了。//* 我早就把你看透啊。

例（22）中"毕业季可真够忙啊"稍显拗口。而例（23）中"我早就把你看透啊"在语法上和语气上都是不通顺的。

三、语气词的断续连用

断续连用指的是两个不同的语气词,分布在句子的不同位置上,中间有所间隔。语气词的断续连用,最典型也是最普遍的现象就是"句中语气词+句末语气词"。例如:

(24)要我说啊,你还是快去吧。

(25)作为警察的妻子啊,理解他一下嘛。

(26)他吧,这次是真心实意地想跟你赔礼道歉啊。

齐沪扬(2002)通过观察语料认为,"啊"具有较强烈的感叹语气,因此,在断续连用时多用于"吧、吗、呢"的前面。但是例(26)表明,并不完全如此。理论上来说,"句中语气词+句末语气词"的断续连用现象,可以出现无数种可能,需要我们在大数据语料库中加以分析并进一步总结规律。

语气词的断续连用的第二种情况,是两个语气词出现在一些具有构式特点的结构中,值得注意的是,这种情况下,断续连用的两个语气词是相同的。例如:

(27)走啊走啊,终于走出了山坳。

(28)这个时候出国吧,担心安全;不出国吧,工作完不成,真是两难啊。

例(27)的构式是"……啊……啊",语气词"啊"之间有所间隔,属于语气词的断续连用。例(28)中"……吧,……;……吧,……"两个"吧"间隔较远。

四、特例

语气词的连用,一般来说其顺序规则是比较严格的,很少出现逆向排序连用,但有一个逆向连用的特例,那就是语气词"吗"有时可以位于"呢"和"哪"的后面(张谊生,2000)。例如:

(29)你没看见我正忙呢吗?

(30)现在不是疫情时期哪吗?

按照张谊生(2000)对语气词的分类,"吗"和"呢"是同类的,例(29)属于同类语气词连用。"哪"属于合音语气词,即"呢+啊"的合音,因此,例

(30) 实际上是"现在不是疫情期间呢啊吗",这是少见的三个语气词连用,并且是CDC连用形式。我们认为,口语交际中对语气词的使用还有很多特例,有待于进一步深入研究。

7.现代汉语中的典型语气词缘何而来?

要回答这个问题,我们就要考察语气词的源流。语气词源流研究的一个重要方面就是对典型语气词历史来源的历时考察。所谓典型语气词,是指被广泛使用且具有较强表意功能的语气词,学界普遍认为"的、了、吗、呢、吧、啊"为典型语气词(吕叔湘,1942/2014;齐沪扬,2002)。考察典型语气词的源流,有利于我们更好地把握这些语气词所表达的语气及其情态功能。

学界对典型语气词源流的考察,主要是从历时的角度考察语气词发展变化的脉络。语气词是口头交际的重要标记,但是,对其进行历时的考察时不可避免会受到文字资料的制约。从有文字记载至今,历时数千年,在不同历史时期,汉语语气词的面貌是不一样的。王力(1958/1980)在《汉语史稿》中认为,"上古的语气词全部都没有流传下来",甚至"连痕迹都没有了",他认为现代所使用的语气词全部是新产生的语气词。与此观点不同,潘允中(1982)认为,现代汉语语气词即使在字形上与古汉语不同,但语音上却一脉相承于古汉语的发音。孙锡信(1999)对众多汉语语气词进行了历时考察,他认为,古代汉语和现代汉语中对语气词的使用分属两个不同的体系,一个是文言体系,一个是白话体系,至唐五代时期,语气词系统开始发生较大变化,有一些语气词承上启下,可以从中追寻到从上古发展而来的线索。下面我们就以典型语气词"啊""吧""呢"为例探讨一下汉语典型语气词缘何而来。

一、语气词"啊"的源流考察

根据张相(1945)、太田辰夫(1987)、孙锡信(1999)等基于历史的考证,

"啊"的源流大致如下：

後 ⟶ 好（唐五代）⟶ 呵（宋元时期）⟶ 阿、啊（元代至清代）

| "後"位于句中，表语气间歇、停顿、假设 | "好"位于句末，表假设、感叹语气 | "呵"位于句中停顿处，表语气间歇、假设；位于句末，表感叹、反问等 | "阿"是"呵"的异体，明代出现"啊"，"阿"与"啊"是同一个语气词，只是字形不同 |

可见，语气词"啊"的源头是唐五代时期由方位词"後"虚化而来的，居于句中停顿处，主要起提顿作用，有时也表假设语气。五代时期，形容词"好"也虚化为语气词，与"後"不同，"好"居于句末，主要表感叹、祈使或反问语气。此后，经过不断虚化和语法化，产生了现代的语气词"啊"（较早写作"阿"），可见，现代汉语中位于句中的"啊"和位于句末的"啊"来源不同，其句法位置和语义功能基本一脉相承于作为源头的"後"和"好"。

二、语气词"吧"的源流考察

跟"啊"的演变相似，"吧"的产生也经历了实词虚化的历时演变过程。关于"吧"的来源，学界普遍认为"吧"来源于实词"罢"（太田辰夫，1987；孙锡信，1999；冯春田，2000；齐沪扬，2002）。"罢"作为语气词，最早来源于宋元时期的词曲话本，有"罢休""止息""完毕"之意，是一个祈使语气词。例如：

（1）年少难留应不借，未歌先咽歌还罢。　　　　　　（赵长卿《蝶恋花》）
（2）侯兴看罢，怒从心上起，恶向胆边生。　　　　　　（《喻世明言》）

直至清代，才出现了替代"罢"的新形声字"吧"，但比较特殊的是，"罢"的实词意义并没有因为语气词"罢"的出现而消失。而"吧"替代"罢"之初，主要表达商榷语气，直到20世纪初，"吧"才逐渐取代了语气词"罢"的所有用法。齐沪扬（2002）从语法化的角度对"罢"的虚化即"吧"的语法化机制进行了考察，并绘制出了"吧"的虚化链，如图7-1。

根据齐沪扬（2002）的阐释，"罢"的虚化，亦即语气词"吧"的产生，实际上是随着"罢"所在句子的结构关系和句法位置的改变而产生的。因此，"吧"的历史渊源也是清楚明了的。

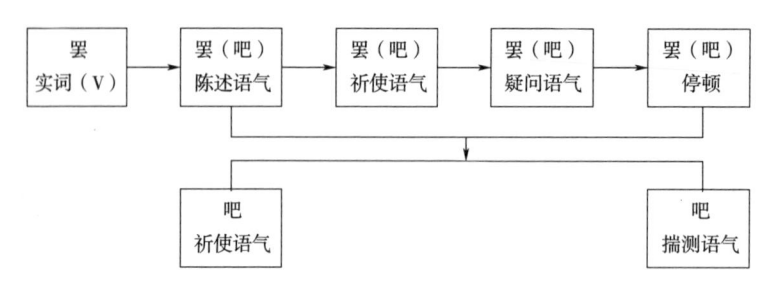

```
┌─────┐   ┌─────────┐   ┌─────────┐   ┌─────────┐   ┌─────────┐
│ 罢   │→ │ 罢（吧）│→ │ 罢（吧）│→ │ 罢（吧）│→ │ 罢（吧）│
│实词(V)│  │陈述语气 │   │祈使语气 │   │疑问语气 │   │  停顿   │
└─────┘   └────┬────┘   └─────────┘   └────┬────┘   └─────────┘
               │                            │
               ↓                            ↓
          ┌─────────┐                  ┌─────────┐
          │   吧    │                  │   吧    │
          │ 祈使语气│                  │ 揣测语气│
          └─────────┘                  └─────────┘
```

图 7-1　语气词"吧"的虚化链

三、语气词"呢"的源流考察

典型语气词中源流比较复杂的是"呢",因为即便在现代汉语中,到底有几类"呢",以及每类"呢"具有怎样的意义和功能,仍有待研究和讨论。学界普遍认为,按功能划分,可以将"呢"分为表疑问语气的"呢$_1$"和表非疑问(或感叹)语气的"呢$_2$"(江蓝生,1986;太田辰夫,1987;孙锡信,1999;冯春田,2000;齐沪扬,2002),但关于二者的来源,学界有不同的争论。王力(1958/1980)、冯春田(2000)认为"呢"字的最初来源是上古时期用于句末的"尔",较早的文献记载见于唐五代时期《祖堂集》中的"聻",是表示特指问的语气词,也就是"尔"的前身。吕叔湘(1942/2014)认为"哩"发生变形而产生"呢",而"哩"源于"在裏",表申明的语气。江蓝生(1986)、孙锡信(1999)的观点基本相同,认为"呢$_1$"来源于"聻","呢$_2$"来源于"裏"和"哩"。齐沪扬(2002)根据前人的研究,归纳出了疑问语气词"呢$_1$"和非疑问语气词"呢$_2$"的历史发展脉络,大致如下:

那、聻(唐、五代)→那(金、元)→那、呢、哩(金、元之后)→呢、哩(明代以后)→哪、呢(清代以后)→呢$_1$(现代)

裏、里(唐、五代)→哩(宋、元、明)→呢、哩(清代)→呢$_2$(现代)

通过上述发展脉络不难看出,在"呢"的形成和衍化过程中,语音因素扮演着重要的角色。不管是"聻、你、尼、那"还是"裏、哩、里"等字,都在语音上与后期的"呢"具有承继关系。

8.非典型语气词如何产生？

非典型语气词指典型语气词之外的其他语气词，既包括典型语气词的派生形式，多为单音节语气词，如"呀""啦""哪"等，也包括双音节语气词，如"罢了""来着""不成"等等。学界普遍认为，非典型语气词是典型语气词的派生形式，从本质上说是一种语言变异。汉语语气词产生变异的原因主要有以下几点。

一、语音变化造成的语气词变异

由于语气词主要用于口头交际中，语音变化是产生新语气词的重要途径，前人的研究表明，"语流音变"和"连用合音"是其中最主要的途径。

"语流音变"主要是针对"啊"音变而言的。赵元任（1979）指出，"啊"位于句末时，与其前面的辅音或元音连读，"形成了一系列表面上的变体"。例如：

（1）来啊（呀）　好啊（哇）　人啊（哪）
　　　娘啊（nga）　吃啊（ra）　字啊（[ZA]）

基于这一观点，"呵、呀、哇、哈、呦、唉、哪、哦、噢、呕、nga、[ZA]、ra"等都成了"啊"的变体。但是，赵元任（1979）也指出，"啊"真正的变体只有两个，即"啊（a）"和"呀（ya）"，"呀"出现于开音节之后，"啊"用于其他场合。

除了语流音变，另一个从语音出发解释语气词变异的观点就是"连用合音"说。赵元任（1979）、朱德熙（1982）都曾指出，两个语气词连用，当第二个语气词是元音开头时，会与前面的音节合为一个音节，从而产生新的语气词。例如：

（2）你来啦！（啦 = 了 + 啊）

（3）还有三天哪！（哪 = 呢 + 啊）

（4）开饭喽！（喽 = 了 + 呕）

（5）咱们走呗。（呗＝吧＋欸）

但是，我们应该注意到，音变也存在着很大的不确定性，胡明扬（1981）曾指出"连读音变是一种可能性，不是一种必然性"。齐沪扬（2003）也指出，语气词在语流中发生的音变，不只受前一个音节影响，还要受语速、情感乃至说话人的方言背景等因素影响。同时，语气词语音的叠加并不意味着意义和功能的叠加，赵元任（1979）、朱德熙（1982）都曾指出，音变产生的语气词变体与源语气词在功能和意义上是存在差别的。事实上，从话语交际的角度看，音变产生的语气词，与源语气词在互动功能上存在着显著的差异。方梅（2016a）以"呀""哪""啦"为例，考察了北京话语气词变异形式的互动功能。结果发现，在"啊"音变系列中，只有"哇"支持语流音变规律，这说明语气词变异形式最初是对语流音变和连用合音的真实记录。但是到了后期，特别是19世纪开始，语气词的一些变异形式逐步获得了自身的功能和互动性特征。因此，这些通过变异产生的非典型语气词自身也具有研究价值。

从语音角度考察语气词变异的另一个视角是"变韵说"。郭小武（2000）提出汉语中存在a、e两套基本对立的发音类型，a韵语气词对应强语气，如"啊""哈""呀""哎"等；e韵语气词对应弱语气，如"哦""唉""呵""呗"等。同时，他也对"语流音变"和"连用合音"提出了质疑，认为应代之以强语气条件下的变韵说，并进一步指出，"啦、嘞、喽"是"了"的变韵形式，"哪（呐）"是"呢"的变韵形式，"啵、呗"都是"吧"的变韵形式。这些变韵形式之间的差异主要体现在关系的远近以及功能的差别上。

二、书写习惯造成的语气词"一词多字"现象

"一词多字"是汉语语气词中的一个常见现象，造成这种情况的原因主要有以下三个。其一，现代汉语中很多语气词都能找到其历史源头，但是，由于语气词是记录口语语音的，不同时代的语音具有一定的差异，就导致了记录语音的文字也存在一些差异。流传至今，造成了很多"一词多字"现象，即同一个语气词由不同文字来记录。如表疑问的语气词"吗"，可能还以"末""摩""嘛""嚒"等书写形式来记录；再比如现代汉语中的"呢"，在历史文献中可能对应的是

"尼、哩、裏"等书写形式。

其二，造成"一词多字"现象的另一个原因就是方言的影响，不同方言会采用不同的文字记录其语气词的发音。比如方言中用"咧、哩、嘞、叻、喽、咯"等记录表示变化的语气词"了"。

其三，当下，网络互动已成为人们主要的交流方式，在网络交流场景中，人们为了模拟现实交际而广泛使用语气词，为了达到标新立异的效果，交际双方往往会尝试使用新的文字记录语气词，如"好哒"的"哒"，"好咩"的"咩"，"好滴"的"滴"，事实上都是语气词"的"的变异形式。这些在网络互动平台中广泛使用的语气词变异形式一旦反向流入口头交际中，也将具有很强的生命力，值得我们深入研究，并探索其发展变化的规律。

综上，我们认为，现代汉语中广泛使用的典型语气词如"啊、呢、吧"等都有其一脉相承的历史源头。随着历史的发展，这些语气词受到多种因素的影响，产生了新的变异形式，如"呀、嘛、呗、哦、哈"等等，这些语气词变异形式经过不断衍化，逐渐成为稳固的语气词，并被广泛使用。我们认为原因在于它们能对交际互动产生某种影响，才会具有如此强的生命力。因此，交际互动到底如何促使语气词功能发生变异，这种变异如何逐步走向稳固，这两个问题值得我们进行深入研究与探讨。

9.汉语语气词的传信、传疑、完句功能指什么？

现代汉语语气词意义空灵多变，它们在语句中到底表达哪些功能，这一直是汉语语法研究领域非常关注的问题。早期传统语气词功能研究受历史影响，更加关注语气词的表意功能，认为语气词主要承担传信和传疑功能，从句法上来看，则更加关注语气词的完句功能。

一、传信功能

语气词具有疑信功能，最早的论述可追溯到唐代（孙锡信，1999），《马氏文通》(1898/1983)中明确指出,按表意功能,可将助字分为"传信"助字和"传疑"助字两类。所谓"传信"指话语传递的信息是确实的消息,"传疑"指话语传递的内容是有疑问的信息,语气词的功能是协助传递确实信息和疑问信息。例如:

(1)她都20岁了。

(2)你相信我说的话吗?

例(1)中的语气词"了"表达的就是传信功能,而例(2)中的语气词"吗"表达的是传疑功能。

传统语气词研究关注的主要问题就是如何看待语气词的传信功能和传疑功能及其相互关系,以及讨论具体语气词的确信度及疑问度。

吕叔湘先生在《中国文法要略》中,专门讨论了语气的"传信"和"传疑"功能,并指出,疑信范畴"与认识有关"。从这一角度出发,吕先生指出,用于句末的"的"是表示确认的语气词。除此之外,学界普遍认为"吧、嘛、呗"也具有传信功能(朱德熙,1961、1966;胡明扬,1981;张筱平,1993;李讷等,1998;傅由,1997;徐晶凝,2007、2008;袁毓林,2003a;冉永平,2004),"呢、哩、喽、啰"等在某些情况下具有一定的传信功能(陈颖,2009)。

(3)她二十出头结婚的,所以早早当上了母亲。

(4)这是你儿子吧。

(5)你看,天下没有白吃的午餐嘛。

(6)这还用问,我写的呗。

例(3)~(6)中的语气词"的""吧""嘛""呗"表达的都是确认或确信,具有传信功能。

二、传疑功能

相对于传信功能而言,学界更加关注对语气词传疑功能的研究,这与传统语法研究重视对疑问句的研究有关,与此直接相关的就是对疑问语气词的研究。

语法学界对于语气词的传疑功能有两种不同看法:一种普遍的观点认为,表达传疑功能的语气词主要有"吗、呢、吧、啊"四个,大多数语法教材采用了这一说法（吕冀平，1983；黄伯荣、廖序东，1991；刘月华等，2001）；另一种观点不赞同上述疑问语气词的提法，认为不能对上述语气词的疑问功能一概而论。

（7）你好吗？

（8）小芳呢？小芳愿意吗？

（9）你其实不想去吧？

（10）你吃啊？我可不想吃。

例（7）~（10）中的语气词"吗、呢、吧、啊"都是从某个角度表疑问，因此具有传疑功能。

20世纪80年代后期的诸多研究表明，"吗"和"呢"的疑问语气词地位得到了肯定（胡明扬，1981；陆俭明，1984；邵敬敏，1989；齐沪扬，2002），对于"吧"和"啊"的疑问语气词地位则争议颇多。吕叔湘（1955）认为，"吧"是介于疑信之间的语气词。陆俭明（1984）基本赞同这一看法，并进一步指出，在汉语语气系统中，"吧"只能算作半个语气词。这是因为带"吧"的句子要受到语境制约，当句子"疑多于信"时，"吧"主要负载疑问信息；而当句子"信多于疑"的时候，"吧"主要表示揣度或祈使语气。例如：

（11）他们是东北人吧？听口音好像是。

（12）他们是东北人吧？只有东北人早上才正儿八经地吃早饭。

例（11）和（12）中都有小句"他们是东北人吧"，但根据上下文，例（11）中的"吧"疑多于信，而例（12）中的"吧"信多于疑。我们更倾向于认为前者表达传疑功能，后者表达揣度功能，是一种弱传信功能。

至于语气词"啊"，陆俭明（1984）认为，"啊"虽能用在疑问句末尾，但却不负载疑问信息，无法得到形式上的验证，因此不能将其看作疑问语气词。例如：

（13）你去哪儿啊？咱们一起走啊？

例（13）中的句末语气词"啊"，虽用在疑问句句末，但我们不能肯定，疑问语气是疑问词"哪儿"带来的，还是疑问语调带来的，抑或是"啊"带来的，因此无法判定"啊"具有明确的传疑功能，需要进一步的形式验证。

邵敬敏（1989）根据疑问句疑信程度互为消长的分布特点，提出了"真性疑问"和"假性疑问"的论述。他认为特指问句是真性疑问句，反诘句是假性疑问。根据这一观点，他认为"吗"是真性疑问语气词，"呢"是半真半假疑问语气词。齐沪扬（2002）通过数据分析发现，在真实文本中，"吧"构成的疑问形式有相当数量的是反诘句，这说明，"吧"只具有假性疑问功能，如例（14）：

（14）有苦没地儿说去是吧？

张小峰（2003）认为，语气词的基本话语功能是凸现功能和话语结构标记功能。根据这一认识，他总结了语气词"吧""呢""啊"的核心语义，认为语气词"吧"体现的是言者介于疑信之间的"不确定"态度，"呢"的核心话语功能为关联对比功能，而语气词"啊"的核心意义是其表情作用。但张小峰也指出，在讨论语气词的时候还要考虑语气与口气、语体和语法的关系。

关于语气词的疑信功能，我们认为其具有动态性特点，随上下文语境变化而有所不同。我们比较赞同齐沪扬（2002）提出的观点，他认为，语气词的传信功能和传疑功能是相对的，二者之间可以建立一个连续统。根据他的分析，六个典型语气词"的、了、呢、啊、吧、吗"呈离散状态分布于连续统上，传信功能位于连续统的最左端，传疑功能位于连续统的最右端。如图9-1：

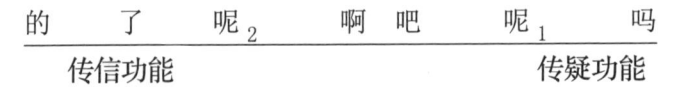

的　　了　　呢$_2$　　啊　吧　　呢$_1$　　吗
　传信功能　　　　　　　　　　　传疑功能

图9-1　典型语气词疑信功能连续统（齐沪扬，2002）

虽然这一连续统只反映了语气词疑信功能的大致分布情况，但却有利于我们在此基础上讨论语气词的疑信程度。齐沪扬（2002）根据问题逻辑的观点，提出了语气词高度确信和低度确信的概念，这对概念主要针对图9-1连续统左端的语气词而言。他认为，"的"体现高度确信，"吧"体现低度确信，具体表现在"的"经常出现在表示意愿语气、必然语气的句子中，而"吧"经常出现在表示或然语气的句子中。例如：

（15）他会来的。

（16）他可能会来吧。

例（15）中"的"表示必然语气，加强对"他会来"这一未然事件的肯定，"的"位于语气词疑信连续统最左端，表传信功能。例（16）中的"吧"与表或然语气的副词"可能"同现，加强了或然语气与对"他会来"的不确定性，表低度确信。

三、完句功能

"完句成分"的概念最早由胡明扬、劲松（1989）提出，黄南松（1994）、孔令达（1994）、贺阳（1994）也分别从不同角度对完句成分进行了探讨。一般来说，句段的独立与否取决于是否带有某些句子在结构上所必需的成分，这样的成分就是"完句成分"，完句成分是一个不依赖语境或上下文支撑的句子通常必须具有的结构成分，它具有使一个语言表达式独立成句的功能，它也是句法结构上的成句条件。大致来说，一些助词、副词，语序，否定、疑问、祈使等表达功能语气的语调等都可以充当句子的完句成分。语气词是完句成分的一个重要方面。

语气词的完句功能主要体现在两个方面。一是与时间因素有关的完句功能，语气词"了""呢""的"都具有这样的功能（吕文华，1983；张谊生，2000；齐沪扬，2002）。

（17）他又胖了。

（18）我写作业呢，等会儿。

（19）他昨天来的。

语气词"了""呢""的"都是与时间因素有关的语气词，用在句末使得这些句子成为独立的句子。如果去掉这三个语气词，上述例（17）和（19）完全不成立，例（18）在语用上不成立。因此，这三个语气词具有较明确的完句功能。

语气词完句功能的第二个方面是与情感因素有关的完句功能。语气词本身具有传情达意的功能，因此，可以使得附着的语句带有强调、揣测、夸张、提醒、不满、迟疑、勉强等感情色彩。大部分语气词都具有情感功能，同时也是完句成分，一些语句缺了相应的语气词，就无法表达相应的感情色彩。例如：

（20）？妈妈回来。（如果成立，需要上下文语境）

(21) 妈妈回来吧。（表祈求语气）

(22) 妈妈回来喽！（表提醒语气）

(23) 妈妈回来呗！（表祈求，但祈求结果交于对方把握）

(24) 妈妈回来呀！（命令式祈求）

例（20）"妈妈回来"，如果从单句的角度看是不成立的，必须置于上下文语境中才能够成立，比如妈妈要上班了，年幼的孩子不希望妈妈离开，于是向妈妈喊"妈妈回来"。除此之外，如例（21）～（24），"妈妈回来"加上不同的语气词后成为可独立的单句，并在上下文语境中表达不同的语气。

综上，从传统角度进行的语气词功能研究可以认为是现代汉语语气词研究的第一个阶段。这一阶段的研究多采用静态的研究视角，以句子为主要研究对象，受技术手段影响，所使用的语料多为书面语料，采用的主要研究方法是句子分析法。这一时期讨论较多的问题是语气词的界定以及表意功能、完句功能等。

10.语气词主要表达哪些话语功能？

二十世纪六七十年代兴起的话语分析方法为语气词功能研究提供了新的理论和方法视角。与传统语法分析相比，话语分析紧密联系语言实际，同时注重从交际双方的角度出发，探索语言的组织运用特征，这就为语气词研究提供了动态视角。语气词的话语功能包含以下两大方面。

一、作为话题标记

学界普遍认为汉语是话题优先型语言，在汉语中存在着大量的话题标记，其中相当一部分来源于语气词。一般来说，句中语气词可以作为话题标记，朱德熙（1978）、胡明扬（1981）都曾提到句中语气词与话题的相关性，屈承熹（2006）将句中语气词"呀""呢"等称作"停顿虚词"，并认为这种"停顿虚词"与前面的成分一起构成了有标记话题。例如：

（1）你呀，赶快做决定吧。

（2）上大学呢，才能有更美好的未来。

例（1）和（2）中的句中语气词"呀"和"呢"都是话题标记，同时也起到提顿作用。

关于语气词作为话题标记时是否存在语气意义，学界存在两种不同看法。一种观点认为，充当话题标记的语气词不具有语气意义，如若具备语气意义，则不属于话题标记，也就是说语气词不能兼具语气意义和话题标记功能（方梅，1994；徐烈炯、刘丹青，2007）；另一种观点认为，语气词能作为话题标记，同时也可表达一定的语气意义，二者不存在矛盾（屈承熹，2003；袁毓林，2003b；崔健、孟柱亿，2010；强星娜，2010；邓莹洁，2015）。我们赞同第二种观点，即句中语气词作为话题标记的同时，也表达一定的语气或情态，有其自身的话语功能。

（3）她还那么懦弱，不敢敲门，那要别人怎么帮她？我们真为她着急，做女人啊，一定要靠自己，不能老想着让别人帮忙。

（4）那时，我正在海军服役，是一条扫雷舰上的三七炮手。她呢，是个来姥姥家度暑假的初中学生。

（5）人要守住心中的坚持，很多时候总是说的比做的容易太多。我这个人吧，有的时候想的东西还真是太简单了。

例（3）~（5）中的句中语气词"啊""呢""吧"都是话题标记，同时，也能表达一定的话语功能。比如，语气词"啊"能够凸显其前名词的话题性。例（3）如果去掉"啊"句子也成立，但"啊"前成分作为话题的功能则会消失。同理，例（4）中的"呢"除了能够作为话题标记以外，在话语中还起到引起对比的功能。例（5）中的"吧"除了作为话题标记以外，还为话题带来了"非褒扬"的情态。

二、篇章话语功能

篇章语法是功能主义语法的一个重要方面，强调从"话题—说明"的角度研究句子的展开和编排方式，强调从篇章衔接与连贯、指代与省略、篇章结构、篇章连接手段等角度研究语言。受这一理论背景的影响，现代汉语语气词的篇章话语功能研究主要从以下两个方面展开，一是语气词的停顿功能研究，二是语气词的照应功能研究。

1. 停顿功能

一般来说，不论是句中语气词还是句末语气词，停顿功能首先是基于生理上的换气需要；其次，也具有语法上的需要及表意上的需要。多数学者认为，句内停顿具有语言单位的分离功能，起区分话题的作用（赵元任，1979；朱德熙，1982；史有为，1995），这一功能主要由句中语气词承担。方梅（1994）认为句中语气词具有标识主位的功能，并将句中语气词分为三类，即主位标记"啊"和"吧"，准主位标记"嘛"和"呢"，非主位标记"啦"和"呀"。另一种语气词停顿是面向篇章而言的句间停顿，这类语气词位于一个较长的动词性结构之后（齐沪扬，2002）。例如：

（6）无奈，一位主任陪我去了，那公厕在这里不再描述吧，我相信每一位中国读者都是极易想象的。（齐沪扬，2002）

例（6）中，语气词"吧"位于一个较长的动词性结构"那公厕在这里不再描述"之后，起到停顿和引起思考的作用。

2. 照应功能

"照应"是针对篇章而言的，指用一定的语法手段来表示上下文语义关系。语气词的照应功能主要体现于在较长的篇章段落中，语气词在表达本句语气之外，还要起联系上下文语义的作用。齐沪扬（2002）认为，根据语气管界范围，可以将语气词的照应功能分为前项照应和后项照应。在上下文语境中，管界范围前指的语气词具有前项照应功能。例如：

（7）谁追得更猛烈点——总有一个主动在先吧？

（8）我怎么闻着饭味了，谁在教室吃饭呢？

例（7）"总有一个主动在先吧"，照应的是上一句中的问题"谁"，同时，上一句可以添加相同的语气词改写成"谁追得更猛烈点吧"。同理，"谁在教室吃饭呢"照应的也是上一句，前一句可添加"呢"改写成"我怎么闻着饭味了呢"。具有前项照应功能的句子多为疑问语气，即只有能表示疑问的语气词才具有前项照应功能，同时，被照应句中，往往有"谁、怎么、什么"等疑问代词出现。

在上下文语境中，管界范围后指的语气词具有后项照应功能。例如：

（9）今天去呢，还是明天去？

（10）你这朋友真精明啊，用一个房子滚来滚去，滚出来三四套房子，真牛！

这两个例句都具有后项照应功能，例（9）"呢"所表达的疑问语气照应到后一句，可改写为"今天去呢，还是明天去呢？"同理，例（10）"啊"也可以照应到后面的语句，后面可以添加相同的语气词"啊"，改写为"用一个房子滚来滚去啊""滚出来三四套房子啊"和"真牛啊"。

综上，我们认为语气词的照应功能集中体现了言语表达的经济性原则。

11.关于语气词功能的争论有哪些？

由于汉语语气词本身所具有的多样性和动态性的特点，关于语气词功能的争论也层出不穷。主要包括以下两种。

一、语气与情态的争论

国外语言学界对情态的关注始于二十世纪六七十年代，迄今已取得了丰硕的成果（Lyons，1977；Palmer，1979/1995；Talmy，1988）。现代汉语中也有丰富的情态表达手段，但早期并没有对其进行有意识的研究，仅在对语气范畴的研究中有所体现，如《马氏文通》中"势"的概念，吕叔湘先生在《中国文法要略》中概括的"与认识有关"和"与行动有关"的语气，以及王力先生在《中国语法理论》中提到的"情绪"等，都或多或少与情态相关。国内真正有意识地开始关注并重视情态研究，始于廖秋忠（1989）在《国外语言学》上对Palmer《语气与情态》(Mood and Modality)的译介。此后，涌现出一批有价值的汉语情态研究成果，如贺阳（1992）、齐沪扬（2002）、温锁林（2004）、崔希亮（2003）、彭利贞（2007）、徐晶凝（2008）等。这些成果中，有相当一部分研究与汉语的语气范畴有关，如贺阳（1992）、齐沪扬（2002）都将"情态"置于"语气"的范畴内进行分析。上述成果将语气与情态结合起来进行讨论，语气的研究范围基本等同于情态的研究范围，可以说这些研究利用了汉语长期以来对语气范畴研究的优势，但并没有清楚地划分语气与情态的界限。

关于语气与情态的区别，鲁川（2003）认为，"语气"和"情态"都是主观标记，但二者有所区别。他认为"语气"是对人而言的，体现言者对听者的交际意图，主要由语气词和句类来表达；而"情态"是对"事"的，体现言者对事件的主观情绪或态度，主要由情态副词表达。崔希亮（2003）的观点跟鲁川基本相似，他认为汉语的情态系统包含语气范畴和能愿范畴，其中语气范畴是言者情态，主要通过一系列语气词来表达；能愿范畴即施事情态，主要由一系列情态副词表达，这与鲁川的"对人"和"对事"的观点基本相同。

从句法和语义的角度来看，我们更赞同彭利贞（2007）的观点，即语气属于语法形式范畴，具有表达情态语义的功能，而情态属于语义范畴，表达情态范畴的手段多样，语气只是其众多手段之一。

二、从主观性和交互主观性角度进行的汉语语气词研究

语气词多用于口语的特性决定了对语气词的使用和理解与交际中说话人的主观态度情感密切相关，主观性和交互主观性理论的引入，为进行语气词研究提供了新的视角。语气词研究领域因此涌现出一批基于主观性理论或交互主观性理论的研究成果。

李讷等（1998）从话语角度出发，指出语气词"的"主要出现在交互作用话语环境中，表示"主观的低及物性特征"，其本质是"表示主观的确认态度"，这就从话语功能的角度证明了"的"属于传信范畴。例如：

（1）我就是这么想的。

（2）我去跟她谈的。

廖崇阳（2004）结合主观性考察了"吗"字问句，徐春秀（2008）、严正君（2013）分别对"吧"的主观性进行了考察，王佳梅（2012）依据主观性理论，从主观情感和主观认识的角度考察了"吧、呢、啊、嘛、哈"五个语气词的主观性，谢群（2015）梳理了语气词的主观意义，孙占锋（2008）从主观量的角度考

察了"吧"和"呢"的差异。上述研究虽然是基于主观性理论的，但并未突破传统语气词研究的意义功能框架。

值得注意的是，语气词的主观性和交互主观性研究往往与情态功能研究交织在一起。徐晶凝（2008）的《现代汉语话语情态研究》就从交互主观性的角度出发对语气词的情态功能进行了一系列研究。她认为，在大多数情况下，语气词在语法结构和语义上都表现为非必需性，即有或没有语气词不影响语法结构的合法性，也不影响语法结构所要表达的内容。但是语气词对于情态来说却是必需的，其目的在于表达句子与语境的关联性以及满足听话人的面子需要，以便更好地保证交际成功。从交互主观性的角度出发，徐晶凝（2008）首先从句类、句法位置等角度入手，考察言者对话语内容的疑信程度，同时考察言者对听者的交际意图，从而提取核心语气词"啊、呢、嘛、吧、呗"各自的原型意义。

表 11-1　徐晶凝（2008）核心语气词的原型意义

语气词	原型意义 / 情态功能
啊	强传信式告知求应
呢	说话人在共享预设的基础上点明某一点，并提请听话人注意
嘛	强传信式论理劝求，并暗示听话人应当接受
吧	说话人对语句内容做出弱传信式推量，并交由听话人确认
呗	述唯弃责

从类型学的角度看，徐晶凝（2008）的研究证明，语气词所表达的情态意义与言语交际的礼貌策略有直接关系，而这是人类语言情态成分的普遍特征。此外，语气词所表达的意念范畴所体现出的交互主观性，也是人类语言的共性，不同语言都具有各自的交互主观性表达手段，或为韵律，或为句法，或为词汇，等等。

崔希亮（2011）的文章《语气词"哈"的情态意义和功能》也是从交互主观性的角度进行的语气词情态功能研究，他着重考察了语气词"哈"的情态意义和语篇功能，认为"哈"具有"寻求证实或认同""赞同或附和""表示惊异"等意义，这些是对说话人主观态度的表达，同时也是言者与听者的互动要求。据此，崔希亮（2011）认为"哈"是汉语对话语篇中交互主观性的标记。

Luke（1990）将语气词称作"话语小品词（utterance particles）"，认为言者可以用"话语小品词"表达自己对叙述内容的主观态度及对听者的交互主观态度。王珏（2016）采用Luke这一看法，并将语气词的功能进一步分为标记功能、主观性功能和交互主观性功能，其中标记功能主要从话题、述题角度论证，主观性和交互主观性功能主要针对话语情态功能而言，他对主观性功能和交互主观性功能分别进行了等级划分，认为二者之间存在等级正相关关系，如表11-2：

表 11-2　王珏（2016）语气词话语情态功能分布表

类别[①]	功能		
	标记功能	话语情态功能	
		主观性及其等级	交互主观性及其等级
述题语气词	标记述题/句子结束	[对命题]强主观性：强定、肯定、弱定、不定：虚拟揣测、疑惑	[对听者]互动性：强诺、允诺、弱诺、求证、求答
话题语气词	标记话题/已知信息	[对话题]弱主观性：强调提及、舒缓提及	[对言听]照顾认知需求
句法语气词	标记句法成分/逻辑成分/节拍		[对言听]照顾认知需求，营造交际氛围

[①] 述题语气词：标记句子边界，强主观性（对命题疑信等评价、态度、情感），表达的交互主观性是言者希望与听者建立认知和交际协作的态度、愿望。话题语气词：标记话题边界，弱主观性（对话题强调、舒缓提及），表达弱交互主观性，关照言听双方的认知需要，并向听者预示下文是否有重要信息值得关注。句法语气词：标记低于话题、述题的句法成分、逻辑成分和节拍等边界，无主观性，交互主观性扑朔迷离。

对语气词话语功能的研究可以说是现代汉语语气词研究的第二个阶段，这一阶段主要受话语分析和篇章语言学影响，采用动态的研究视角来观察和研究汉语语气词现象，所使用的语料多为会话或篇章语料，采用的方法以会话分析等语用学方法为主。值得注意的是，这一时期的研究尽管没有明确提出互动的概念，但在实际研究过程中，却大都体现出了互动的理念和视角。

第二部分 知识篇

12.语气词"呀"与"啊"有什么关系?

一、"啊"音变

"啊"音变主要指句末语气词"啊"与其前面的音素相结合,发生的语流音变。学界普遍认为,"啊"的语流音变具有以下几个规律。

1. "啊"读作 ya[iA]

当语气词"啊"前面音节末尾的音素是 a、o、e、ê、i、ü 时,"啊"读作 ya,写作"呀"。例如:

(1) 是他啊(呀)。

(2) 三哥啊(呀),人狠话不多。

(3) 快来看,刚打的新鲜刀鱼啊(呀)。

2. "啊"读作 wa[uA]

当语气词"啊"前面音节末尾的音素是 u(包括 ao、iao)时,"啊"读作 wa,写作"哇"。例如:

(4) 真巧啊(哇),又遇见你了。

(5) 好啊(哇)!好啊(哇)!听你的。

3. "啊"读作 na[nA]

当语气词"啊"前面音节末尾的音素是 n 时,"啊"读作 na,写作"哪"或"呐"。例如:

(6) 快看啊(哪/呐),大学生回来啦!

4. "啊"读作 nga[ŋA]

当语气词"啊"前面音节末尾的音素是 ng 时,"啊"读作 nga,仍写作"啊"。例如：

(7) 你可真行啊！这都能做错了。

(8) 这首歌可真动听啊！

5. "啊"读作 ra[ʐA]

当语气词"啊"前面音节末尾的音素是-i（后）、er 或儿化音时，"啊"读作 ra，仍写作"啊"。例如：

(9) 这种蛋糕真好吃啊。

(10) 您买几只啊？

6. "啊"读作 za[zA]

当语气词"啊"前面音节末尾的音素是-i（前），"啊"读作[zA]，仍写作"啊"。例如：

(11) 写字啊，看什么呢！

(12) 现在这些年轻粉丝啊！真让人无语。

上述关于"啊"的语流音变规律在汉语语法学界、中小学语文教学中被广泛引用。我们将这些规律总结如表 12-1：

表 12-1 语气词"啊"的语流音变规律

"啊"前面的音素	"啊"的读音	"啊"的写法
a、o、e、ê、i、ü	ya[iA]	呀
u（ao、iao）	wa[uA]	哇
n	na[nA]	哪 / 呐
ng	nga[ŋA]	啊
-i（后）、er、儿化音	ra[ʐA]	啊
-i（前）	[zA]	啊

二、语气词"呀"与"啊"的关系

语气词"呀"在现代汉语语气词系统中的定位一直以来都比较模糊,一种观点认为,"呀"是"啊"在语流中发生音变的结果,是记录"啊"音变的一种文字形式(吕叔湘,1955、1979;赵元任,1979;朱德熙,1982),这也是影响深远的主流观点。《现代汉语八百词》《现代汉语虚词例释》《现代汉语词典》等工具书,以及大中小学语文教学语法体系都广泛采用了这种观点。一般认为,当语气词"啊"前音节末尾音素为"a、o、e、ê、i、ü"时"啊"音变为"呀"。例如:

(13)这是你爸爸啊(呀),你怎么能这样对他?!

(14)亲爱的,祝你生日快乐啊(呀)!

(15)这是我们的秘密啊(呀)!

(16)国外现在不能去啊(呀)!

(17)好累啊(呀)!

但是,另一种观点从历史角度出发,提出了与上述观点不同的看法。钟兆华(1997a)和翟燕(2011)分别以宋元时期和明清时期史料为基础进行了研究,认为语气词"呀"出现于元代,是语气词"也"音变后用来标记[iA]这一语音的新形式,在语法功能上,可以表达疑问、祈使、感叹、句中停顿等;在语音上,元代时还未被完全纳入语气词"啊"的音变轨道。到了明清时期,"呀"逐渐被纳入"啊"的音变轨道,越来越多的"呀"都是受前面音节末尾音素影响而采用的一种字形,但是,"呀"仍旧保留了自己的独立地位,因此,"呀"其实是"啊"的一个重要来源。总之,从历史传承的角度看,语气词"啊"(包括"呵""阿")的出现比"呀"晚,直到明清时期,语气词"啊"及其前身"呵"的使用数量都远不及"呀";从语音角度来看,"呀"是一个非常独立的语气词,跟"啊"有着不同的来源。因此,从历史角度看,认为"呀"仅仅是"啊"音变变体的说法是不恰当的。

在现代汉语语法研究领域,也有学者对"呀"为"啊"音变形式这一说法持不同意见。胡明扬(1981)在考察语气词连读音变时做了一个实验,他请若干位北京话母语者读"总理啊总理"这句话，结果发现，孙敬修等6人表示必须说"啊"，不能说"呀"，理由是"啊"庄重，"呀"不严肃，或"啊"情深，"呀"情浅；侯宝林等6人表示只说"呀"而不说"啊"，另有4人认为两可。根据这一实验，胡先生进一步指出，言者使用语气词并不是一个单纯的语音问题，还可能受到语速、语流中的间歇、语体以及方言等因素的影响，连读音变只提供了一种可能性，而非必然性。

在对"呀"的表意功能进行探讨时，大多数研究者将"啊"和"呀"同等对待，并未对二者进行区分（赵元任，1979；Li & Thompson，1981；屈承熹，2006；徐晶凝，2008）。但也有研究者认为，"呀"具有自己的语义特点，"啊"和"呀"在语义和语用功能方面有所区别。如方梅（2016a）通过对前人研究的回顾，指出现代北京话中的"呀"有两种来源，一是对"啊"音变形式的记录，二是延续历史发展下来的具有独立功能的语气词，"使用上可以不受音变条件约束"。比如，"呀"可以出现在-n韵尾或-ng韵尾后面，如前文例（6）~（8），这两种情况无法用语流音变来解释，只能将其看作具有独立功能的语气词。再如：

（18）你肚子疼呀？

（19）您贵姓呀？

（20）你病得可不轻呀。

综观已有的对语气词"呀"的研究，我们认为，前人进行的历时研究已基本可以说明，"呀"并不是简单来源于"啊"音变，"呀"具有其独特的历史源流及功能。

13.句末语气词"呀"主要分布在哪些句类中？

根据互动语言学理论，话语线性序列中的位置因素具有独特的意义，是句法操作或者语用调配的手段（李先银，2017）。根据这一认识，我们认为，句末语气词在句类分布以及话语分布方面都具有一定的偏好，不同句类与语气词配搭，往往占据话语序列中的相应位置。句末语气词"呀"更偏好分布在哪些句法位置和话语序列中呢？

一、语气词"呀"前语句的句类（语气）分布特点

汉语中的句末语气词不能独立使用，须黏附于一个相对完整的句子末尾。因此，在考察句末语气词意义和功能的时候，我们有必要区分意义和功能是来自于语气词还是来自于语气词所黏附的语句。我们将通过考察句末语气词"呀"前语句与"呀"字句在句类分布方面的差异，归纳和总结句末语气词"呀"的句类分布特点及其偏好。

句末语气词"呀"前语句的句类（语气）分布基本涵盖了陈述、疑问、祈使、感叹四大语气类别。例如：

（1）我刚才刚打过呀，通的啊，你是不打错了？

（2）巴顿迷：老家在哪里呀？

　　群　演：加利福尼亚。

（3）那我妈有没有说她什么时候回来呀？

（4）那是见谁夸谁呀，还是也分人呀？

（5）他哪儿敢见我呀？

（6）再这个样子下去，你们的手机就不是手机了，是什么呀？手雷！是手雷！

（7）老李哥，抓牌呀！快出牌呀！

（8）好可爱呀！

从句类分布的角度来看，句末语气词"呀"可以出现在陈述句、疑问句、祈使句、感叹句之后。如例（1），"我刚才刚打过（电话）"是一个陈述句，陈述一项事实。例（2）中"老家在哪里"是特指疑问句。例（3）"我妈有没有说……"是一个正反疑问句。例（5）中"他哪儿敢见我"是一个反问句。例（7）"抓牌""快出牌"带有祈使语气，在上下文语境中可以充当祈使句。例（8）中"好可爱"本身带有感叹语气，在上下文语境中可以充当感叹句。

关于句末语气词"呀"的句类分布，还有以下几点特殊之处需要加以说明。

第一，语气词"呀"可用于选择疑问句的句中，也可以用于选择疑问句的句

尾。我们将选择疑问句看作一个整体，包括"A还是B"和"是A还是B"两种形式。语气词"呀"置于A后，我们将其看作句中语气词；置于B后，将其看作句末语气词。因此，例（4）中"那是见谁夸谁呀，还是也分人呀"，第一个"呀"可算作句中语气词，第二个"呀"算作句末语气词。

第二，我们将设问句的问句和答句看作一个整体，由于设问句的问句和答句都是相对完整的语句，我们仍将语气词"呀"看作句末语气词，如例（6）中，"是什么呀"，单看是一个完整的句子，因此"呀"算作出现在设问句问句部分的句末语气词。

第三，句末语气词"呀"前部分为陈述语气的形式，包含四个组成部分，一是"呀"前语句为陈述句，如例（1）；二是表肯定或否定的应答语，如"是呀""对呀""好呀""行呀"等，如例（9）；三是"称呼语+呀"结构，如例（10），"苏菲呀"是以人名作为称呼语；四是用于句末的"人称代词+呀"结构，如例（11）：

（9）姚远：那不成啊，得按合同办啊，地主家也没有余粮啊。

梁子：是呀，猪他们家昨儿自己个儿给吃了，大丫头前儿也走了西口了。

（电影《甲方乙方》）

（10）大伟：喂，苏菲呀。

苏菲：大伟，你在哪儿啊？

（11）笑笑：我还在苦海里挣扎呢，谁来拯救我啊？

秦奋：我呀。 （电影《非诚勿扰》[1]）

二、"呀"字句的句类（语气）分布特点

根据郑家平（2018）的研究，句末语气词"呀"出现最多的位置是反问句后，其次是特指疑问形式和陈述形式之后，再次是祈使句之后。她的研究表明，加上句末语气词"呀"之后，原有语句中有相当一部分在句类或语气上发生了变化，具体情况如下。

1.陈述句加上句末语气词"呀"之后的句类变化

加上句末语气词"呀"之后，部分陈述句在语气上发生了变化，演变为另一

种句类，主要包含以下两个方向。

第一，陈述句演变为感叹句或带有感叹语气。例如：

（12）老人家，早就想来看你来喽，守一就是不带我来呀！（电影《手机》）

说话人为了跟老人家拉近关系，在表达"早就想来看你，守一就是不带我来"这个意思时，句末加上语气词"呀"，并在语音上进行了延长，从而达到了感叹"相见恨晚"的目的，使得整个句子带上了感叹语气。

第二，陈述句演变为是非疑问句或带有是非疑问语气。一般来说，陈述句语调换成疑问语调，陈述句就变成了是非问句，但这与"呀"字句表是非疑问语气仍有所不同。试比较例（13）和（13'）：

（13）郑微：我从小就立志，长大了要嫁给他。……

阮莞：你们两家是世交呀？（电影《致我们终将逝去的青春》）

（13'）你们两家是世交？

例（13）"你们两家是世交呀？"是一个接引性问句（刘月华，1988），阮莞根据郑微的陈述，基本可以猜测并断定郑微家和暗恋对象家是世交，因此，"你们两家是世交呀"这句话的询问功能很弱，发问人对答案有非常明确的倾向性，发问的目的一方面是为了进一步证实自己的猜测，另一方面也是为了保持话题的延续性。句末语气词"呀"使发问话语带上了"了然、恍然大悟"的语气义，整个"呀"字句是表了然的无疑而问，某种程度上不需要对方回答。而例（13'）发问者并不确定两家到底是不是世交，需要对方给出答案，因此通常是有疑而问。由此可见，句末语气词"呀"能使陈述句演变为是非疑问句，或使是非疑问句带上无疑而问的语气。

2.疑问句加上句末语气词"呀"后的句类变化

根据郑家平（2018）的研究，部分特指疑问句、正反疑问句，所有选择问句和设问句，加上句末语气词"呀"之后，或带上或突显了反诘语气。一般来说，在合适的上下文语境中，特指疑问句、正反疑问句、选择疑问句都可以表达反诘语气，形成特指型反问句、是非型反问句、正反型反问句、选择型反问句（胡德明，2010）；同时，反问句也可以充当设问句的问句或答句部分，形成"反诘+设问"的混合句式（邵敬敏，1996）。

第一，特指疑问句演变为特指型反问句。例如：

（14）阮大伟：我本来就是好人，你们干什么呀？干什么你们？闪开！

根据电影《没完没了》的情节，阮大伟因欠债不还被韩冬算计，精神科大夫说他有精神病，阮大伟的问题"你们干什么呀"并不是真的问医生"要干什么"，而是表达自己不满、反抗的情绪，带有"你们不可以这样做"的言外之意。在这里，句末语气词"呀"使特指疑问句带上了明显的反诘语气。

第二，正反疑问句突显反诘语气。例如：

（15）菜贩：会不会挑呀？两头大的就是好的，就这个，这个可以。

在合适的上下文语境中，正反疑问句本身能表达反诘语气（邵敬敏，1996），当发问人有了主观的心理倾向后，会使用正反疑问句表达反诘语气。如例（15），"会不会挑（菜）"是一个正反疑问句，在买菜这个语境中，菜贩认为买家挑得不对，结合菜贩的语调，"会不会挑"带上了些许反诘语气；但加上句末语气词"呀"之后，则突显了这种不耐烦、不满、不认同的情感。可见，句末语气词"呀"能够使正反型反问句中的反诘语气得以突显和加强。

第三，设问句带上并突显反诘语气。例如：

（16）怎么过分，差点把我大卸八块，先煮后炸。这一大早……要我签什么结婚保证书！这算什么呀？这叫侵犯人权！刑讯逼婚这是！

根据邵敬敏（1996）的研究，设问句常常不是单纯的一种问句类型，而是可以跟别的问句类型结合在一起，构成某种混合设问句，"反诘+设问"就是其中一种。例（16）中的"呀"字句"这算什么呀"作为设问句的提问部分，本身也是反诘句，传达了明确的否定信息，表达了说话人对逼婚行为的极大不满。同时，这个反诘句作为设问句的提问部分，用自问自答的方式，使不满语气得以延伸，形成了咄咄逼人的气势。可见，"呀"字句作为设问句的提问部分时，同时给设问句带上并突显了反诘语气。

综上，从句类方面看，句末语气词"呀"的加入能够使得原句在句类或语气上发生变化，其变化的方向反映了句末语气词"呀"的分布偏好。首先，句末语气词"呀"偏好分布在疑问形式之后。不同的疑问形式在带上句末语气词"呀"之后，偏好带上或突显反诘语气，进而演变为反问句。其次，陈述句带上句末语气词"呀"之后，也具有不同的衍化方向，或衍化为感叹句，或衍化为是非疑问句。最后，句末语气词"呀"位于祈使句和感叹句后时，句类相对稳定，但语气的强弱和情感的表达会有所不同。总之，句末语气词"呀"在句类上具有疑问句的分布偏好，从具体句类的角度来说，其分布偏好序列大致为：反问句＞特指疑问句＞陈述句、祈使句＞感叹句。

14. "呀"字疑问句主要分布在对话中的哪些位置？

汉语语气词的特点决定了我们应该通过口语对话体来考察语气词的语气及功能。对话体可分为引发句（lead sentence）和应答句（answer sentence）。我们将凡具有开启新话题功能的句子称作引发句，应答句既包括狭义的针对问题的应答句，也包括对前述信息进行回应的语句。根据郑家平（2018）的研究，我们以基于同一小话题的对话为基础，选取对话话语的起始位置、中间位置和结束位置作为考察对象。例如：

（1）[巴顿迷在"好梦一日游"公司的安排下实现了自己扮演巴顿的梦想]

巴顿迷：你的部队现在在哪里？——起始位置

梁　子：我的部队已经攻占了夫子庙。

巴顿迷：太慢了，你们必须在今天下午五时以前攻占这个[忘词]……这个……新街口蒙蒂的部队现下在哪里呀？ ｝中间位置

梁　子：他们昨天就已经攻占了[忘词]……

钱　康：孝陵卫。（电影《甲方乙方》）——结束位置

"呀"字句在对话序列中所处的位置，与句末语气词"呀"的话语功能和人际功能有着密切的关系。我们将对具有句类分布优势的"呀"字句的话语分布情况进行分析，以此考察"呀"字句在对话序列中所具有的互动功能。

一、"呀"字反问句的话语分布特点

学界普遍认为，反问句的主要特点是表示否定和无疑而问（殷树林，2006；

于天昱，2007；胡德明，2010），从语用学角度来看，使用反问句的先决条件是间接地告知别人其言语或行为不合情理（郭继懋，1997），反问句的这一特点决定其常处于对话话语的中间位置或结束位置。

1. "呀"字反问句位于对话话语的中间位置

（2）[韩冬向阮大伟追讨拖欠已久的车费]

韩　　冬：阮总，你旅行社生意挺火的，一个团接一个团，我给您包车的钱是不是该结一下了。我算了一下，这个月的钱不算，您正好该给我九万八。

阮大伟：你着什么急呀？我又不是不给你。现在旅游业竞争这么激烈，我接一个团赔一个团，不接团吧，我就得关张。

韩　　冬：您哪至于，……　　　　　　　　　　　　（电影《没完没了》）

例（2）中"你着什么急呀"作为对话中的应答句，处于对话话语的中间位置，在这段对话中起承前启后的互动作用。我们认为，"呀"字反问句之所有具有这种话语分布特点，与反问句自身的特点有关。学界普遍认为，反问句本身能够表达肯定或否定，因此具有无疑而问的特点。但于根元（1984）指出，"反问句往往含有问的意味"，所谓的"无疑"，指的是说话人主观上的看法，但交际的对方并不一定也无疑。因此，从发话人的角度看，反问句无须回答，但从交际对方的角度看，反问句常常是有疑的并且是可以回答的。于根元（1984）的研究表明，事实上，在对话中，有些反问句后面确实接的有回答，如例（2），阮大伟主观上认为，韩冬不应该着急，并且解释了自己的经济困难，但韩冬并不赞同阮大伟的看法，他的回答在反驳阮大伟观点的同时，也委婉地告知对方自己是很着急的。

2. "呀"字反问句位于对话话语结束位置

（3）[姚远等人帮张富贵体验受虐滋味]

姚　　远：去把马凳拿来。

张富贵：是。

梁　　子：跪这儿，把马牵过来。[示意张富贵跪下给姚远当马凳]

张富贵：这有什么呀？［说着蹲下］　　　　　　　　　（电影《甲方乙方》）

例（3）中的"呀"字反问句处于对话话语的结束位置，"这有什么呀"是自言自语说出来的，是对姚远等人虐待行为的一种消极反抗，是说给自己的，因此无须回答，其后续行为是张富贵遵照指令蹲下，给姚远等人当马凳。因此，这句话客观上起到了结束会话的作用。

我们认为，处于对话话语结束位置的"呀"字反问句，尽管反映了言者主观上结束话题的意图，但对后文仍会产生一定的客观影响。这种影响可以是话语上的，也可以是行为上的，因此，我们认为，处于话语结束位置的"呀"字反问句，同样也具有承前启后的互动作用。

3. 处于话语起始位置的"呀"字反问句

在个别语境中，反问句也可出现在对话话语的起始位置，以对双方所共知的某一事件或行为表达否定态度。

（4）［武月给严守一打电话］

武　月：你躲什么呀？吃不了你，有那么忙吗？喂，大点声，听不见。

严守一：喂？我说话你能听见吗？我在火车上……回老家……喂……

（电影《手机》）

例（4）是一段电话语境，作为情人的武月，一直联系不上严守一，她主观上认为严守一在躲着她。因此电话接通后的第一句话"你躲什么呀"，表达了武月强烈的质问语气，但同时武月也想知道原因，因此，这个反问句具有双层意思，一是责备严守一躲着自己，二是质问他为什么躲着自己。严守一以假装听不见作为应答，反映了他的心虚。但本质上来说，"呀"字反问句在起始位置同样具有承前启后的互动作用，承前体现在"呀"字句与上文语境的联系，启后体现在对"呀"字反问句的应答或回应。

综上，我们认为，在话语分布方面，"呀"字反问句在对话话语中所处位置较为灵活，多出现在话语的中间位置，其后常伴随解释性话语。但无论处于哪个话语位置，"呀"字反问句都能够起到承前启后的作用，具有较强的互动性。

二、"呀"字特指疑问句的话语分布特点

特指疑问句的特点决定了其多出现在对话话语的起始位置或中间位置，并充当引发句。例如：

（5）［郑微出现在校门口，让一众男生惊艳］

张开：这位同学你好，你是新生吗？哪个系的呀？

郑微：我……我土木工程的。　　　　　　（电影《致我们终将逝去的青春》）

所有位置上的"呀"字特指疑问句都可作为对话中的引发句。但同时，所有位置上的"呀"字特指疑问句，都是对一定上文语境做出回应的结果。如例（5），张开在校门口看到新入校的漂亮师妹郑微，于是上前搭讪。特指疑问句的特点决定互动双方势必会采取一定话语或行为对特指疑问句做出应答或回应。因此，我们认为，"呀"字特指疑问句在一定的上下文条件下，也具有承前启后的互动作用。

三、"呀"字是非疑问句的话语分布特点

"呀"字是非疑问句在话语中的位置分布主要有两种，一是位于对话话语的起始位置，作为引发句；二是位于对话话语的中间位置，作为应答句，但也能够起到承前启后的作用，既呼应原有话题，又开启新的话题。例如：

（6）A：孩子他爸不回来吃饭呀？

　　　B：他说他有点儿事儿，晚些回来，吃饭吧。

四、"呀"字正反疑问句的话语分布特点

"呀"字正反疑问句主要分布于话语中的起始位置和中间位置，正反疑问句的特点决定了这些"呀"字句都能充当引发句。例如：

（7）［王小贱想帮黄小仙儿叠衣服］

王小贱：黄小仙儿，你们家有没有那种叠衣服的板子呀？

（黄小仙儿撇嘴）　　　　　　　　　　　　　　　（电影《失恋33天》）

例（7）中，"呀"字正反疑问句"你们家有没有那种叠衣服的板子呀？"位

于对话话语的起始位置，作为对话中的引发句，引发出的是对方撇嘴的反馈行为，而非言语。

15. "呀"字陈述句和感叹句主要分布在对话中的哪些位置？

一、"呀"字陈述句的话语分布偏好

在对话中，"呀"字陈述句既可以作为对话中的引发句，也可以作为应答句。

1. "呀"字陈述句位于对话话语的起始位置

（1）[赵默笙向自己喜欢的男生搭讪]

赵默笙：嘿，哎呀，在看书呀，[打开巧克力盒子] 来，选一颗。

何以琛：[拿出一颗] 这什么味儿啊？榴梿啊！怎么都是榴莲味儿啊。

（电影《何以笙箫默》）

能够位于对话话语起始位置并做引发句的"呀"字陈述句，多为打招呼用语，如例（1），言者说"在看书呀"，不是真的陈述"看书"这个事实，而是以此作为跟对方打招呼或套近乎的方式。"生日快乐呀""恭喜恭喜呀""中秋节快乐呀"等祝福类话语也可以出现在对话话语的起始位置。我们认为，用于打招呼或祝福的"呀"字陈述句既可以作为会话中的引发句，也可以作为应答句。

2. "呀"字陈述句位于对话话语中间位置

（2）[杨重等人帮助丹姐定制当个有钱人的梦想]

丹姐：哎，三儿，要不我把这百货商场给买了得了。

杨重：这商场就算是您的呀。

丹姐：是吗，我怎么不知道啊？

杨重：事儿太小，我没好意思跟您打招呼，我们就办了。

（电影《私人订制》）

例（2）中"这商场就算是您的呀"作为应答句，是对言者的建议做出的回应，同时，其传递的新信息也引发了言者的进一步确认，起到了承前启后的互动作用。位于话语中间位置的"呀"字陈述句，在作为应答句的同时，也起到了引发句的作用，具有承前启后的互动功能。

3. "呀"字陈述句位于对话话语的结束位置

（3）[婚礼现场]

田海心：张叔叔，您来啦！

张叔叔：这都怀孕了，还替人张罗！

田海心：那怎么办啊，我表弟的婚礼，我大着肚子也得来张罗呀。

（电影《咱们结婚吧》）

例（3）中，"呀"字陈述句位于对话话语的结束位置，既是对上文话语的应答，也预示着在这种语境下自己下一步的话语或者行为。在例（3）中，言者的下一步行动是要帮助表弟张罗婚礼。因此，从客观上说，位于话语结束位置的"呀"字陈述句也能起到承前启后的互动作用。

综上，我们认为，"呀"字陈述句在对话话语中位置灵活，位于对话话语起始位置时多为打招呼用语；位于中间位置的"呀"字句，通常都既可以充当引发句，也可以充当应答句；位于对话话语结束位置的"呀"字句，主要充当应答句，但也能起到预示下文或下一步行为的作用。

二、"呀"字祈使句的话语分布特点

在一定的上下文语境中，言语主体采用祈使句要求言语对象做某事，因此，祈使句必然具有施为作用，会引发其他话语或具体行为。

（4）[秦奋等人参加芒果夫妇的离婚典礼，众人起哄让二人来个最后一吻]

秦奋：下面请二位互相交回戒指，我替你们挖坑埋了，要最后一吻吗？

众人：要。

芒果：那就不必了吧。

香山：那就不必了吧。

秦奋：他们说不必了。下面，剪喜字，那就像熟人一样握个手吧，去呀，去呀！再像熟人一样，拥个抱吧。

芒果：怎么那么多事啊你。　　　　　　　　（电影《非诚勿扰》[2]）

（5）［杜潇潇和马涛吵架］

杜潇潇：哎！鹏导别生气，要不然我们再来一条吧，反正我对马涛刚才的表演也不是很满意。

马　涛：你词都忘了，还好意思说我呀。

杜潇潇：那是我不想说，关你什么事呀？

马　涛：你说呀，你说呀！

大　鹏：你俩别吵啦，你说，这两天北京还有没有单独出来的明星？

（电影《煎饼侠》）

例（4）和（5）中，"呀"字祈使句分别位于对话话语的中间位置和结束位置。例（4）中，祈使句引发了祈使对象芒果的不满和抗议，因此，祈使句"那就像熟人一样握个手吧，去呀，去呀"可以看作对话中的引发句；例（5）中，祈使句"你说呀，你说呀"是对之前二人吵架话语的回应，因此可以看作应答句，但同时，也引发了后续的行为，尽管没有对直接祈使对象造成影响，但是对间接对象大鹏造成了影响，大鹏试图用言语制止二人的争吵并转移话题。因此，我们认为，"呀"字祈使句在对话话语的中间位置和结束位置时都能够起到承前启后的互动作用。

语料中，也有部分"呀"字祈使句位于对话话语的起始位置。例如：

（6）［想吃苦的大款开车来找姚远］

大款：姚远，过来呀！姚远你小子可真会骗钱啊，好梦，你怎么不叫好蒙啊。

姚远：你怎么还这样啊，说说吧，你的梦。我还敢跟你放这话，只有你想不到的，没有我们做不到的。　　　　　　　（电影《甲方乙方》）

由电影情节可知，大款坐在车里招呼姚远"过来呀"，其后续动作是姚远走向大款，并和他一起坐车去了咖啡厅。在这里，"呀"字祈使句作为会话或行为的引发句，具有开启话题、引起下文的作用。

综上，"呀"字祈使句主要位于对话话语的中间位置或结束位置，多作为会话或行为的引发句而存在，但结合上下文语境，也可以发挥承前启后的互动作用。

16. "呀"字感叹句和设问句主要分布在对话中的哪些位置？

一、"呀"字感叹句的话语分布特点

根据郑家平（2018）的研究，位于对话话语中间位置的感叹句最多，其次是居于对话话语结束位置，居于起始位置的感叹句最少。

（1）［武月想利用与严守一的情人关系进入电视台工作］

武　月：你们"有一说一"不是正在招聘主持人呢嘛，我报名了，我不希望有竞争者。

严守一：你也太……你这是讹诈呀！

武　月：是交换，三年了，你不能让我什么都得不着吧。　　（电影《手机》）

（2）［苏茜和男朋友范坚强演练怎么见岳父］

苏　茜：哪个行业的？

范坚强：咨询行业。专门帮客户处理危机。十九个员工，物业公司就十五个人，加上房东，每天打扫卫生的阿姨，加起来就十九个人，都从我这儿领钱。房子限购，车牌还没有拍下来，有了这份标准答案，我就不怕那个老头儿了。

苏　茜：厉害呀！　　　　　　　　　　　　　　（电影《搞定岳父大人》）

（3）［半年不见，严守一的农村外甥女变成了时髦的都市女郎］

严守一：变得真快呀！没想到连你也变成IT界的人了。

牛彩云：就是去年考试的时候，在操场上碰着的，他们正好在挑推销员呢。叔，我们公司老总请您当我们手机的代言人。　　（电影《手机》）

例（1）～（3）中的"呀"字感叹句，分别位于对话话语的中间位置、结束位置和起始位置，都抒发了言者的强烈感情。上述三个"呀"字感叹句，虽然所处位置不同，但都是因上文语境或言语有感而发，同时也引发了互动对方的言语或行为，如严守一的感叹引来了武月的辩解和责备，苏茜的夸奖使得范坚强露出得意的表情，严守一的感叹引出了牛彩云的解释等。由此我们认为，"呀"字感叹句在会话话语中具有承前启后的互动作用，其承前作用主要通过对上文的评价或感叹得以实现，而启后作用主要通过听者对感叹句的回应得以实现。

在口语中，有3种比较特殊的感叹句。例如：

（4）［吴君如在跑步时遇到鹏导等人假扮的劫匪］

吴君如：救命呀！非礼呀！　　　　　　　　　　　　（电影《煎饼侠》）

（5）［渔民在水里发现有死人］

渔民：死人呀！　　　　　　　　　　　　　　　　（电影《湄公河行动》）

（6）［流氓被解放军制服］

流氓：干什么？哎！疼呀！疼呀！手！　　　　　　（电影《我的特工爷爷》）

王力先生在《中国现代语法》中指出，感叹语气可分为两种，一种是"情绪的呼声"，一种是"意义的呼声"。我们认为，例（4）～（6）中"呀"字感叹句"非礼呀""死人呀"和"疼呀"都体现为"意义的呼声"，指当言者遇到某些突发意外事件时，用以表达强烈的恐惧、惊吓等负面情绪，言者希望通过感叹获得他人的注意。因此，此类"呀"字感叹句也具有承前启后的互动作用。值得一提的是，例（4）中的"救命呀"也能体现出"意义的呼声"，但从语义和语气上来说，其更倾向于向他人求助，因此我们将之归入"祈使句"。

二、"反诘＋设问"混合形式"呀"字句的话语分布特点

"呀"字句全部位于设问句的提问部分，并且在上下文语境中都带有反诘语气，因此，构成了"反诘＋设问"混合形式。从话语分布角度看，语料中的"反诘＋设问"混合形式或分布于对话话语的中间位置，或分布于对话话语的结束位置，但不出现在起始位置。

（7）［张富贵想请"好梦一日游"公司帮忙体验受虐感觉］

张富贵：世界上没有无缘无故的恨，更没有无缘无故的爱。她为什么对我这

么好，为什么百依百顺，为什么见了我就跟老鼠见了猫似的，为什么呀？我琢磨着这受气呀，肯定是一特过瘾的事。

周北燕：要想知道梨子的滋味就得亲口尝一尝。

张富贵：那你们就看着安排吧，千万别手软。　　　（电影《甲方乙方》）

（8）［焦姣赌博赢了钱，跟房东凌姐聊天］

凌姐：你赢钱，输钱，借钱，还钱，这么多年了，还没看透啊？那么有毅力，去供楼啊！

焦姣：我才不要呢！我这一辈子挤那么一间小屋子，我还不如当鸽子去呢！我将来的男朋友是做什么的呀？那是做房地产的，用不着我操这份心。

（电影《北京爱上西雅图之不二情书》）

例（7）中，"为什么呀"作为设问句的提问部分，本身带有反诘语气，表达了言者不相信的态度，这一"反诘＋设问"的混合形式位于对话话语的中间位置，既表达了言者的否定态度，又通过设问与听者展开协商；同理，例（8）中的"呀"字句也作为设问句的提问部分，同时带有反诘语气，暗含"我将来的男朋友不可能做小事情"之意，整个"反诘＋设问"混合形式位于对话话语的结束部分，是对上文凌姐指责的回应，同时，由于这一话题有损自己的颜面，因此也具有希望结束话题的功能。

在话语分布方面，"呀"字句在对话话语中偏好分布于对话话语的中间位置，并充当应答句，这与其句类偏好相关。但是，几乎所有位置的"呀"字句，在上下文中都能起到承前启后的互动作用，我们认为，这与语气词"呀"本身的互动功能密切相关。

17. 位于句末的"称呼语/人称代词＋呀"表达怎样的功能？

"称呼语"一般指当面称呼时使用的表示彼此关系的名称，如"哥哥、同志"

等。一般来说，大部分"称呼语＋呀"和"人称代词＋呀"结构中，"呀"是作为句中语气词的。例如：

（1）哥哥呀，听我一句劝，真的别再等她了。

（2）你呀，叫我说什么好呢。

但这两个结构也可以位于句末。现在我们来看一下位于句末的"称呼语＋呀"和"人称代词＋呀"表达怎样的功能。

一、位于句末的"称呼语＋呀"

位于句末的"称呼语＋呀"结构所处语境有下面三种。

第一种是电话刚接通，"称呼语＋呀"单独做引发句，或位于引发句的结尾部分。如大伟给苏菲打电话，电话一接通，直接就说"喂，苏菲呀"，显然大伟很肯定接电话的人就是目标人物苏菲。

第二种语境也是打电话语境，但是接听电话的人并不能通过声音第一时间内判断打电话一方是谁，而要经过确认后才恍然大悟。在这种情况下，"称呼语＋呀"结构通常位于应答句的起始位置。因此，多处于对话话语的中间位置或结束位置。我们认为，在这种语境下的"称呼语＋呀"结构事实上是"是……呀"的省略形式。例如：

（3）[砖头哥给于文娟打电话，刚开始于文娟没听出来是谁]

于文娟：你是谁呀？

砖　头：我是守一他砖头哥。

于文娟：砖头哥呀。我是于文娟。　　　　　　　　（电影《手机》）

在例（3）中，"砖头哥呀"事实上是"哦，你是砖头哥呀"的省略式，因此，在这里"呀"仍是句末语气词。

第三种是面对面交际的语境中，一般来说，电话语境模拟的是面对面的人际交往，但是"称呼语＋呀"在面对面交际中用作"是……呀"省略式的时候，会带上讽刺、挑衅的语气。例如：

（4）[老同学聚会场景]

A：呦，陈大记者呀，好久不见了！

B：哪里哪里，确实好久不见！

在老同学聚会的场景中，面对许久未见的老同学，正常的称呼语应该是直呼对方姓名，如"陈飞，好久不见了"，但例（4）中 A 并没有以姓名作为称呼语，而是使用了"姓+职业"这种关系较疏远的敬称称呼语，这与亲密的同学聚会场景格格不入，无形中拉远了彼此的距离。同时，"陈大记者呀"作为"是陈大记者呀"的省略式，在这种面对面交际场景下，使话语带上了讽刺、挑衅、不服气的语气。

二、位于句末的"人称代词+呀"

与"称呼语+呀"一样，大部分"人称代词+呀"结构位于句中，我们将"呀"看作句中语气词。但当"人称代词+呀"结构位于句末时，我们将"呀"看作句末语气词。位于句末的"人称代词+呀"结构在话语中的分布位置有以下几种情况。

第一种是"人称代词+呀"位于引发句句末。例如：

（5）[严守一将于文娟的结婚戒指交给奶奶]

奶奶：是文娟叫你捎给我的，你不要她要，还替我捎给文娟，跟她说，她
　　　不是我孙媳妇，也是我孙女儿。你呀……

[严守一惭愧地蹲在奶奶的炕前]　　　　　　　　　　（电影《手机》）

严守一由于婚外恋与妻子于文娟离婚，妻子让严守一将奶奶给的祖传戒指还给奶奶。例（5）中，严守一无颜面对老人家，老人家也不忍苛责孙子，最后只能用"你呀……"来代替无尽的数落，达到欲言又止的效果。

第二种话语分布位置是"人称代词+呀"作为独立的应答句。例如：

（6）[笑笑与秦奋闲聊]

笑笑：我还在苦海里挣扎呢，谁来拯救我啊？

秦奋：我呀。　　　　　　　　　　　　　　　　　（电影《非诚勿扰》）[1]

位于句末的"人称代词+呀"的第三种话语分布位置是处于电话语境中，用作"是……呀"格式的缩略形式。例如：

（7）[海哥暗恋杜潇潇]

海　哥：潇潇，我呀，海海呀。

杜潇潇：我知道，你说！

例（7）中，海哥用"我呀，海海呀"来代替"是我呀，我是海海呀"，以此拉近彼此距离。在这一场景中，海哥是发话者，"人称代词＋呀"用于对话引发句中。

语料中还有一种特殊的形式，是语气词"呀"位于人称代词复用结构之后。根据张旺熹（2012a）的研究，人称代词复用结构指"句尾用人称代词形式来重复同一小句内（或前一紧邻小句中）某个相同成分的结构"，例如"你数落我数落个啥呀你""你跟我嚷什么你"等。语气词既可以置于人称代词复用结构句之中，如"你说什么呀你"，也可以置于人称代词复用结构之后。例如：

（8）［司机答应帮忙可是后来跑了］

老赵：哎，你＊＊缺德带冒烟儿啊你呀。真缺德，一点儿信誉没有。

（电影《落叶归根》）

在例（8）中，语气词"呀"位于人称代词复用结构"你＊＊缺德带冒烟儿啊你"之后，整体位于对话话语的结束位置，用以评价先前的话语或行为，老赵用"你＊＊缺德带冒烟儿啊你呀"来宣泄自己的极度不满情绪。

综上，我们认为，出现于句末的"人称代词＋呀"结构，在面对面交际中，常用在句尾，表示欲言又止；在电话语境中，可用在引发句中，作为"是……呀"的缩略形式；还可以用在人称代词复用结构的末尾，整个人称代词复用结构多用在对话话语的结束位置，用以宣泄言者强烈的个人情感。

18.语气词"呀"为反问句和特指疑问句带来了什么？

一、前人关于语气词"呀"话语功能的研究

汉语语法学界对于语气词"呀"的关注并不多，通常将其看作语气词"啊"的变体进行研究，因此，除个别研究者（胡明亮，2014；方梅，2016a）对"呀"

进行过关注外，其他研究都将"啊"与"呀"混在一起进行讨论。

回顾关于现代汉语语气词"啊（呀）"功能的研究，学界大致分为两种研究思路，一种思路是"条分缕析派"，即试图囊括关于语气词"啊（呀）"所有的表意功能，如赵元任（1979）列举了句末语气词"啊（呀）"的十种功能，吕叔湘（1979/2012）也列举了位于不同句类之后"啊（呀）"所具有的近十种功能。我们认为，这种条分缕析的描述对于深入发掘语气词的功能很有参考价值，但是在不同的上下文语境中，这种细致入微的功能是数之不尽的，因此，其对于深入探索语气词功能的价值不算明显。另一种研究思路是"挖掘核心功能派"，即试图找到能够概括语气词"啊（呀）"所有功能的原型功能，代表观点有Li & Thompson（1981）提出的"亲切意味"说、储诚志（1994）的"缓和语气"说、屈承熹（2006）的"个人介入"说和徐晶凝（2008）提出的"强传信式告知"说等。上述各种观点中，Li & Thompson与储诚志的看法基本类似，这种看法也与赵元任先生和吕叔湘先生的部分观点一致，即都认为语气词"啊（呀）"能使语气"软和些"，可见，其关注点在于"啊（呀）"所表达的语气。徐晶凝（2008）的研究从情态角度出发，探讨了"啊（呀）"的情态功能，但并没有细致描写并概括其话语功能。值得一提的是屈承熹（2006）的观点，他认为语气词"啊（呀）"表示说话者的"个人介入"，并提出了"我告诉你……"的解释框架。我们认为，考察语气词话语功能的切入点应该是探讨言者使用该语气词所要实现的交际意图，因此，屈承熹（2006）所提出的"个人介入"说从关注言者主观性这个方向进行解释是对的，但这一解释框架过于笼统和概括，没有关注汉语语气词关涉到互动双方交互主观性的特点。

由上述分析可见，以往研究对句末语气词"呀"的话语功能的关注并不多见，多将其与句末语气词"啊"一起进行讨论。相关研究中，缺乏从言者交际意图及听者反馈角度进行的研究和分析，因此，我们将从这一角度出发，围绕交际互动来探讨句末语气词"呀"的核心话语功能。在考察句末语气词"呀"的话语功能和人际功能时，有必要从其分布偏好的角度逐层进行考察。

二、反问句中的句末语气词"呀"的话语功能

根据句末语气词"呀"的句类分布特点，其最常见的分布位置是反问句之后。在讨论句末语气词"呀"的话语功能之前，我们有必要先对反问句的话语功能进行界定。学界普遍认为，汉语反问句的核心功能是表达否定（郭继懋，1997；殷树林，2006；于天昱，2007），胡德明（2010）在这一核心功能的基础上，列举出了反问句的8大类23项衍生功能，见表18-1。

表 18-1 反问句功能列表（胡德明，2010）

功能类型	衍生功能	功能类型	衍生功能
1. 辩驳	辩驳	5. 劝说	劝阻
			劝说
			催促
2. 怨责	斥责	6. 鄙夷、嘲讽	鄙夷
	埋怨		
	责怪		
	怨恨		嘲讽
	批评		
3. 提醒	提醒	7. 感叹、无奈	感叹
	确认		无奈
4. 惊异、困惑	困惑	8. 其他	强调
			应答
	惊异		释因
			威胁
	出乎意料		叮嘱

在反问句话语功能的基础上，我们再来看"呀"字反问句中句末语气词"呀"的话语功能。例如：

（1）[沈雪批评严守一为费墨撒谎，严守一辩驳]

严守一：昨天费墨不让我开机，我哪知道他是怕李燕给我打电话呀？

（电影《手机》）

（2）[六爷批评、责怪看别人跳楼热闹的人]

六爷：起什么哄呀？散了散了！　　　　　　　　　（电影《老炮儿》）

（3）[话匣子反对六爷花钱去牢里捞弟兄，提醒他自己钱也不多]

话匣子：就您那小破店儿，一天才多少流水呀？还不老实儿看着。

（电影《老炮儿》）

（4）[姚远绕着弯儿想向周北燕求婚，周北燕表示困惑]

姚　远：跟你商量个事儿行吗？

周北燕：干嘛那么客气呀？　　　　　　　　　　　（电影《甲方乙方》）

（5）[六爷去打架，话匣子劝阻]

话匣子：都这把岁数了，还作什么作呀？　　　　　　（电影《老炮儿》）

（6）[阮大伟跟朋友嘲讽韩冬不敢见他]

阮大伟朋友：你见着韩冬没有？

阮大伟：他哪儿敢见我呀？　　　　　　　　　　　（电影《没完没了》）

（7）[韩冬绑架小芸，结果反被小芸制服，他对此表示无奈和感叹]

韩冬：咱们俩到底是谁绑架谁呀？你是不是觉得特别过瘾，你得再把我手绑上，绑人不绑手那不等于没绑吗？　　　　（电影《没完没了》）

（8）[小芸想让韩冬帮她气阮大伟——威胁]

韩冬：那你要真想气他，舍得花钱雇我，我也不好推辞。我还生他一肚子气呢。治他的招儿多了，犯坏谁不会呀？他不是心疼钱嘛？那咱就变着法儿让他花钱去。　　　　　　　　　　　　　　（电影《没完没了》）

上述"呀"字反问句涵盖了胡德明（2010）提出的八大类反问句功能。从"个人介入"的角度出发，我们认为，语气词"呀"在上述反问句后主要起突显言者主观上的反诘语气的作用，即通过语气词"呀"，使得听者明确意识到言者的否定、不满情绪；从交互主观性来说，语气词"呀"试图告诫交际对方"不要反驳我的观点，不然存在引起话语冲突的风险"。由此可见，在"呀"字反问句中，语气词"呀"将言者主观上的否定和不满情绪加倍突显出来，并暗示听者不要再反驳了，否则会引起话语冲突。综上，我们认为，可以用"避免反驳"来概括反问句后语气词"呀"的话语功能。这种功能源于反问句自身的特点，即言者主观上认为自己是"无疑而问"，但对于听者来说，有些"问"是可以且应该回答的。因此我们认为，句末语气词"呀"在反问句中介入了言者"避免反驳"的交际意图，同时暗示对方，反驳的后果可能会引起话语冲突，因此也具有"预示冲突"的功能。

三、特指疑问句中的句末语气词"呀"的话语功能

关于特指问句中的句末语气词"啊（呀）"，学界的研究主要围绕两个方向展开，一是语气词"啊（呀）"是否能表示疑问语气，二是句末语气词"啊（呀）"在特指问中具有怎样的功能和作用。关于句末语气词"啊（呀）"是否具有疑问语气，学界普遍的看法是其不表示疑问语气（胡明扬，1981；陆俭明，1984等），大部分学者认为其只能表示言者的态度或情感。但邵敬敏（1996）的研究认为，疑问信息可以由复合形式来表达，因此存在这样一种可能性：特指疑问句后的语气词"啊（呀）"，有可能与疑问代词一起表达疑问语气。关于句末语气词"啊（呀）"在特指疑问句后的功能或作用，比较普遍的观点是"语气和缓说"，即句末语气词"啊（呀）"能使特指疑问句的语气"和缓些"，吕叔湘（1979）、张谊生（2000）、刘月华等（2001）等都持这种观点。与此相反，朱德熙（1982）认为，特指问句后的语气词"啊（呀）"能使句子语气"直率些"。

吕叔湘（1942/2014）、丁声树等（1961/1999）、胡裕树（1979/1995）、朱德熙（1982）等曾先后指出，疑问句的几种结构类型在合适的上下文语境中都可以用作反问句。根据郑家平（2018）的研究，522例"呀"前特指疑问句，加上句末语气词"呀"之后，其中107例在上下文语境中突显了反诘语气，另415例仍为特指疑问句。根据上文分析，语气词"呀"在反问句中具有"避免反驳""预示冲突"的功能，那么，"呀"字特指疑问句具有怎样的功能呢？

根据郑家平（2018）的研究，"呀"字特指疑问句偏好分布于对话话语的起始位置或中间位置，并充当引发句，在话题和语境中具有承前启后的作用。

（9）［严守一很晚到家，妻子询问他的工作情况］

于文娟：策划会开得怎么样呀？

严守一：跟费墨抬了一晚上杠，明儿还得接着开。你先看着，我赶紧吃片安眠药睡会儿。　　　　　　　　　　　　　　　（电影《手机》）

（10）［露茜质疑尤优利用泰勒的葬礼赚钱，尤优反驳］

尤优：我现在真实的想法是除了泰勒葬礼用的钱，剩下的谁也别惦记，都以泰勒名义捐了，你们不都说我用葬礼赚钱吗，全捐了，傻了吧。

露茜：你们捐给谁呀？

尤优：我正为这个事儿着急呢，……　　　　　　　（电影《大腕》）

例（9）和（10）中，从缓和语气的角度解释句末语气词"呀"所表达的功能，略显牵强。因为例（9）是妻子与丈夫之间再正常不过的对话，其目的是表示妻子对丈夫的关心，不存在缓和语气的前提语境。例（10）中，露茜和尤优之间的关系是合作伙伴，"你们捐给谁呀"这个问题是顺承尤优捐款这个话题而来的，表达了露茜对这件事的关心。因此，上述两例都表明了言者想要介入相关话题的意图和目的，并表达了言者迫切的关切之情，同时隐含了言者希望听者直接回答、避免回避问题之意。这说明，语气词"呀"在特指问句中的主要功能是表达言者"迫切关切"之情，同时含有"避免回避"之意。

我们认为，如果没有句末语气词"呀"，特指疑问句表现不出这种"当下"的"迫切关切"和"避免回避"的功能。以"你找谁"为例，这个问题的发问者通常处于一个多人集体中，面向陌生到访者而发问，例如单位前台、学生宿舍等，但发问者通常不是特别关心问题的答案，因此我们常常看到这样的情景：单位前台人员一边处理手头的工作，一边问"您找谁"，一般情况下前台人员不会以迫切的、殷切期盼的眼神盯着陌生来访者问"您找谁呀"，除非是发现到访者行为异常或对到访者格外关心时才会如此提问。

综上，我们认为，在"呀"字特指疑问句中，句末语气词"呀"帮助言者介入相关话题，并表达言者的"迫切关切"之情，同时蕴含着"避免回避"之意。

19. "不是！"和"不是呀！"有什么区别?

"不是！"和"不是呀！"都是否定性陈述句，后者比前者多了一个语气词"呀"，母语者都能感受得到，他们在功能上有所不同。二者到底有什么区别呢？要回答这个问题，我们需要考察"呀"字陈述句所表达的话语功能。

从疑信角度来看，陈述句主要起传信的作用，即言者使用陈述句告知听者某个信息。对于陈述句后的句末语气词"呀"所具有的功能和在话语中发挥的作用，学者们提出了不同的看法。赵元任（1979）、吕叔湘（1979）、朱德熙（1982）等认为，陈述句后的句末语气词"啊（呀）"，或者表示不耐烦的语气，或者具有提醒、解释、警告的功能。例如：

（1）我就是这么想的呀。

（2）她考不考得过跟我没关系呀。

例（1）和（2）都是"呀"字陈述句，例（1）中的"呀"表明说话者在对听话人进行提醒和解释，而例（2）则表明了说话人的不耐烦情绪。

张谊生（2000）、刘月华等（2001）、Li & Thompson（1981）认为，"啊（呀）"具有缓和语气的功能。例如：

（3）我明天去商场呀，你要不要一起去。

（4）这不是我说的呀，我也不知道谁说的。

徐晶凝（2008）从"强传信式告知求应"的角度，认为带有句末语气词"啊（呀）"的陈述句"突显了说话人对命题的确信态度"，"明确标注了信息的流向"，此外，要求听话人"倾听认同"。基于这一认识，在具体语境中，带"啊（呀）"的句子会与语境相互作用而产生具体的会话含义，即前人提出的"提醒""解释""不耐烦"等等。

根据郑家平（2018）的研究，所有表否定的"呀"字陈述句，都是应答句，主要分布在对话话语的中间位置或结束位置。例如：

第二部分　知识篇　77

（5）[姚远和周北燕把自己的婚房借给生病的夫妇圆梦]

姚　远：我刚才是说借他们住吧？

周北燕：是说的借呀。

姚　远：不是说给啊？

周北燕：不是呀。

姚　远：哦，那我就放心了。　　　　　　　　（电影《甲方乙方》）

（6）[老板让秘书到公司附近买章鱼烧，可是秘书没找到地方]

秘书：喂，郭少爷，我在公司附近没有找到卖章鱼烧的呀，那我随便买点儿了，你在公司再等等。　　　　　　　　（电影《华丽上班族》）

我们认为，例（5）和例（6）中的"呀"字否定句，都表达了言者对之前话语或语境"感到诧异"的情感。

由此，我们认为，否定陈述句后的句末语气词"呀"为句子介入了言者主观上"感到诧异"的情感，同时，也暗含着言者对自己观点的确信态度，含有"避免反驳"之意。那么，表示肯定的"呀"字陈述句中，句末语气词"呀"是否也具有同样的功能呢？

（7）[秘书向阮大伟请示工作]

秘　书：阮总，四川天府旅行社来电话了，说老干部旅行团人全到了，让咱们去接去。您去吗？

阮大伟：人全到了，那我得去呀，这团多少人呐？

秘　书：二百人左右。　　　　　　　　　　　（电影《没完没了》）

由例（7）可见，"那我得去呀"是宣告一项决定。但是联系上下文语境，我们知道，阮大伟作为一个小旅行社的老板，有重要大团到达，老板当然要亲自去迎接，所以，他主观上为秘书问了这样一个不该问的问题而感到"诧异"。因此，句末语气词"呀"在宣告"那我得去"的同时，也表达了言者的诧异之感，并且暗含着"避免反驳"之意。阮大伟很快转移话题的话语行为可以作为"避免反驳"的旁证。

（8）[沈雪和情敌武月第一次见面]

武月：沈雪吧，我是出版社武月。

沈雪：你就是武月呀，坐吧。　　　　　　　　　　（电影《手机》）

由电影可知，沈雪对武月早有耳闻，而这次见面是在偶然的情况下发生的，因此，"你就是武月呀"隐含着错综复杂的感情，如"你就是武月呀，我早听说过你"，"你就是武月呀，我知道你跟严守一的关系"，等等。在这里，句末语气词"呀"传递了言者的"了然"之情，同时，言语中也透露出言者主观上的诧异，即没想到在这种场合下见到武月。我们可以将这句话带入"真没想到……"框架。在表达诧异之情的同时，言者对自己的认知和判断非常确信，因此，客观上"呀"也具有"不容反驳"之意。在这个例子中，句末语气词"呀"不能去掉。试比较"你就是武月"和"你就是武月呀"两句，前者只具有简单的传信功能，并且从句子的完整性角度看略有欠缺；而后者则融合了"了然、讶异、避免反驳"等错综复杂的情感，整个句子给人以欲言又止、一切尽在不言中之感。

（9）[笑笑被秦奋无意中推下床]

秦奋：我真不是故意的，我一松手你就掉下去了，要睡也是我睡沙发你睡床呀。

笑笑：是你睡沙发呀——

秦奋：别别，小两口，头一宿就分居，传出去让人笑话。

　　　　　　　　　　　　　　　　　　　　　　（电影《非诚勿扰》[2]）

从对话角度看，例（9）中"是你睡沙发呀"是一个典型的回声结构。所谓回声结构，指"对前一说话人的话语进行全部或部分重复的话语"（Quirk et al., 1985），回声结构用以表达言者对前一段话语的态度和情感，因此具有较强的交互主观性。此外，回声结构具有较强的话语衔接功能，在表明了对前一段话语的态度后，还衔接了上下两个话轮，因此，具有承前启后的作用。例（9）是电影《非诚勿扰》（2）中的片段，笑笑的话"是你睡沙发呀"是对秦奋之前说的"要睡也是我睡沙发你睡床呀"的回应；而从多模态分析来看，电影中笑笑坐在地上，别有深意地望着秦奋说出这句话，并且故意拉长了"呀"的发音，整个回声结构透露出笑笑对秦奋这种提法的"讶异"之情，也给彼此一段时间思索如何处理这件尴尬的事。所以，秦奋体会到了笑笑回声结构的言外之意后，赶紧解释并试图取得回旋余地。根据郑家平（2018）的研究，259例"呀"字陈述句中，有109例是回声结构，这与"呀"字陈述句的话语分布偏好互相印证。从"避免反驳"的角度看，"呀"字陈述句作为回声结构时，重复前一话语的信息，事实上是"避免自己对前人话语的反驳"，主观上试图接受前人话语的提法，但客观上有可能并不认同。可见，"呀"字陈述句作为回声结构时，表达了言者对前一话语的"讶异"之情，同时也具有为话语交流"留白"的作用，给交际双方留下了思索的空间。从合作原则和礼貌原则看，回声结构重复前一段话语，起到了避免反驳前一话语的作用，因此，仍具有"避免反驳"之意。

综上，我们认为，"呀"字陈述句中，句末语气词"呀"主要表达言者的"讶异""了然"等情感，同时也具有"避免反驳"的交际意图。

20. "咱们吃饭呀"和"你们吃饭呀"语气上有什么不同？

在日常生活中，我们常能够听到、看到不同人称的"呀"字祈使句，比如"咱们加油呀""你快走呀"等。不同人称的"呀"字祈使句所表达的功能一样吗？下面我们来进行探讨。

从功能角度来说，祈使句的作用是"要求（包括命令、希望、恳求等）听话人做或不做某事"（袁毓林，1993），因此，祈使句发出的是一种指令性行为。在不同的语境下，祈使句具有祈使程度上的差异，包括严厉的命令、委婉的建议以及谦卑的乞求等。从主观性的角度来看，"祈使句跟陈述句相比带有较强的主观性"（沈家煊，2002）；同时，祈使句也具有较强的交互主观性，因为祈使句的基本功能是言者支配或影响听者的意志或行动。

一、既有研究

学界对位于祈使句后的句末语气词"啊（呀）"进行了比较多的研究，归纳起来有两种观点，一种观点认为祈使句后的句末语气词"啊（呀）"能够加强祈使语气，如吕叔湘（1942/2014）、王力（1954）、赵元任（1979）、朱德熙（1982）、张斌（1998）、徐晶凝（2008）等都认为祈使句中的"啊"具有催促、命令、警告等功能，"啊"的作用是强化祈使语气；另一观点与此相反，Li & Thompson（1981）、刘月华等（2001）认为祈使句句末语气词"啊（呀）"主要起舒缓语气的作用，其基本观点是，"啊（呀）"能够使祈使句所具有的命令、警告等祈使程度较高的语气，转变为叮嘱、提醒等祈使程度较低的语气。我们认为，句末语气词"呀"不论是强化祈使语气还是舒缓祈使语气，除了跟祈使句本身有关以外，还与上下文有关。例如：

（1）快点儿吃！要迟到了！

（2）快点儿吃呀！要迟到了！

（3）快点儿吃呀！别光看着。

例（1）～（3）都包含祈使性短语"快点儿吃"，例（1）中它单独成句，根据上下文，它表达比较强烈的催促之意，甚至带有命令口气。例（2）中加上了句末语气词"呀"，根据上下文，仍具有催促之意，并且带上了说话人的不耐烦的情感，从而强化了祈使语气。例（3）中虽然也是催促，但根据下文我们看到，这个"呀"字祈使句应该是出现在饭桌上，说话人劝听话人别不好意思，快落筷子吃饭，因此，"呀"在这里舒缓了句子的祈使语气，使祈使句听起来不那么生硬。由此可见，我们在考察句末语气词功能的时候，还要结合上下文综合考量。

除了关注祈使句句末语气词的功能之外，还有一些学者重点研究了人称与祈使语气的关系。齐沪扬、朱敏（2005）以袁毓林（1993）对祈使句的分类为依据，考察了人称对肯定式、强调式和否定式三种祈使句中句末语气词的选择作用。他们认为，各类祈使句中，句末语气词呈现出一定的分布差异性，如肯定式以带"吧"及"啊"的变体为主，强调式多采用"啊"及其变体，而否定式常用"啊"及其变体以及"了"与"啊"的合音变体。例如：

（4）快走啊！

（5）别过去呀！

在语气词的功能方面，他们认为，"啊"本身的话语标记功能在于强化命题内容，兼有延缓语气的作用。关于人称与祈使语气的表达，朱德熙（1982）曾指出，"祈使句的主语常常略去不说"，朱先生所说的"主语"即祈使句的行为主体。张恒君（2014）通过数据统计发现，"语气强烈的祈使句，行为主体省略的概率略大一些；相对而言，语气缓和的祈使句，行为主体出现的概率更大一些"，比如"出来"和"你出来"，前者的行为主体隐现，但祈使语气较后者更为强烈。上述研究为我们考察"呀"字祈使句中句末语气词"呀"的功能提供了借鉴和启示。

二、"呀"字祈使句中"呀"的话语功能

我们将从人称角度考察"呀"字祈使句中句末语气词"呀"的话语功能。

1. 第一人称"呀"字祈使句

（6）[导演与副导演商量演员事宜]

大鹏：咱说说咱这戏啊，那个最近，有没有能拍的明星？

胡来：鹏导，我这两天一直在找，没找着啊。

大鹏：那不行呀，咱得趁热打铁呀。我有四位师兄……（电影《煎饼侠》）

在祈使句中，当行为主体是第一人称"咱们""咱"或"我们"时，言者一般要表达对听者委婉的建议或委婉的劝阻，从交互主观性的角度看，蕴含着言者对听者的关心或体贴。例（6）是导演对副导演和其他演员的话，"咱得趁热打铁呀"表达了导演与大家同一立场的决心；同时，从情感上看，"咱"表达了导演对手下工作人员的亲切态度，有利于拉近彼此的心理距离。总体来说，句末语气词"呀"在此具有双重功能：一是语气上短暂延长，给听者做出思考和反应的时间，从电影中人物的表现我们可以看出，大鹏导演在说完这句话时，稍作停顿，环视了一下周围的几个人；第二个功能是暗含"不容反驳和拒绝"之意，在祈使句中，尽管言者以第一人称"咱"降低了命令的语气，使整个句子听起来更像是命令语气减弱的建议或提议，但通过上下文语境我们可以看出，这句话的主要目的还是催促手下人抓紧时间，因此，句末语气词"呀"也承担了强化祈使语气的作用，即强调这个建议是不容反驳和拒绝的。

2. 第二人称"呀"字祈使句

（7）[周北燕假扮地主婆拿针扎张富贵]

张富贵：你们也太欺负人了，我要到消费者协会告你们去。

周北燕：哎，对不起啊。

梁　子：我不跟你说了嘛，小点儿劲儿。

周北燕：我没敢使劲儿扎呀。

张富贵：你可以试试呀，你们可以试试呀。　　　　　（电影《甲方乙方》）

例（7）是一段典型的冲突型话语。张富贵以"你"和"你们"直指对方，从中国传统礼貌的角度看，这样的表述属于不礼貌的行为。通常来说，在祈使句中使用"你"或"你们"，表现出的是言者对听者的不满、厌恶之情，加上语气词"呀"后，这种不满、厌恶更上一层，变成了冲突型话语。同时，"你可以试试呀，你们可以试试呀"，行为主体从周北燕一人，到"好梦一日游"公司一群人，可见张富贵的愤怒程度之高。因此，我们认为，句末语气词"呀"在此承担了强化祈使语气的作用，同时含有避免反驳之意。从对电影的多模态分析角度看，句末语气词"呀"同样也起到了语气上短暂延长的作用，张富贵在说完这两个句子的同时，环视了周遭各个人物。

3. 主体隐现祈使句

（8）[阮大伟突然看到本应该在山上的小芸在山下，赶忙叫朋友停车]

阮大伟：停停停车呀。

朋　友：这怎么停啊这？　　　　　　　　　　　　（电影《没完没了》）

一般情况下，祈使句中的行为主体明确，或语气特别强烈时，其行为主体都可以省略，如"去！""滚开！"等。由于语气强烈的祈使句本身具有较强的面子威胁属性，因此，行为主体人称代词在其中所传达的人际意义就变得微不足道了，如"你去！""你滚开！"，"你"的人际意义被这种强烈的祈使语气所淡化，因此，如果不是说话人需要特别提醒听话人，作为行为主体的人称代词一般都可以省略（张恒君，2014）。例（8）中，实施停车动作的行为主体只能是司机，同时，在这种突发情况下，祈使语气非常强烈，因此，句末语气词"呀"不可能表缓和语气，而应该是强化祈使语气。对于电影的多模态分析可见，司机也看到了小芸，但并没有停车，因此，"呀"字祈使句表达了阮大伟对司机没停车行为的否定及不满情绪，使得整个句子带上了负面情感。当然，在语气上也有短暂延长的作用。

4.零形式行为主体祈使句

根据郑家平（2018）的研究，有几例比较特别的"呀"字句，如"救命呀""非礼呀""死人呀"，是感叹句，表达"意义的呼声"；但同时，这几个句子也具有祈使语气。这几例"呀"字句都是在突发情况下，言者在极大恐惧和受到惊吓的情况下喊出的句子。"救命呀"是比较明显的祈使句，"非礼呀"事实上是"快来人呀，有人非礼我呀"的缩略形式，"死人呀"是"快来人看呀，这里有死人呀"的缩略形式，因此，我们也可以将这些句子看作是零形式行为主体祈使句。在这些形式中，句末语气词"呀"音长有所延长，音高有所提高，音强有所增强，其发挥的延长语气的作用更加明显。

综上，我们认为，"呀"在祈使句中主要发挥三方面的作用，一是表达"拒绝反驳、不容置疑"之意，二是强化祈使语气，三是语气延长，给互动双方以做出反应的时间。

21.句末语气词"呀"为感叹句带来了什么？

一、感叹句与语气词的关系

根据前人的概括，具有感叹语气的句子是感叹句（吕叔湘，1942/2014；陈望道，1978；朱德熙，1982；刘月华等，2001；邢福义，2002；杜道流，2005）。感叹句的典型功能是抒发情感，同时也有信息存储功能（张斌，1998；邢福义，1996）和评价功能。感叹句的发生由外界刺激引起，言者借感叹句表明自己的认识和态度，抒发喜怒哀乐之情，因此具有较强的主观性；而听者一般不会关注感叹句所表达的内容是否与客观真实相符，他们往往比较关心感叹句所表达的言者的主观情感。评价功能是衡量感叹语气强弱的一个指标，评价功能越明显，则感叹语气越浓烈。例如：

（1）这真是造孽呀！
（2）你瞎呀！

吕叔湘先生在《中国文法要略》中曾概括了"本来的感叹句"，即感叹句的原型——"以表达感情为基本作用的语句"，一类是含有指示程度的指称词或限制词的感叹句，如"好""多""多么""这么"等；另一类"不用指示词，也不借助于疑问，直接抒发感叹"。吕先生着重指出，"用指示词的感叹句，语气词不是必要；不用指示词，感叹的语气就要靠语气词传达。"我们认为，在没有指示词的情况下，语气词对于感叹句来说具有完句功能。例如：

（3）这个孩子好乖！

（4）贫嘴呀！你这个人！

例（3）中含指示程度的指称词"好"，例（4）不包含指示词，语气词"呀"完善了这个句子的感叹语气，同时具有完句功能。

二、感叹句与陈述句、疑问句和祈使句的交叉

在日常话语中，感叹句与陈述句、疑问句、祈使句都是存在交叉和过渡的。杜道流（2003）指出，"感叹句和陈述句之间的过渡几乎成连绵状态"，二者的区别主要在于"以抒情为主还是以陈述信息为主"。在郑家平（2018）的研究中，加上语气词"呀"之后，共有118例陈述句突显了感叹语气，在上下文中，可以将之视为感叹句。

（5）今天天气真好。

（6）今天天气真好呀！

例（5）是一个陈述句，由于有指示程度的"真"，这个句子带有一定程度的感叹语气。例（6）加上句末语气词"呀"以后，整个句子的感叹语气更加明显。

感叹句与疑问句之间的交叉主要表现在反问句上，与祈使句的交叉主要表现在二者都要表达强烈的主观感情。除上述交叉外，现实交际中还存在着独词感叹句，即由单独一个词独立成句而构成的感叹句，根据杜道流（2003）的研究，能独立进入独词感叹句的形容词具有 [+性质][+主观][+高量级][+可用于口语] 等特征，如"漂亮！""痛快！"等；而名词分为两类，一种是被动应激性名词感叹句，如"快看，钱塘江大潮！"，另一种是评价性名词，或者是赞叹型名词，如"英雄！""天才！""冠军！"等，或者是詈骂型名词，如"傻

瓜！""流氓！"等。

三、"呀"字感叹句中语气词"呀"的话语功能

既然感叹句的主要功能是抒发情感，那么情感的产生必然源于外界的刺激，面对外界的刺激，言者会选择合适的语言形式来表达自身的主观情感。吕叔湘（1942/2014）提出了"感叹中心"的概念，并从这一概念入手，将感叹句分为三种：一是为某一事物的某种属性所引起，言者指出这个属性并加以感叹。例如：

（7）这件衣服真漂亮呀！

二是无法指出引起感叹的属性时，言者通过说明自身的情绪和感受而对这种属性加以说明。例如：

（8）你真是叫我失望透顶呀！

三是一种浑然的慨叹，既无属性，又无情绪和感受。例如：

（9）哦，就这句呀！

根据郑家平（2018）的研究，语料中指出事物属性并加以感叹的"呀"字句最多，其次是表浑然慨叹的"呀"字句，通过个人情绪和感受对事物属性加以感叹的"呀"字句最少。这说明，"呀"字感叹句的致感因子（李成军，2005）主要是某一事物的属性，或者是某事物所激发出的言者潜意识中的情绪或感受。由此，我们认为，"呀"字感叹句的致感语境与"呀"字感叹句多居于对话话语中间位置的话语分布特点紧密相关。

从有无指称标记的角度看，有程度指称词或限制词的"呀"字感叹句占优势，语料中出现较多的程度副词有"挺""太""真"等；与"呀"字共现频率较高的指称词或限制词结构还有"……这是……呀""……那是……呀"和"怎么这么/那么……呀"等。例如：

（10）你这是讹诈呀！

（11）你可真是不疯魔不成活呀！可那是戏呀！

（12）你丫的手怎么那么黑呀！

对属性进行感叹和对感受进行感叹的"呀"字感叹句，都是有标记居多。"浑然的慨叹"则与前两者相反，无程度指称词或限制词居多。在语料中，"呀"字

独词感叹句不多,其感叹中心主要是形容词,也包含名词和动词等。下面我们来分析位于不同感叹中心后的句末语气词"呀"所表达的话语功能。

(13)女朋友:哇!好多好吃的呀!你是不是特意为我做哒?

何志武:当然当然。　　　　　　　　　　　(电影《外公芳龄38》)

例(13)是对某一事物属性进行感叹,有程度指称词或限制词。

(14)大鹏:啊——像哪个明星?你看!

胡来:像——像尹相杰。

马涛:你眼睛瘸呀!郑伊健!　　　　　　　(电影《煎饼侠》)

例(14)是对某一属性进行感叹,无程度指称词或限制词。

(15)玉兰:哎,醒醒。亮亮到现在都没回来吃饭呢,我心里有点儿不踏实呀!

老二:是不是犯什么错,让学校留下了?　　(电影《卡拉是条狗》)

例(15)是抒发言者自身对某物的情绪或感受。

(16)严守一:俺叫严守一,小名叫白石头,俺嫂子叫吕桂花,嫂子让问一问,最近牛三斤还回来不回来了。

接电话的人:就这事呀!这事还用打电话?　(电影《手机》)

例(16)接电话者认为严守一小题大做,表达了言者的不满、责备之情。

(17)海哥:导演,怎么样?

大鹏:影帝呀!　　　　　　　　　　　　　(电影《煎饼侠》)

例(17)是一个独词感叹句,以演员的最高荣誉"影帝"来表达自己对海哥演技的赞同,表达了言者的惊喜之情。

例(13)~(17)基本涵盖了吕叔湘先生所提出的三类感叹中心及不同的感叹形式,但是透过上下文我们看到,所有的"呀"字感叹句都是言者针对自身新感知到的信息而进行的感叹,这些新感知都具有一样的特点,即致感因子都超出了预期的量度,从而致使言者产生惊讶和赞叹之情。我们认为,在描述某事物超预期量属性或描述对这种超预期信息的感受时,"呀"字感叹句句末语气词"呀"的主要功能是引入言者对超预期信息的"惊讶、诧异"之感,"呀"加强了感叹的语气,同时也起到了传达言者确信语气的作用。

还有一类感叹句,用于发表个人对其他事物的评价。例如:

（18）好可爱呀！

（19）真倒霉呀！

在此类感叹句中，言者也是对新感知信息表达感叹，但并无"惊讶、诧异"之感，语气词"呀"在此类感叹句中主要起加强感叹语气，传达言者确信语气的作用。通过对电影的多模态分析，我们看到，此类"呀"字感叹句中，句末语气词"呀"的音长往往有所延长，或伴随夸张的表情，或伴随停顿性动作，可见，语气词"呀"也能起到延长语气的作用。我们认为，"呀"字感叹句中，句末语气词"呀"的功能主要有三点，一是当描述某事物超预期属性或描述对这种超预期属性的感受时，引入言者的"惊讶、诧异"之感，加强感叹语气；二是传达言者的确信语气；三是延长语气。

22.平等权势关系对句末语气词"呀"的使用有什么影响？

一、语气词的人际功能

人际功能是语言三大"元功能"之一（Halliday，1994），指语言除了能够表达言者的亲身经历和内心活动之外，还可以表达言者的身份、地位、态度、动机，也能表达言者对事物的推断、参加社会活动、建立社会关系的情况。说话人在言语交际中扮演着各自的"社会角色（social role）"，并在不断变化的上下文语境中同时扮演着"交际角色"（Halliday，1994）。"社会角色"主要反映了人与人之间的权势关系。但是，在日常交流中，人们所扮演的社会角色并不是恒久不变的。比如，高高在上的大老板，一旦生病住院，面对医护人员时，其高权势地位就转化为了低权势地位。相应地，在言语交流中，当"社会角色"发生变化而不再占主导地位时，"交际角色"就成为交际者在特定语境下的主要角色特征，并通过一定的语言形式得以实现。在言语交际中，话语交际者这种角色的转变是在交际中逐渐浮现出来的,并通过一定的语言形式得以体现。

　　交际者在言语交际中扮演一定的社会角色,一般情况下,这种社会角色与其权势地位、人与人之间的亲疏关系等因素相匹配。但是,由于言语交际的动态性,随着语境的发展变化,交际者的"社会角色"可能会衍化为特定语境下的"交际角色",相对应的权势地位和彼此之间的亲疏关系也会发生变化。为了体现这种变化,言者会选择一定的语言形式来进行交流,这体现了权势地位、亲疏关系等人际因素与语言的选择和使用之间的互动关系。我们认为,汉语语气词的选择和使用恰恰能反映出这种互动关系。

　　除权势关系和亲疏关系之外,情感因素、礼貌因素和事情的缓急等因素也会对互动交际产生一定影响,这些因素共同影响着交际参与者之间的角色关系的发展,制约着言者交际意图的表达,并最终影响整个话语基调。

二、权势关系

　　人类所具有的社会属性决定了人与人之间注定要处于一定的社会关系之中,并因此而获得一定的社会地位,这种社会地位是存在差距的,差距通常体现为权势地位的差距。具体来说,地位高低、年龄长幼、官职大小、财产多寡甚至地域差异等,都可能影响人与人之间的权势关系,这种关系在一定的语境下,直接影响着人们的言语交际。一般来说,当存在权势差异时,对话双方一定存在权势相对强的一方和相对弱的一方,权势强弱影响着交际双方对语言形式的选择、使用以及理解,强权势一方通常具有话语交流的主导权。一般来说,交际双方都会根据自己的权势地位来表述自己的想法或理解对方的言语。但是,在对话交流中,权势强弱并非一成不变的,随着语境的变化,权势关系可能随"交际身份"的变化而变化。但归根结底,社会中的权势关系主要分为平等和不平等两种关系格局,不平等关系又可细分为强对弱的权势关系和弱对强的权势关系。我们将从这三种关系出发考察句末语气词"呀"与权势关系的互动。根据郑家平(2018)的研究,具有平等权势关系的交际双方偏好选择句末语气词"呀",同时,具有分布优势的几类"呀"字句,也都具有平等权势关系的选择偏好。

三、平等权势关系对句末语气词"呀"的选择

在一定的条件下，当社会交际中的交际双方在地位、年龄、资历、辈分、学识等方面的任意一方面或几方面具有对等关系、不存在高下之分时，他们具有平等的权势关系。在言语交往中，具有平等权势关系的交际双方对礼貌的顾忌相对较少，对语言形式的选择较为随意，交谈方式比较直白，较少使用礼貌用语。但我们认为，具有平等权势关系的交际双方在交际中仍然要坚守一个度的原则，这个度就是要尽量维护双方的平等权势关系，不能打破这种关系，不能随意提升或贬损某一方的权势地位。如果破坏了原有平等的权势关系，则可能会损害某一方的面子，进而影响交际的顺利进行，甚至造成话语冲突。

（1）[黎维娟要告诉郑微一个大消息]

黎维娟：郑微，出大事儿了！我听到一个恐怖的消息。

郑　微：切，你哪天没有劲爆的八卦传闻呀？

（电影《致我们终将逝去的青春》）

例（1）中，郑微与黎维娟（下文简称"黎"）是室友关系，二人具有平等且亲密的关系，因此，当黎大惊小怪表示听到一个恐怖的消息时，基于对黎的了解，郑微对黎是存在些许不耐烦情绪的，为了表达自己的这种负面事理立场，郑微选择"呀"字反问句"你哪天没有劲爆的八卦传闻呀"，既轻责了黎的大惊小怪，又表达了自己的不耐烦、否定之情。在该语境中，句末语气词"呀"的使用客观上提升了郑微的交际地位，进而能够帮助她实现"避免反驳"和结束话题的交际意图。可见，正是句末语气词"呀"所具有的话语功能决定了具有平等权势关系的交际双方采用"呀"字句以表达自己的负面情感；同时，当言者使用句末语气词"呀"表述自己的意见和想法时，客观上增加了自身话语的可信度，能够提高自己在语境中的交际地位，进而达到"避免反驳"或"避免回避"的交际意图。

（2）[向恒看到应晖排场很大，向工作伙伴询问他的来历]

向恒：谁呀？

老袁：不知道呀！

（电影《何以笙箫默》）

由电影《何以笙箫默》的情节可知，向恒等人对应晖被前呼后拥的大排场感到讶异和些微不满，因此向身边的老袁求证。通过对电影的多模态分析我们看到，向恒和老袁是看着应晖的背影提问和回答的，因此，"呀"字句中所体现的负面情绪和负面事理立场是针对第三方应晖的，不是针对交际对方的。此外，"呀"字句客观提升了言者在交际中所处的权势地位，向恒的话"谁呀"，表明言者希望获得答案，而不希望听者"回避"，因此有"避免回避"之意；而老袁的话"不知道呀"是一个"呀"字陈述句，句末语气词"呀"客观上也提升了老袁的交际地位，使得该应答句更具可信性，并暗示了老袁"避免反驳"和避免被进一步追问的交际意图，同时也反映了说话人希望结束话题的交际意图。

我们认为，具有平等权势地位且关系亲密的交际双方，在表达不耐烦、迫切关切、不满、否定等负面情感时，为了达到"避免反驳"或"避免回避"的交际意图，倾向于选择句末语气词"呀"。而句末语气词"呀"的使用客观上能够提升言者在具体语境中的交际地位，进而重塑交际双方在交际中的权势关系，一般来说，"呀"字句客观上会提升言者在具体交际中的权势地位。

23.不平等权势关系对句末语气词"呀"的使用有什么影响？

不平等权势关系包括强对弱的权势关系和弱对强的权势关系两种。下面我们逐一分析这两种关系对语气词"呀"的使用的影响。

一、强对弱的权势关系

在社会关系中，社会地位较高、年龄较长、财富较多、辈分较高、资历较久、学识较多的一方通常是强权势一方，在言语交际中一般扮演着主导型角色，其话语特点是经常采用具有指令、命令甚至教训、斥责等语气的语句，语态方面表现得很有自信、不容辩驳甚至傲慢无礼。

强对弱的权势关系包含两种情况，第一种情况是强权势一方采用句末语气词"呀"进一步抬高自己的权势地位，其目的是突显或强化自己的权势地位，其交际意图是避免反驳或避免回避，从而保证自己的质疑、指令、命令等言语行为可以实现，但客观上会进一步拉开自己与弱权势一方的距离。例如：

（1）［巴顿迷找"好梦一日游"公司帮助自己圆扮演巴顿将军的梦］

巴顿迷：老家在哪里呀？

群　演：加利福尼亚。　　　　　　　　　　　　（电影《甲方乙方》）

巴顿迷请"好梦一日游"公司帮他圆扮演巴顿将军的梦，为了突显自己的强权势地位，巴顿迷采用了"呀"字特指疑问句"老家在哪里呀"来表示对士兵的关心。根据对电影的多模态分析我们看到，巴顿迷在提出这个问题的时候，是一边问一边向前走的，可见他并不是真的关心问题的答案，而是为了塑造自己的威严形象。此例表明，言者选择句末语气词"呀"时，目的是突显或强化自己的权势地位或权势形象。

（2）［封老板让服务员小蝴蝶去门口领位］

封老板：还愣着干什么呀？过来呀！

［小蝴蝶走到门口，跟客人打招呼］　　　　　　（电影《饭局也疯狂》）

例（2）中，封老板作为饭馆儿老板，跟服务员小蝴蝶在一起时处于强权势地位，他对小蝴蝶的木讷感到不耐烦和不满，因此选择句末语气词"呀"来表达自己的负面事理立场。而句末语气词"呀"的使用，客观上突显了封老板作为老板的权势地位，从而使得封老板的质问和催促语气更加强烈，客观上起到了"避免反驳"的作用。

我们认为，当强权势一方对弱权势一方有所质疑或需要下达命令时，通常具有不耐烦、不满等负面事理立场，句末语气词"呀"抬高或突显了言者的强权势地位，能够增强质疑、命令的语气，但客观上也进一步拉开了双方的距离。在语言形式方面，强权势一方多选择"呀"字反问句、"呀"字特殊疑问句或"呀"字祈使句来抬高言者自身的权势地位。

强对弱的权势关系采用句末语气词"呀"的第二种情况是，当强权势一方由于弱权势一方的不配合而处于尴尬或两难处境时，为了摆脱这种困境，往往会选择劝慰、感叹、建议等从对方角度考虑的话语，试图拉近自己与对方的心理距离。但这么做从本质上说是一种示弱行为，有损强权势地位一方的颜面，因此，强权势一方往往选择借助句末语气词"呀"所具有的"避免反驳"之意，来维护自己的强权势地位，进而维护自己的颜面。在言语行为上，言者通常选择句末语气词"呀"表达自己迫切了解某事的愿望，或表达感叹之情。例如：

（3）[李雪莲连年上访，马市长和法院院长郑众来给李雪莲做工作]

郑众：李雪莲啊，马市长大老远地跑来，也是一片好意呀，是来解决问题的，你牵一个动物出来，你这不是奚落人嘛？

（电影《我不是潘金莲》）

例（3）中，马市长和法院院长与李雪莲相比，都处于强权势地位，但是李雪莲的连年上访给他们的仕途带来了不良影响。因此，他们来找李雪莲的目的不是命令，而是要劝慰李雪莲，使其不再上访。电影中李雪莲以"听牛说话"来奚落马市长等人，使得马市长和郑众都处于尴尬境地。于是，郑众为了赢得李雪莲的信任和好感，选择从她的角度，以语重心长的语气加以劝慰，其主观上希望借此拉近彼此之间的关系，进而达成他们此行的目的。但是，高高在上的官员对一个村妇软言相劝，还被村妇讽刺，实在有损他们的强权势地位，因此，郑众借助句末语气词"呀"所表达的"避免反驳"之意，来维护自己和市长的强权势地位和颜面。通过对电影片段的多模态分析我们看到，郑众在表述"也是一片好意呀"的时候，"呀"的音长有所延长，表达了他语重心长的语气。但是，这句话表面上看是为了拉近彼此之间的关系，实则却暗示了自己的强权势地位。

综上，我们认为，强对弱的权势关系对句末语气词"呀"的选择体现为两种情况。第一种情况是言者对听者存在不耐烦、不满等负面事理立场，会选择句末语气词"呀"来表达这种负面情绪。而句末语气词"呀"的使用进一步抬高或突显了言者的权势地位，从而保证言者的质疑或催促行为得以实现，并最终实现"避免反驳"或"避免回避"的交际意图，但句末语气词"呀"的使用客观上会进一步拉开言者与听者的距离。

第二种情况是，当强权势一方因弱权势一方的不配合而处于尴尬或两难境地时，为了摆脱这种尴尬境地，往往通过劝慰、感叹、建议等方式委婉地表达自己对对方的迫切关切，并暗示自己的尴尬、不满等负面事理立场。句末语气词"呀"具有语重心长、为对方考虑的语气，但其本质功能还是为了维护强权势一方的权势地位，挽回因示弱行为而丢失的颜面。我们认为，在特定的交际场景中，交际双方之间的人际关系是确定不变的，但说话人可以通过语言形式的选择来调整双方的心理距离。因此，在上述情况下，"呀"字句通过示弱以达到拉近双方心理距离的目的，但句末语气词"呀"的核心功能决定了它客观上还是起到了维护强权势一方权势地位的作用。

二、弱对强的权势关系

在正常社会关系中，社会地位较低、年龄较幼、财富较少、辈分较低、资历较浅的一方通常是弱权势一方。一般来说，在社会交往中，弱权势一方多作为从属一方。江结宝（2005）考察了在对话中弱权势一方的话语特点，他认为，弱权势一方更加重视礼貌，在与强权势一方交谈时，往往态度谦恭，频繁使用礼貌用语；有时明知对方有错，也不当面直接纠正。此外，在话语序列中，弱权势一方一般不争夺话语控制权。

根据郑家平（2018）的研究，弱对强的权势关系主要分布在具有分布偏好的"呀"字句句类后，如反问句、特指疑问句、陈述句、祈使句、感叹句之后。在"反问+设问"混合形式中则完全没有分布。我们认为，弱权势一方选择和使用句末语气词"呀"，主要是为了表达自己的无奈、尴尬、两难等负面事理立场。句末语气词"呀"起到了提高言者权势地位、表达言者"避免反驳"和"避免回避"交际意图的作用，客观上说，也反映了弱权势一方对强权势一方的不配合态度。例如：

（4）[巴顿迷的圆梦行动结束，但他还没过足瘾，于是请求"好梦一日游"公司延长圆梦行动]

巴顿迷：接下来我去哪儿呀？（A）

姚　远：真抱歉，您这瘾只能过到这儿了，我们这是好梦一日游。

[姚远一边说话一边摘巴顿迷的军帽和腰带]

巴顿迷：哎，那你们不能搞个十日什么的嘛？你——你开个价，开个价呀。（B）

姚　远：不能！过过瘾就行了，和平年代真巴顿也得老老实实在家待着。

（电影《甲方乙方》）

例（4）反映了"呀"字句与权势地位的变化之间的关系。（4A）中，巴顿迷仍然是以巴顿将军的角度来发话，此时他主观上认为自己处于绝对的强权势地位，句末语气词"呀"起到突显自己权势地位，增强提问语气、避免回避的作用。但当他知道圆梦行动结束后，他回到了现实生活中，其权势地位与姚远等人是平等的。当他表示自己想多体验几天而遭到回绝时，（4B）中"开个价，开个价呀"则带有请求甚至是乞求的语气，此时，在巴顿迷的主观认知上，自己处于弱权势交际地位，而句末语气词"呀"的使用提高了巴顿迷的交际地位，表达了他的不满情绪及请求或催促之意。

（5）[老二求王调度带他去找小狗]

老　二：王调度，咱们这是去派出所领狗呀？

王调度：去派出所干吗？咱们找黄师傅去，快！　　（电影《卡拉是条狗》）

在例（5）中，老二有求于王调度，因此在这一交际中处于弱权势地位一方。老二迫切想知道王调度的去向和打算，因此采用了"呀"字是非疑问句来揣测王调度的打算。句末语气词"呀"提高了老二在交际中所处的权势地位，增强了追问的语气，同时表达了避免回避的交际意图。

综上，我们认为，在言语交际中，弱权势一方选择句末语气词"呀"表达自己尴尬、两难的负面事理立场，言者希望通过句末语气词"呀"提升自己在交际中的交际地位，从而增强自己的请求或催促的气势，进而实现避免反驳或避免回避的交际意图。

通过对三种权势关系与句末语气词"呀"互动关系的分析，我们看到，具有平等权势关系的交际双方偏好选择句末语气词"呀"，我们认为，这与句末语气词"呀"所具有的人际功能有关。根据分析我们认为，句末语气词"呀"的主要人际功能之一是维系平等权势关系及强对弱权势关系，句末语气词"呀"表达了言者不耐烦、无奈、尴尬、不满等负面事理立场，言者通过句末语气词"呀"抬高或突显自己的权势地位，以实现避免反驳或避免回避的交际意图。

24. 亲疏关系对句末语气词"呀"的使用有什么影响？

一、亲疏关系

在社会交往中，人与人之间的权势关系和亲疏关系一般是交织在一起的，通常说来，平等权势关系之间容易建立起亲密关系，而权势差距则会造成人与人之间关系的疏远。相应地，亲密关系的建立会拉近双方的权势距离，而关系的疏远可能突显双方的权势差距，因此，在言语交际中，亲疏关系也是影响话语人际功能的重要方面，由交际双方的相识度和熟悉度决定（张德禄，2005），主要涉及的是人与人之间的社会距离和心理距离。

按照远近程度我们可以将亲疏关系划分为三个维度，一是亲密关系，指相识度高、熟悉度高且彼此心理距离近的关系，如夫妻、爱侣、子女与父母、密友等，在亲密关系中，权势差距被缩短甚至淡化；二是一般关系，指相识度不高、熟悉度不高，彼此心理距离疏远的关系，如一般朋友、普通同事、联系较少的邻里等；三是疏远关系，指相识度极低、没有熟悉度的关系，如陌生人、初次见面的人等。我们将从上述三个维度出发，考察句末语气词"呀"与亲疏关系的互动。

二、亲疏关系对句末语气词"呀"的选择

根据郑家平（2018）的研究，亲疏关系制约着言者对句末语气词"呀"的选择和使用，具体表现在以下两个方面。

第一，在交际双方处于疏远关系的情况下，言者一般不会选择句末语气词"呀"。我们认为，这与句末语气词"呀"的核心功能和句类分布偏好有关。句末语气词"呀"的核心功能是介入言者的负面事理立场，主要包括尴尬、不耐

烦、无奈、不满等负面情绪，其交际意图是"避免反驳"或"避免回避"。而从句类分布来看，句末语气词"呀"偏好于分布在反问句后表反诘语气，或分布于特指疑问句后表追问，或分布于祈使句后表催促或命令，"呀"字句所表达的这些功能无不与负面事理立场相关，如否定、讶异、不满、不耐烦等。根据礼貌原则，言语交际中双方关系越是疏远，越要使用礼貌策略；但上述关于句末语气词"呀"的功能及交际意图显示，其属于不礼貌范畴。由此可知，交际双方处于疏远关系时，一般不会采用句末语气词"呀"。

第二，当交际双方存在一定程度的关系时，不论是亲密关系，还是一般关系，言者都有可能选择和使用句末语气词"呀"。一般来说，亲密关系主要建立在平等权势关系的基础上，如果存在权势距离，权势距离也会受亲密关系的影响而淡化，如闺蜜、铁哥们、亲子、兄弟姐妹等。根据礼貌原则，关系越亲密，则对礼貌策略的重视和使用越少，这与句末语气词"呀"的核心功能及核心交际意图对礼貌的要求是一致的。而一般关系，比如普通同事或朋友关系、上下级关系、邻里关系等，建立在对彼此的一般熟悉的基础上，其亲密关系不足以使双方忽视礼貌的作用；同时，一般关系在交往中还要考虑双方的权势距离，并在礼貌原则下进行交流。若双方的关系处于平等权势地位且关系亲密，言者要表达迫切关切或催促之意时，通常会选择句末语气词"呀"，以提升自己的权势地位，达到催促或避免回避等交际意图；当言者处于强权势地位且双方具有亲密关系时，为了表达自己的负面事理立场，言者一般会选择句末语气词"呀"来突显自己的权势地位，达到避免反驳或避免回避的交际意图。值得注意的是，当强权势地位一方试图拉近与弱权势地位听者的亲疏关系的时候，言者偶尔也会使用句末语气词"呀"，其目的是降低自己的权势地位，表达语重心长的语气，以达到拉近双方距离的目的。

综上，我们认为，亲疏关系决定了言者对句末语气词"呀"的选择和使用。一般来说，交际双方具有亲密关系时，言者更倾向于使用句末语气词"呀"表达自己的负面事理立场，以及表达避免反驳和避免回避的交际意图；交际双方具有一般关系时，言者与听者的权势关系决定了对句末语气词"呀"的选择与使用；当交际双方处于疏远关系时，一般不会选用句末语气词"呀"。

三、句末语气词"呀"的使用对亲疏关系的重塑

语言除了能够叙述事实之外,还可以对交际参与者之间的亲疏关系进行定位,同时传达对彼此亲疏关系走向的期待和努力。何雅媚(2014)认为,语言主要通过"扬升抑降"的手段来传递亲疏关系的走向和变化信息。所谓"扬升抑降",指交际过程中所反映出的交际双方相对位置的升高或降低。通过"扬升抑降"信息,我们可以判断交际双方的亲疏关系的变化及其走向,从而决定对语言的选择与使用。

我们认为,绝大多数现代汉语语气词都能够对亲疏关系产生影响或重塑交际双方的关系。从"扬升抑降"的角度看,说话人对句末语气词"呀"的选择和使用,能够重塑交际双方的亲疏关系。

当交际双方具有亲密关系时,其在交际中所处的权势地位通常是平等的,言者在选择和使用句末语气词"呀"表达自己的负面事理立场及避免反驳或避免回避的交际意图时,不会影响双方的亲疏关系。

(1)[黎维娟要告诉郑微一个大消息]

黎维娟:郑微,出大事儿了!我听到一个恐怖的消息。

郑　微:切,你哪天没有劲爆的八卦传闻呀?

(电影《致我们终将逝去的青春》)

郑微和黎维娟是室友加闺蜜的亲密关系,因此,当郑微对黎维娟表达不耐烦的情绪,并说"你哪天没有劲爆的八卦传闻呀"时,尽管黎维娟感受到了郑微的负面情感及试图结束话题的意图,但她仍然说出了那个"恐怖的消息"。由此可见,句末语气词"呀"的使用对具有亲密关系的交际双方不会带来影响。

我们认为,句末语气词"呀"对亲疏关系的重塑主要体现在对一般关系的改变上,并且与交际双方的权势关系密切相关,主要体现在以下三个方面。

第一,当言者处于强权势地位,且双方关系一般时,言者使用句末语气词"呀"表达其不耐烦、不满等负面情绪时,客观上会突显言者的强权势地位,从而进一步拉远双方的亲疏关系。例如:

（2）［大明星唐丽君的狗丢了，她向手下发脾气］

手　下：您吃点儿东西吧。

唐丽君：不，不吃，你们有没有想过西西吃没吃东西呀？找去呀！上电视台、登晚报、登寻狗启事找去呀！

（电影《甲方乙方》）

例（2）中，句末语气词"呀"的选择，客观上拉开了大明星与手下的心理距离，拉远了双方的亲疏关系。与此相反，当言者处于强权势地位，且双方关系一般时，如果言者对听者具有迫切关切的交际需求或意图拉近双方关系，言者一般会选用"呀"字感叹句或"呀"字陈述句，句末语气词"呀"能表达言者对听者"语重心长"的语气或态度，同时起到拉近彼此关系的作用。由此可见，强权势一方对句末语气词"呀"的选择与使用，完全根据其交际意图而定，其客观结果是拉远或拉近自己与弱权势一方的距离。

第二，当言者处于弱权势地位，且双方关系一般时，如果言者想表达自己无奈、尴尬、不知所措的负面事理立场，会选择"呀"字反问句或祈使句等来表达自己的负面情感。在这种情况下，句末语气词"呀"能够提高言者的权势地位，强化言者的祈使、催促语气，从而实现言者避免反驳和避免回避的交际意图，客观上传递言者不配合的态度。因此，我们认为，当言者处于弱权势地位，且双方关系一般时，句末语气词"呀"主要对交际双方的权势地位产生影响，而对二者的亲疏关系没有影响。

第三，当交际双方处于平等权势地位，且双方关系一般时，句末语气词"呀"的选择与使用仅起到提高言者权势地位的作用，而对双方的亲疏关系没有影响。

综上，我们认为，句末语气词"呀"对亲疏关系的影响不大，只有当双方关系一般，且言者处于强权势地位时，句末语气词"呀"才会对交际双方原有的亲疏关系造成影响，根据言者交际意图的不同，或拉远双方的关系，或拉近双方的关系。在其他权势关系及亲疏关系情况下，句末语气词"呀"的选择与使用对原有的亲疏关系不产生影响。

25.句末语气词"呀"的使用受哪些语用因素影响?

在日常交际中,除了交际双方的权势关系和亲疏关系外,情感因素、礼貌因素、事情缓急等语用因素也会影响说话人对句末语气词"呀"的选择与使用。

一、情感因素

现代汉语语气词的一个重要功能就是表达情感,因此,情感是制约和影响语气词使用的一个重要因素。我们将情感分为正面情感和负面情感,正面情感指高兴、快乐、喜悦等情感,基于这种情感,言者通常具有正面事理立场;而负面情感则多与负面事理立场相关,表现为尴尬、无奈、不耐烦、悲伤、恐惧、厌恶等情感。

根据郑家平(2018)的研究,除少量"呀"字感叹句能表达正面情感外,大部分"呀"字句都与负面情感相关,如"呀"字反问句,通常表达否定、不满等情感;"呀"字祈使句,通常具有较强的语气,充当强势祈使句;而"呀"字特指疑问句等"呀"字疑问句,通常具有质疑、催促等功能,都与言者的负面预期或负面事理立场息息相关。例如:

(1)好漂亮呀!
(2)你怎么来了呀?这里不欢迎你!
(3)快走呀!
(4)这是谁的书呀?怎么放在这儿了?

例(1)是一个"呀"字感叹句,表达正面情感;例(2)的"呀"字反问句、例(3)的"呀"字祈使句、例(4)的"呀"字特指疑问句都表达负面情感,与言者的负面事理立场息息相关。

综上,我们认为,句末语气词"呀"对情感的选择是负面情感。

二、礼貌因素

在汉语中，礼貌因素是制约说话人选择和使用语气词的一个不可忽视的因素。句末语气词"呀"对权势关系的选择倾向于平等权势关系，对亲疏关系的选择倾向于亲密关系，对情感因素的选择倾向于负面情感，上述因素决定了句末语气词"呀"对礼貌的选择倾向于忽略礼貌原则。根据广义的礼貌观，关系越亲密越会忽略礼貌，甚至采取不礼貌的言语方式以突显彼此的亲密关系。从权势角度看，平等权势关系之间的交流，一般会采取基本相同的礼貌策略，或者忽略礼貌策略而采取直白的交流方式。例如：

（5）丈夫：今晚吃什么呀？

妻子：你想吃什么呀？有什么吃什么呗。

夫妻关系是生活中的亲密关系，一般来说双方处于平等权势关系。根据广义礼貌原则，夫妻间的日常话语是不会考虑礼貌的，因此双方都选择了使用句末语气词"呀"。

综上，我们认为，当言者选择和使用句末语气词"呀"时，一般都会忽略礼貌策略，我们将之记作[-礼貌策略]。

三、事情缓急

在言语交际中，有时事情的缓急也会对语言形式的选择和使用具有制约作用。一般来说，当面临紧急、突发情况时，说话人往往会采取语气强烈的句子，或强势祈使句，在言语风格上会忽略礼貌，甚至无暇兼顾彼此的权势关系和亲疏关系；反之，当事情不太紧急时，说话人往往会字斟句酌，选用合适的语言形式以实现自己的交际意图。

"呀"字句能够表达催促、迫切关切等与紧急情况密切相关的功能，试比较（6）和（6'）：

（6）你们家有没有那种叠衣服的板子呀？　　　（电影《失恋33天》）

（6'）你们家有没有那种叠衣服的板子？

由对电影的多模态分析可见，说话人坐在地上叠衣服，一边叠一边问听话人家里有没有叠衣服的板子，例（6）中对句末语气词"呀"的使用，突显了说话人急于知道这个问题的迫切性，含有"我马上就要用"之意；而（6′）则仅具有询问功能，没有情感表达功能，也无法显示出言者对问题答案的急迫性。

（7）［方新武等人在解救人质现场］

方新武：快呀！野牛队！我们马上冲出来，请求支援！

野牛队：郁局，情况紧急，野牛队请求行动！

郁　局：上！
　　　　　　　　　　　　　　　　　　　　（电影《湄公河行动》）

例（7）中是警察解救人质的场景，形象地反映了事件的紧迫性，句末语气词"呀"突显了事件的紧迫性以及言者的焦急和对野牛队行动缓慢的不满情绪。

综上，我们认为，句末语气词"呀"具有表述紧急情况和迫切性的功能，我们将之记作［+紧迫性］。

26.句末语气词"吧"为什么是汉语L2学习者的学习难点？

句末语气词"吧"是汉语L2学习者的学习重点，同时也是难点。这与"吧"本身表语气和功能丰富多变有着密切的关系。句末语气词"吧"在日常交际中使用频率高，范围广泛，语法学界的关注和讨论也比较多。早期研究主要关注两方面的问题，一是"吧"的语气及句类分布问题，二是"吧"的表意及功能问题。

一、关于句末语气词"吧"的分布情况的讨论

关于句末语气词"吧"的语气及句类研究，研究者关注的焦点是对其句类分布的讨论，具体来说有三种分布观，见表26-1。

表 26-1 关于句末语气词"吧"的句类分布观

序号	陈述句	疑问句	祈使句	感叹句	代表学者
1	-	+	+	-	吕叔湘（1979）、朱德熙（1982）
2	+	+	+	-	王力（1954）、陆俭明（1984）徐晶凝（2008）、齐沪扬（2011）
3	+	+	+	+	胡明扬（1987）、张小峰（2003）

由表 26-1 可知，学者们普遍认为，句末语气词"吧"可以出现在疑问句和祈使句之后，但能否出现在陈述句和感叹句后则存在争议。张小峰（2003）认为，关于句末语气词"吧"的这三种分布观，与研究者对"吧"语气意义及功能的认识有关。比如，胡明扬先生所持的是单一语气观，他认为"吧"是表态语气词，能够赋予说话内容以不肯定的语气（胡明扬，1987）。其他学者则普遍认为"吧"具有不同的语气类型，比如朱德熙（1982）认为，"吧"实际上可分为两种，分别是表疑问语气的"吧$_1$"和表祈使语气的"吧$_2$"。陆俭明（1984）认为，"吧"只是介于疑信之间的半个语气词。上述研究从各自的角度都具有可行性，但我们认为，要考察句末语气词"吧"的句类分布特点，还需在具有充足数量的语料的基础上做进一步的分析。

二、关于句末语气词"吧"的语义功能的讨论

关于句末语气词"吧"的语义及功能，各方学者也表述不一。汉语语气词具有疑信功能，这一点已被学界广泛认可。但是，关于句末语气词"吧"到底是传信还是传疑，抑或是介于疑信之间，学界看法不一。一种观点将"吧"看作疑问语气词，认为它具有传疑功能（吕冀平，1983；黄伯荣、廖序东，1991；刘月华等，2001）。例如：

（1）你是老师吧？我看你总去那个学校。

（2）下雨了吧？快回来！

另一种观点则质疑"吧"的疑问语气词地位，吕叔湘（1955）认为"吧"是介于疑信之间的语气词；陆俭明（1984）认为，在汉语语气系统中，"吧"只能

算作半个语气词,当句子"疑多于信"时,"吧"主要负载疑问信息,而当句子"信多于疑"时,"吧"主要表示揣度或祈使语气。根据这一观点,例(1)显然是"疑多于信",因此偏向于传疑;而例(2)从上下文语气看,"吧"字句是"信多于疑",因此后面才会接祈使句。

张小峰(2003)认为语气词"吧"体现的是言者介于疑信之间的态度,这一观点与胡明扬(1987)的观点一致。齐沪扬(2002)认为,语气词的传信功能和传疑功能是相对的,六个典型语气词"的、了、呢、啊、吧、吗"呈离散状态分布于连续统上,传信与传疑功能位于连续统的两端,而"吧"恰恰介于传信和传疑的中间位置,具有"低确信度"的特点。从整体上来说,学界对句末语气词"吧"的观点是"疑信不定"的。

除了疑信功能之外,学者们也对句末语气词"吧"在不同句类中所表现出的语气意义及功能进行了探讨。吕叔湘(1942/2014)认为,祈使句中的句末语气词"吧"带有"劝请"语气,与"命令"语气相近,有时带有准许之意,如"你安分些吧,何苦讨人厌"。赵元任(1979)结合"吧"的来源,认为事实上存在两个"吧","吧$_1$"源自"罢"的弱化,用于句末时表"建议",如"快点儿吃吧";"吧$_2$"是"不"和"啊"的融合,可用于是非问句,是一种"带疑问的陈述",如"你知道吧?"在这里,"吧"的音长略短些,整句语调也略低些。朱德熙(1982)也提出了存在两个"吧"的观点,但与赵元任不同的是,他认为一种是用于是非疑问句中的"吧$_1$",表疑问语气;另一个是用于特指问句、选择问句、反复问句之后的"吧$_2$",表祈使语气。例如:

(3)a. 今天是腊月二十三吧?

　　b. 一共多少钱吧?

　　c. 你今天来还是明天来吧?

根据朱德熙先生的分析,(3a)中为"吧$_1$",表言者有所猜测或已经知道,提问是为了向听者求证;(3b)和(3c)为"吧$_2$",朱先生认为此类句子的实质是表达祈使语气,我们可以在句首加上"你说"加以验证,如"(你说)一共多少钱吧"和"(你说)你今天来还是明天来吧",因此,"吧$_2$"表祈使语气而不表疑问语气。邵敬敏(1996)认为,特指疑问句和选择疑问句一般只能作为嵌套宾语小句出现在表祈使的"吧"字句中。我们认为，如（3b）或（3c）这样的疑问句，尽管从语气上来说表达祈使语气，但从形式上来看，仍属于特指疑问句或选择疑问句。

随着功能语言学在国内的发展，很多学者也开始从功能语法的角度考察句末语气词"吧"的功能，其主要特点是试图找出句末语气词"吧"的核心功能或原型功能，如 Li & Thompson（1981）提出的"寻求同意"说；也有学者从情态功能角度探讨"吧"的功能，屈承熹（2006）认为，句末语气词"吧"表"发话人的迟疑"，他认为"吧"显示出发话人对自己所说的内容没有十分的把握。徐晶凝（2008）将"吧"的情态语义表述为"说话人对语句内容做出的弱传信式推量，并交由听话人确认"。赵春利（2015）从语义的角度认为句末语气词"吧"的原初概念或原型意义是"意向待定"。我们看到，上述研究的共同点是都试图为语气词"吧"总结出一个核心功能或原型意义，但对于核心功能如何得出、如何引申出其他意义或功能，这些研究的描写和解释还不够充分。

随着互动语言学的引入，学者们开始注重从互动角度重新考察语气词的意义及功能。高增霞（2016）做了关于语气词"吧"的互动研究。她认为，语气词"吧"在口头交际中的作用是建立起一个交际双方的"即时联盟"（on-line alignment），就是"在话语交际中暂时性地形成一种共同立场"，能够与交际对方迅速建立起一种"即时"的"同盟"关系。她认为，言者通过妥协建立起与听者之间的即时联盟，她按所涉及的内容将"吧"划分为两类：一类是发起某种行为的，简称"祈使类"；另一类是进行猜测、推断或评价的，简称"评判类"。她认为，祈使类"吧"字句是通过对对方的有限妥协建立起即时联盟的，如例（4）；评判类"吧"字句则是通过削弱自己评判的可信度并交由对方决断来表现自己的妥协，从而与对方建立起即时联盟，如例（5）。

（4）［父亲不满妻子溺爱孩子］

　　父亲：你就惯着她吧。

（5）［朋友之间分享了一个第三方的秘密，其中一个人不相信］

　　A：听说她还是离婚了。

　　B：啊？不至于吧。

我们认为，高增霞（2016）的研究开启了从互动角度研究语气词"吧"的新视角，但受研究语料所限，其所得出的结论解释力有限，很多场景下难以用妥协来建立"即时联盟"。例如：

（6）［下雪了，梅长苏在廊下赏雪］

吉婶：宗主，外面冷，赶快进屋去吧。　　　　　　　（电视剧《琅琊榜》）

根据电视剧情节，说话者吉婶碰巧路过，看到梅长苏在廊下赏雪，于是出言提醒他赶紧进屋去，这个"吧"字句是一个祈使句，既表达了说话人的关切之情，也具有催促之意。但这里并没有言者对听者的妥协，而是言者将自己的立场分享给听者并希望与之进行协商。

综上，我们认为，前人对句末语气词"吧"的研究尽管取得了丰富的成果，但有一些根本性的问题仍存在争议，比如，对句末语气词"吧"的话语分布研究较少，很多对分布规律的研究缺乏语料支持；此外，对句末语气词"吧"的人际功能关注不多。存在上述问题的根本原因是很多研究缺乏语料支持，多从研究者的主观角度通过"内省"的方法进行研究，缺少基于充足的语料的数据分析；从语料的选择看，很多研究采用小说等文学作品语料，这与自然的口头交际仍有差距。因此，有必要在基于充足的语料的基础上，对句末语气词"吧"进行定量和定性、描写与解释相结合的研究。

27.句末语气词"吧"主要分布在哪些句类中？

互动语言学理论认为，在考察语言形式的互动性时，要以真实的言语交际为考察对象，并对日常生活中的人际互动进行深入细致的实地观察，通过具体描写来揭示语言与人际互动之间的关系。而在线性的话语序列中，位置因素具有独特的意义。就句末语气词来说，其能够出现在什么位置，与哪些成分共现都不是随机的。基于这一认识，我们认为，考察句末语气词的分布特点，是考察其互动性的先决条件。通过考察句末语气词"吧"的句类分布特点和话语分布特点，描写句末语气词"吧"在话语序列中的基本面貌，分析其偏好的分布规律，能为进一步考察其意义和功能做好准备。

汉语中的句末语气词不能独立使用,总是黏附于一个相对完整的句子末尾。因此,研究语气词的意义时,我们应将其放在较大的语言片段里进行考察(方梅,1994)。为了理清句末语气词"吧"所具有的语气意义和其在上下文语境中所表达的功能,我们可以通过考察句末语气词"吧"在句类分布方面的差异,归纳和总结其句类分布特点及偏好。根据郑家平(2018)的研究,她对5445例"吧"字句进行了分析,结果显示,在不考虑上下文语境的情况下,句末语气词"吧"主要分布在祈使句、是非疑问句和陈述句后,这与王力(1954/1985)、陆俭明(1984)、徐晶凝(2008)、齐沪扬(2011)等的研究结论一致。具体来看,句末语气词"吧"主要分布在祈使句后,其次是是非疑问句,排在第三位的是陈述句。此外,语料中还有相当数量的作为附加标记的"吧"字结构,如"是吧""对吧""好吧"。值得注意的是,语料中的"好吧"存在应答语与附加标记并存的现象,并且作为应答语的"好吧"明显多于作为附加标记的"话吧"。例(1)~(5)反映了句末语气词"吧"在不同句类中的分布情况。

(1)[马小军去找米兰]

马小军:米兰,米兰,米兰!

米　兰:谁呀?哦,是你呀,上这边来吧。　　（电影《阳光灿烂的日子》）

(2)[老三一大早到静秋家给她送早饭]

静秋:我去开,我去开![看到是老三,连忙四处张望]

老三:没人看见我,你妈妈走了,我才过来的。

静秋:你这么早,昨天晚上就到了吧?

老三:来,油条、面窝。　　（电影《山楂树之恋》）

(3)[严守一跟情人武月在路边约会]

严守一:让人看见。

武　月:看见怎么了?

严守一:让人认出来。

武　月:认出来就认出来吧。　　（电影《手机》）

（4）［笑笑跟秦奋倾诉自己的恋爱苦恼］

笑笑：迷恋又不能在一起厮守，在迷恋中挣扎，每一分钟都撕心裂肺的，每一晚不喝晕了都过不下去。

秦奋：那男的有家，爱你又娶不了你，你父母不知道，有苦没地儿说去是吧？

梁笑笑：跟谁也不能说。　　　　　　　　　　　　（电影《非诚勿扰》[1]）

（5）［王小柱和尤优商量如何给赞助商做宣传］

王小柱：怎么说呀，泰勒的朋友摩托罗拉赞助播出。

尤　优：什么赞助播出，不叫赞助，叫倾情奉献。奉献也不对，发送，放送，哪个好吧？

王小柱：倾情发送。　　　　　　　　　　　　　　　　　（电影《大腕儿》）

例（1）是一个典型的主体隐现祈使句，隐去了祈使的主体"你"。例（2）是一个是非疑问句，静秋根据老三到达的时间猜测他昨晚就到了，"吧"字句在此表揣度，并希望获得听者老三的确认。例（3）是一个陈述句，"A 就 A 吧"结构具有构式化特点，被学界所关注（田洁，2010；陈欣，2015），但对于"A 就 A 吧"中"吧"的功能，学界关注和讨论得不多。例（4）中的"是吧"是一个附加疑问标记，作为附加标记的"吧"字结构，除了"是吧"之外，还有"好吧""对吧"。在日常口语中，"是吧""对吧"附加疑问标记前的成分多为表陈述语气的形式，或为陈述句，或为陈述性短语，加上这些附加标记后，陈述语气都演变为了揣度语气；而"好吧"作为附加标记，多与其前述成分一起表祈使语气。例（5）中的"吧"字句是一个特指疑问句，我们赞同朱德熙先生的分析，即"吧"字特指疑问句事实上表达的是祈使语气，而非疑问语气，我们可以将例（5）的"吧"字句带入"你说……"的框架。

根据郑家平（2018）的研究，从语气分类的角度看，句末语气词"吧"的句类及语气分布情况如表 27-1 和图 27-1 所示。

表 27-1　句末语气词"吧"的句类及语气分布情况（例）

"吧"字句		语气
祈使形式	祈使句	祈使语气
疑问形式	是非疑问句	揣度语气
	特指疑问句	祈使语气
陈述形式	陈述句	陈述语气
	应答语（好吧）	陈述语气
附加标记	……，是吧	揣度语气
	……，对吧	
	……，好吧	祈使语气

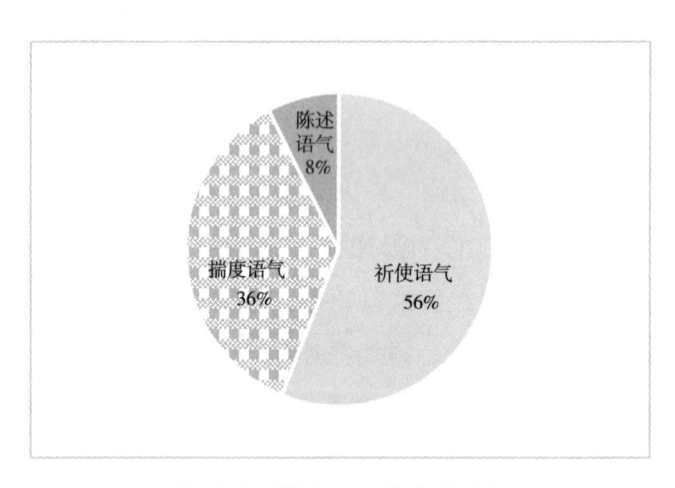

图 27-1　"吧"字句语气分布图

表 27-1 反映了不同句类的"吧"字句所具有的语气特点，图 27-1 反映了语料中"吧"字句语气分布的整体情况。从语气分布的角度看，句末语气词"吧"具有典型的祈使语气分布偏好，主要包括"吧"字祈使句和特指疑问句，其次是表揣度语气的是非疑问句和"吧"字附加标记，最后是表陈述语气的"吧"字陈述句或应答语"好吧"。例如：

（6）快走吧！别等了。

（7）你叫什么名字吧？

（8）别磨磨蹭蹭了，我迟早会知道的。您是孩子妈妈吧？

（9）写5000字就够了，对吧？

（10）她爱闹就闹吧，咱也管不了。

（11）A：你别去了，时间太晚了。

　　　B：好吧。

例（6）和例（7）的"吧"字句分别是祈使句和特指疑问句，但从语气看，二者都表达祈使语气，例（7）含有"你说你叫什么名字吧"的祈使义。例（8）是"吧"字是非疑问句，例（9）的"对吧"是附加标记，二者都表达揣度语气。例（10）和例（11）中的"吧"字陈述句和作为应答语的"好吧"，都表达陈述语气。

综上，从句类的角度看，句末语气词"吧"偏好分布于祈使句后，其次是是非疑问句和陈述句后。从语气的角度看，句末语气词"吧"倾向于表达祈使语气，其次是揣度语气和陈述语气。此外，语料还显示，句末语气词"吧"的使用使得部分句类的语气发生了变化，比如，除祈使句仍表达祈使语气外，特指疑问句加上句末语气词"吧"之后，实际上带有了祈使语气；"好吧"做附加标记时使得整个句子带有了祈使语气，而"是吧""对吧"附加疑问标记使得整个句子带有了揣度语气，在冲突型语境下，"是吧""对吧"能够使句子带上反诘语气。

28.表祈使语气的"吧"字句主要分布在对话中的什么位置？

考察"吧"字句在对话话语中的位置偏好，及不同句类的话语分布偏好，有助于考察句末语气词"吧"的话语功能及互动功能。由上一小节可知，表祈使语气的"吧"字句主要包括"吧"字祈使句和"吧"字特指疑问句。我们将从具有句类/语气分布偏好的"吧"字句入手,考察其偏好分布在对话序列中的什么位置。

一、位于对话话语中间位置的"吧"字祈使句和特指疑问句

第一,位于对话话语中间位置的"吧"字祈使句,能够发挥应答句和引发句的双重作用,在对话中具有承前启后的作用。例如:

(1)["好梦一日游"公司开会]
钱康:开会,咱们开会啊,从前一段的试营业工作情况来看,成绩是有的,大家忘我的工作热情也很高涨,尤其是姚远同志。
姚远:你就说"但是"吧,老钱。
钱康:但是,我们的工作中也确实暴露了很严重的问题。
(电影《甲方乙方》)

(2)[名主持人在培训班上课时聊天儿,气走了老师]
沈 雪:这课没法上了。
同学$_1$:老师都走了,咱也走吧。
同学$_2$:走吧,该干什么干什么吧。 (电影《手机》)

例(1)和(2)中的"吧"字祈使句都位于对话话语的中间位置,既可以作为应答句,又具有引发句的作用。例(1)中,"你就说'但是'吧"是姚远对钱康的一大段义正词严的话语的回应,同时又引发了接下来的话语或行为,但我们认为,从本质上来说,这种启下的功能是由祈使句的施为性①带来的。例(2)中,沈雪的话是面向全班学生说的,同学$_1$的应答句"咱也走吧"既是对老师话语和停止上课行为的回应,也向同学$_2$发出了施为性话语。由此可见,位于对话话语中间位置的"吧"字祈使句,起双重作用,既可作为对上一话语的应答句,又可以作为下一话语或后续行为的引发句。此外,位于对话话语中间位置的"吧"字祈使句,多独自构成一个话轮,如例(1);或位于话轮的结尾位置,如例(2)。

第二,位于对话话语中间位置的"吧"字特指疑问句,可以发挥应答句和引

---

① 在一定的上下文语境中,言语主体通过要求、命令、希望、建议等言语行为促使言语对象做某事时,往往使用祈使句,因此,施为性是祈使句的主要特点。

发句的双重作用，在对话中具有承前启后的作用。例如：

（3）［柳岩去探望刚从拘留所放出来的大鹏］

大鹏：昨晚那个女的吧……

柳岩：你不用！你不用跟我解释这些的。你现在去哪儿吧？

大鹏：去搜狐。（电影《煎饼侠》）

（4）［阮莞的男朋友有了外遇，来找阮莞道歉］

男朋友：你一定要原谅我，我爱你。

阮　莞：好好好，你先说什么事儿吧。天塌下来有个儿高的顶着呢。

男朋友：我让一个女同学怀孕了……（电影《致我们终将逝去的青春》）

例（3）中"你现在去哪儿"是一个典型的特指疑问句，但是加上句末语气词"吧"之后，表达的是"你说你现在去哪儿"的意思，演变成了祈使语气，并表达了言者的"不耐烦"之感，因此，"吧"字特指疑问句有结束当前话题或转移话题的作用，同时由于其所带有的祈使语气，又具有开启下一话题的引发句作用。例（4）中的"吧"字句"你先说什么事儿吧"，从句类上看是一个祈使句，如果去掉"你先说"是一个"吧"字特指疑问句，如例（4'），在上下文语境中与例（4）具有一样的意思和功能，在对话话语中也具有承前启后的作用。

（4'）好好好，什么事儿吧？天塌下来有个儿高的顶着呢。

根据郑家平（2018）的研究，"吧"字特指疑问句通常出现在对话话语中间位置的话轮上，并且偏好于出现在该话轮的结束位置，如例（3）。大鹏因为桃色事件被抓，因此向女性好友解释原因，对于二人来说，这都是尴尬的处境，因此柳岩马上打断大鹏的解释，并以"吧"字特指疑问句"你现在去哪儿吧"来转移话题。

二、位于对话话语结束位置的"吧"字祈使句

位于对话话语结束位置的"吧"字祈使句一般作为应答句出现在话语中。例如：

（5）［陈爷爷在医院护理生病住院的老伴儿陈奶奶］

陈爷爷：我去打点儿水。

陈奶奶：这不刚打完嘛，等会儿去打吧。　　　　　　（电影《失恋33天》）

（6）［艾米想跟Derek谈事情］

艾　米：我在想……我们……我们是不是……

Derek：艾米，我现在不是很想谈这个问题，我只希望一切都快点儿过去。
　　　　我们走吧。　　　　　　　　　　　　　　　（电影《亲密敌人》）

例（5）和例（6）的"吧"字祈使句，都处于对话话语的结束位置，并且都作为应答句出现在话语中。例（5）中"等会儿去打吧"是陈奶奶对陈爷爷的话的回应，作为祈使句，这句话必然会引起新的话语或产生后续行为。尽管在对话中没有体现，但由电影情节可见，陈爷爷放下了已经拿起来的水壶，这是祈使句产生的结果。因此，我们认为，位于对话话语结束位置的"吧"字祈使句，同样能起到承前启后的互动作用。再比如例（6），"我们走吧"既是对艾米欲言又止的回应，又引发了后续行为，从电影可知，两人随后离开了说话地点。

三、位于对话话语起始位置的"吧"字祈使句

分布在对话话语起始位置的"吧"字祈使句，常用于突发或临时偶发的情况中，表达请求或提醒功能。例如：

（7）［粉丝在机场看到大明星唐丽君，上前索要签名］

粉丝：签个名吧。

［唐丽君一边走一边给粉丝签名］　　　　　　　　　（电影《甲方乙方》）

（8）［钱康和梁子聊天，梁子突然想起来一件事］

梁子：老钱，咱该把那尤老板接回来了吧，跟山里待俩月了。

钱康：［一拍大腿］忘了一干净！　　　　　　　　　（电影《甲方乙方》）

例（7）的情景是粉丝偶遇偶像，"吧"字祈使句"签个名吧"表达了粉丝的请求，作为对话中的引发句，引发的不是应答话语，而是祈使句所指向的动作行为"签名"。例（8）的情景是言者突然想起某事，梁子在和钱康聊天儿时，突然想起了没有接尤老板回来这件事，"吧"字祈使句作为对话中的引发句，在此有提醒之意。

四、附加标记"好吧"在话语中的分布

尽管"好吧"是附加标记,但其与前述语句一起通常表达的是祈使语气,由于祈使语气占强势地位,"好吧"所具有的协商功能被淡化,我们认为"好吧"作为附加标记时表达的语义是"你看这样做……好吧",因此,其突显的是祈使语气。根据郑家平(2018)的研究,作为附加标记的"好吧"可以分布于对话话语中的不同位置:附加标记"好吧"所在话轮偏好分布在对话话语的中间位置和起始位置,在话语结束位置的分布较少。"好吧"及其所附着的祈使性语句,无论处于对话话语的何种位置,都能起到承前启后的互动作用。例如:

(9)[安红误会刘德龙跟前女友有来往,闹着要离开]

刘德龙:别闹了好吧。

[刘德龙拽住安红的胳膊,安红甩开他的手,走出门去]

(电影《有话好好说》)

(10~11)[李雪莲在进京高速入口被警察发现没有证件,警察要求她下车,但她以生病为由执意不肯下车,其他乘客也劝说交警]

李雪莲:你摸我的头,烫死了。

交 警:你先下车好吗?配合一下我们的工作。咱谁也别为难谁好吧。(10)

[交警拉李雪莲下车]

李雪莲:你别扯我了,我不下去!

旁边乘客:等等,小同志,你不是要她的身份吗?她现在的身份是病人,从一上车就挨着我,身上烧得像火炭似的。她要是你亲姐,你也这么不管她的死活吗?

交 警:大爷您先别生气啊,没有身份证,这肯定过不去,我负不起这责任。

其他乘客:这前不着村后不着店的,你让她下车,万一有个好歹,你就担得起责任啦?

交 警:[沉默片刻]要不这么着,我们一会儿派车给她送到附近镇里去看病好吧,没有身份证,肯定是进不了北京的,请您理解。(11)

(电影《我不是潘金莲》)

例（9）中，刘德龙的话表面上看是处于引发句位置，并且是独立的，没有言语互动，但从电影情节可知，这句话是针对安红的离家出走行为而发的，并伴随着言者的肢体动作——拽住安红的胳膊，试图阻止其离开。而作为回应，安红采用的策略是言语上的沉默和动作上甩开刘德龙的手。因此，这句话在整个会话场景中仍处于互动中，起到联结前后话语场景的作用。例（10）中的附加标记"好吧"所在的话轮位于对话话语的中间位置，例（11）位于结束位置，但二者也都具有承前启后的作用。例（10）中，交警的话"咱谁也别为难谁好吧"，既是对自己前述话语的总结，又是对听者的命令及催促，在这一情景下，"好吧"所具有的协商义被交警的强势祈使语气所冲淡。同理，例（11）中交警的话"我们一会儿派车给她送到附近镇里去看病"，表面上看并不是祈使句，仅是提出了一个建议，但加上"好吧"之后，可以带入"你看这样做好吧"的框架，使得整个句子的语气演变为祈使语气，其后续话语"没有身份证，肯定是进不了北京的，请您理解"作为对这个祈使句的解释和补充，客观上进一步加强了祈使语气。

综上，表祈使语气的"吧"字句或结构主要包括"吧"字祈使句、"吧"字特指疑问句及附加标记"好吧"，其话语分布偏好位置是对话话语的中间位置，能充当对前述话语的应答句，并能作为引发句引发新的话题或行为，具有承前启后的互动作用。位于对话话语结束位置的"吧"字祈使句同样能起到承前启后的互动作用，特殊的是，它向后联结的是"吧"字祈使句所指向的动作行为，而位于对话话语起始位置的"吧"字祈使句，多充当偶发或突发状况下的引发句。

29. 表揣度语气的"吧"字句主要分布在对话中的什么位置？

表揣度语气的"吧"字句在句类上主要由两部分组成，首先是"吧"字是非疑问句，其次是表揣度语气的"吧"字附加疑问标记，如"是吧""对吧"。根据郑家平（2018）的研究，在对话话语中，"吧"字是非疑问句和表揣度语气的

"吧"字附加疑问标记只能分布于对话话语的起始位置或中间位置，没有位于对话话语结束位置的情况，并且二者都具有比较明显的中间位置分布偏好。

一、位于对话话语中间位置的"吧"字是非疑问句和"吧"字附加标记

表揣度之意的"吧"字是非疑问句和"吧"字附加疑问标记，在位于对话话语中间位置的时候，能够起到承前启后的互动作用，即揣度上文话语的同时，通过提问来求证，进而引出下文，从而起到联结上下文的作用。例如：

（1）［韩冬和小芸就赎金问题聊天儿］

小芸：你太让我失望了，你们这些人对金钱的欲望连起码的掩饰都没有，对女人最起码的尊重都不知道，哪怕是说谎，哪怕是一边说我选择你一边手伸向钱，你们连谎都懒得撒，真是太可怕了。

韩冬：我特伤你自尊心吧？

小芸：你别臭美了，……　　　　　　　　　　　　（电影《没完没了》）

（2）［六爷和儿子晓波吵架］

六爷：你给我站起来。

晓波：怎么着，想打我是吧？打！反正你是我爹，反正你爱打人，反正你现在也打不了别人，打啊！

六爷：行，长出息了，我打你？我还敢打你？你打我吧，爹！

（电影《老炮儿》）

例（1）中的"吧"字是非疑问句位于对话话语的中间位置，韩冬通过小芸的抱怨揣度出自己刚才说的话可能伤到了小芸的自尊心，进而发问求证，"吧"字是非疑问句既是对小芸前述话语的回应，同时，其所具有的疑问语气也能表达求证功能，并能够引起下一话题。此外，句末语气词"吧"还起到了拉近彼此心理距离的作用，例（1）中，韩冬借"吧"字是非疑问句来暗示自己很了解小芸。例（2）中的"吧"字结构是一个位于对话话语中间位置的"吧"字附加疑问标记，儿子晓波通过父亲的言语和动作揣度出父亲气急了，甚至想动手打自己，于是他通过附加疑问标记"……是吧"来回应父亲话语的同时，向父亲求证他是不

是想打自己,从而引起下文。句末语气词"吧"也透露出自己对父亲的了解。

综上,处于对话话语中间位置的"吧"字是非疑问句和表揣度的"吧"字附加疑问标记"是吧""对吧",在话语中既可以做对话话语中的应答句,同时也能发挥引发句的作用,在话语序列中起承前启后的互动作用。从交互主观性的角度看,二者都能暗示听者,言者对其很了解,从而起到拉近彼此关系的作用。

二、位于对话话语起始位置的"吧"字是非疑问句和"吧"字附加标记

位于句首的表揣度之意的"吧"字是非疑问句或"吧"字附加疑问标记,通常含有试探之意,在疑信程度连续统上,偏向疑问,突显了言者自身的不确定之感,并希望通过发问而得到求证。例如:

(3)[胖厨师站在门口,小心翼翼地提问]

胖厨师:咱们这儿是"好梦一日游"吧。

姚　远:对对对,是是是,来来来,坐坐坐,坐下说,坐下说。

(电影《甲方乙方》)

(4)[班班和琪琪两人首次见面]

班班:我是班班,你是——琪琪是吧?不用怕,我不会吃人的。

(电影《华丽上班族》)

例(3)中的"吧"字是非疑问句和例(4)中的"吧"字附加疑问标记"是吧",都处于对话话语的起始位置,并作为对话中的引发句。例(3)中,胖厨师不太确定此处是否是"好梦一日游",因此通过发问加以试探,并希望向工作人员进行求证。例(4)中,班班和琪琪二人彼此对对方都早有耳闻,但初次见面时不太确定,因此用"……是吧"来试探性地加以求证。例(3)和(4)中的听者都对"吧"字是非疑问句的求证性提问进行了回应,这也从侧面印证了上述两个"吧"字句疑多于信。

综上,我们认为,位于对话话语起始位置的"吧"字是非疑问句和"吧"字附加标记都能作为引发句,表达言者的试探性求证之意。但是,任何揣度信息都不是无缘无故的,我们认为,位于话语起始位置的表揣度的"吧"字句,事实

上是基于言者心理预期的一种揣度，如例（3），胖厨师的心理预期是"这里就是'好梦一日游'公司"，因此进行求证；例（4）中，班班的心理预期是"这就是琪琪"。因此，从心理动因的角度来看，位于对话话语起始位置并表达揣度之意的"吧"字是非疑问句和"是吧"附加疑问标记，都是言者对自身的心理预期具有不确定性，进而向听者求证。

此外，当处于较强冲突型情景下时，原本表揣度语气的"吧"字附加疑问标记往往与前面的语句一起表达反诘语气。例如：

（5）［有人围观别人跳楼，六爷出面制止］

六爷：看热闹的不怕事儿大是吧？当真人秀跟这儿看呢是吧？都盼着他跳下来？什么人啊！跳下来砸死你王八蛋。

路人：谁呀？装什么好人呀？　　　　　　　　　　（电影《老炮儿》）

在众人围观跳楼并起哄的情景下，六爷对这些人的行为产生了极大的否定与不满情绪，因此出言制止，所采用的"吧"字句构成了冲突型话语，表达了言者对听者行为的极大不满和否定态度。附加标记"……是吧"并不具备提问或求证之意，而是突显了言者的反诘语气，用于指责围观看热闹的人。六爷的指责性话语同样引起了路人的不满，路人的反馈"装什么好人呀"可以证明六爷的否定情感和反诘意图已经被听者所接收到。值得注意的是，这种原本表揣度的"吧"字附加标记之所以能够在语境中表达反诘语气，传递不满、指责等负面情感，都与冲突型语境有关。例如：

（6）［男友发现女友跟其他男人在家里私会］

男友：你给我出来！

［男友砸门，第三者慌张］

男友：不出来是吧？有种你就别出来！　　　　　　（电影《心花路放》）

这是一段捉奸场景，体现了极强的言语冲突，表揣度语气的"……是吧"不再具有疑问和求证之意，更多的是表达男友的愤怒之情和威胁之意。

综上，表揣度语气的"吧"字句主要包括"吧"字是非疑问句和"吧"字附加疑问标记，如"……是吧""……对吧"。二者话语分布的偏好位置是对话话语的中间位置，在此位置上，"吧"字是非疑问句和"吧"字附加疑问标记是对前述话语或情景的有疑求证,因此既能发挥应答句的作用,又具有引发句的作用,在话语序列中起承前启后的互动作用。位于对话话语起始位置的"吧"字是非疑问句和"吧"字附加疑问标记,多作为引发句,表达试探性的提问求证之意。但是,有一个特殊情况是,当交际在较强冲突型情景中发生时,位于话语起始位置、原本表揣度语气的"吧"字附加疑问标记及其所附着的语句会表达反诘语气,突出表达言者的不满、愤怒、指责甚至威胁等负面情感。

30. 表陈述语气的"吧"字句主要分布在对话中的什么位置?

根据郑家平(2018)的研究,表陈述语气的"吧"字句包括两部分,一部分是"吧"字陈述句,另一部分是以"好吧"为代表的"吧"字应答语,二者都没有出现在对话起始位置的用例;大部分应答语"好吧"分布在对话话语的中间位置,具有非常明显的中间位置分布偏好。

一、"吧"字陈述句的话语分布特点

1. 位于对话话语中间位置的"吧"字陈述句

位于对话话语中间位置的"吧"字陈述句,基本上都是对前一话轮的回应,因此,通常都作为应答句存在。"吧"字陈述句一般不单独作为应答话轮,而是与后续补足性话语一起构成应答话轮。例如:

(1)[同学背后讨论夏洛]

张扬:夏洛够牛×的,居然敢打老师。

孟特:我早就说夏洛这脑子有问题吧,太吓人了,我以后可得躲着他。

张扬:你不用,你阴气重,克他。　　　　　　(电影《夏洛特烦恼》)

(2)[赵小帅摔坏了张秋生的电脑,还拒不见面,两人隔门对话]

赵小帅:你怎么那么多事呀?

张秋生：我知道你嫌我啰唆，行，你不开门就不开门吧，我在外面给你把协议书念一下，你要没有什么就把这给签了。

赵小帅：[突然开门]你念……念……念什么，你有……有病呀你。

（电影《有话好好说》）

例（1）中"吧"字陈述句是对上一话轮"夏洛打老师"这件事的评价性回应，但言者并没有就此结束话轮，而是进一步阐述了这件事所产生的后果，或者说这件事对他自己的影响，而这一话轮又引发了听者在下一话轮的回应。由此可见，"吧"字陈述句及其所在话轮在对话话语中起到了承前启后的互动作用。例（2）中，"吧"字陈述句所在话轮也是对上一话轮的应答。"A 就 A 吧"结构是典型的回声拷贝结构，一般来说，回声拷贝结构在语义上是不自足的，因此其前或后势必需要补足性成分。例（2）中，张秋生先以"吧"字回声拷贝结构回应了赵小帅的指责，表达了自己的让步和妥协之意，接下来，又在"吧"字句之后的补足性成分中提出了自己的解决办法，可见，他并没有真正放弃自己的立场。处于对话话语中间位置的"吧"字陈述句，只有极个别用例可以单独作为应答话轮，绝大多数情况下，其所在话轮或前或后都有补足性成分。在会话序列中，"吧"字陈述句多作为应答句，同时在语义上与后面的话语相关联，因此，其在对话话语中能起到承前启后的互动作用。

2. 位于对话话语结束位置的"吧"字陈述句

通过语料分析我们看到，位于对话话语结束位置的"吧"字陈述句主要包含以下四类。

第一，"那"与"吧"字句共现。例如：

（3）[钱康等人帮胖厨师圆英雄梦]

梁　子：招什么了你招？

胖厨师：打死我也不说！

钱　康：有种！那我们就打死你吧。

[钱康等人准备假刑具，胖厨师吓得晕倒]　　　　　（电影《甲方乙方》）

第二，跟数量有关的"吧"字短语。例如：

（4）[李雪莲在医院苏醒]

李雪莲：这是哪儿？

护　士：牛头镇。

李雪莲：离北京有多远？

护　士：一个多小时的路吧。　　　　　　　　（电影《我不是潘金莲》）

第三，跟评价有关的"吧"字短语。例如：

（5）[文佳佳第一次去Julie的学校接她]

文佳佳：嗨，Julie！

Julie：怎么是你来？

文佳佳：你Emma妈妈临时有事，黄太有事，所以我来了。学校挺漂亮啊！

Julie：一般般吧。　　　　　　　　　　　　（电影《北京遇上西雅图》）

第四，表示最终有所选择的"还是……吧"结构。例如：

（6）[马小军和米兰有矛盾，让她离开]

马小军：哎，你怎么还不走啊，不是你自个儿说要走的吗？滚！

米　兰：我还是走吧。　　　　　　　　　　（电影《阳光灿烂的日子》）

位于对话话语结束位置的"吧"字陈述句，通常是作为应答句，与前述话语存在着紧密的话语联系，"那……吧"和"还是……吧"暗示了这种关联性。比如，例（3）中的"吧"字陈述句"那我们就打死你吧"，顺承了上一话轮的"打死我也不说"之意；例（6）中米兰的话"我还是走吧"，是基于上一话轮中马小军的驱赶之意而做出的选择。位于对话话语结束位置的关于数量或评价的"吧"字短语，并不是完整的句子，如例（4）中的"一个多小时的路吧"和例（5）中的"一般般吧"，都是言者对上一话轮中问题的应答，语句简短，没有后续补足成分，表达了言者希望结束话题的交际意图，同时也表达了言者对此不甚关心的态度取向。总的来说，位于对话话语结束位置的"吧"字陈述句或陈述形式，在应答上文的同时，还具有完句和主观上希望结束话题的作用。

二、应答语"好吧"的话语分布特点

关于"吧"字应答语，学界普遍认为，句末语气词"吧"用在"是、好、行、可以"等表示同意的应答语后，可以表示"勉强的同意"，这种同意通常带有"无奈"的意味（吕叔湘，1979；侯学超，1998；刘月华等，2001）。在对话话语中，"好吧"作为应答语，理应处于对话话语的中间位置或结束位置的应答话轮中。郑家平（2018）的研究也验证了这一点，81例应答语"好吧"用例中，有高达65例都处于对话话语的中间位置，仅16例位于结束位置。例如：

（7）[JC询问女伴是否需要帮助]

女伴：放手！我自己会抓紧。

JC：你确定吗？

女伴：我确定。

JC：好吧。　　　　　　　　　　　　　　　　　　（电影《十二生肖》）

（8）[杜拉拉毛遂自荐做公司装修工作]

李斯特：你有把握吗？

杜拉拉：我在以前的公司主持过一次装修，当然了，那个规模非常的小，不过我们当时也是用的最省钱的办法，我觉得是可以借鉴的。回头我具体给您一份报告。

李斯特：好吧，我看也只能这样了，拉拉，你来协助麦琪负责这次装修吧。

杜拉拉：好，没问题。　　　　　　　　　　　　（电影《杜拉拉升职记》）

（9）[王小贱拿着刚做好的冰淇淋请室友品尝，可是室友没有反应]

王小贱：有没有人想吃薄荷的冰淇淋啊？我自己做的，今天买了个冰淇淋机。

[停顿片刻，室友没有反应]

王小贱：怎么了，一回来就不说话。

[停顿片刻，室友还是没有反应]

王小贱：好吧，那我一会儿再来。　　　　　　　（电影《失恋33天》）

我们看到，作为应答语的"好吧"很少单独作为一个话轮存在，只有在情况紧急的情况下才会单独作为应答句出现于对话话语的结束位置，如例（7），JC和女伴面临坠楼的危险，可是女伴拒绝JC的帮助，JC在情况紧急又无从选择的情况下，以简短的"好吧"结束对话，同时也表达了自己的"无奈"之感。除了紧急情况之外，日常生活中还有生气场景、尴尬场景，当言者处于这种对自己不利又必须要做出肯定应答的情况下时，往往会选择"好吧"作为单独的应答句，以此来表现自己对被迫做出选择的矛盾和不满之情。但是，在大多数情况下，应答语"好吧"并不单独作为一个话轮出现，而是常常伴随有其他补足性成分，如例（8），应答语"好吧"位于对话话语的中间位置，言者用"好吧"回应上文，表达了自己的"无奈"和"妥协"之情，但补足性部分"我看也只能这样了"，补足了自己"妥协"的原因，又引出了后文；例（9）从对话话语的角度看并没有实质性的对话互动，但是从电影多模态角度看，室友以沉默回应王小贱的话语，因此，当王小贱看到室友再三以沉默回应自己后，选择了表示"无奈"和"妥协"的"好吧"作为回应，但同时又以"那我一会儿再来"作为补足。

我们认为，从面子角度来看，言者使用了"好吧"，相当于放弃自己的立场，而对对方的立场进行了"妥协"或"退让"，这是有损自身颜面的行为。因此，为了挽回自己的面子，或者尽量减少自己面子的损失，言者会选择以说明妥协原因、宣告下一步计划等言语行为，作为对"好吧"的补足信息，以此达到维护自己颜面的目的。

综上，表陈述语气的"吧"字句主要包括"吧"字陈述句和"吧"字应答语"好吧"。"吧"字陈述句用例基本平均分布于对话话语的中间位置或结束位置，且一般不单独作为应答话轮，其前或后有其他补足性成分。值得注意的是，回声拷贝结构"A 就 A 吧"及其后续补足性成分，通常表达言者的让步和妥协之意。而当"吧"字陈述句或陈述结构位于结束位置且单独充当话轮时，一般来说表达了言者尽快结束话题的交际意图，或表达言者对所言之事不甚关心的态度取向。应答语"好吧"具有明显的话语中间位置分布偏好，由于"好吧"所体现出的"妥协"和"退让"立场，一般情况下其后有补充说明性成分，用以维护言者自身的颜面。而当处于紧急情况且言者无从选择时，"好吧"可以作为单独的应答话轮且出现在对话话语的结束位置上。

根据本书第 28~30 小节的分析，从话语分布角度看，"吧"字句具有对话话语中间位置的分布偏好，因此，在上下文语境中能够发挥承前启后的互动作用。而处于对话话语起始位置或结束位置的"吧"字句或结构，通常也具有联结上下文语境的作用。我们认为，这与句末语气词"吧"本身的互动功能密切相关。

31. 语气词"吧"给祈使句带来了什么？

一、前人对句末语气词"吧"功能的研究

说话人在交际需求的驱使下，会选择一定的语言形式，以实现自己的交际意图；透过这些语言形式，听者可以感知到言者的交际意图，这就是语言所具有和表达的话语功能。

前人关于句末语气词"吧"话语功能的观点基本上可以概括为三个主要方面，一是揣度功能（黎锦熙，1924/1992；王力，1954；吕叔湘，1942/2014；陆俭明，1984），这一观点认为揣度功能与揣度语气合二为一；二是疑信功能（吕叔湘，1955；胡明扬，1981；邵敬敏，1996；张小峰，2003），但是，语气词"吧"到底是传信还是传疑，抑或疑信参半，至今未有定论；三是各类核心功能的表述，如"寻求同意"说（Li & Thompson，1981）、"不确定"说（Shie，1991）、"发话人的迟疑"说（屈承熹，2006）、"弱传信式推量"说（徐晶凝，2008）、"意向不定"说（赵春利，2015）以及"即时联盟"说（高增霞，2016）等。从上述对语气词"吧"功能的描述性研究我们看到，这些功能之间存在着一定的联系，比如，由于语气词"吧"具有传疑的功能，言者对交际中的信息不确定，所以要进行揣度，或寻求同意，或有所迟疑，或建立起"即时联盟"。因此，我们认为，这其中存在着一条线索，将语气词"吧"的上述功能紧密联系在一起，而这条线索体现的就是句末语气词"吧"的核心话语功能。我们将结合句末语气词"吧"的分布偏好对其核心话语功能进行分析和讨论。

二、祈使句中的句末语气词"吧"

祈使句的主要功能是要求听话人做或不做某事，带有较强的主观性（沈家煊，2002），同时也具有较强的交互主观性。当处于不同语境中时，祈使句会表

现出程度上的差异，或为正式严厉的命令，或为婉转曲折的建议，或为谦卑的乞求。李宇明、唐志东（1991）的研究表明，关于语气词"吧"，汉语母语儿童最先习得的是"吧"字句表示委婉地祈使的用法。例如：

（1）［要求姐姐抱她小便］你可以抱我吧。

（2）［要爸爸为她换一张纸作画］爸爸，换换纸吧。

（李宇明、唐志东，1991）

刘月华等（2001）、卢英顺（2007）等都认为，在祈使句中，句末语气词"吧"能起到缓和、委婉语气的作用。冉永平（2004）认为，句末语气词"吧"是一个"缓和语（mitigator）"，他认为，在交际中使用缓和语的目的在于"减少实施某一言语行为时所产生的负面效果，使以言行事更加有效"。徐晶凝（2008）认为，在祈使句中，句末语气词"吧"的情态语义演变为"单纯表委婉口气"。

在祈使句中的句末语气词"吧"固然能起到缓和、委婉语气的作用，但从根本上来说，言者通过语气词"吧"表达了自己希望协商的意图，从而实现了话语的交互主观性，照顾到了听者的面子，在此基础上，才使得本来生硬的祈使语气得以软化，进而能起到缓和、委婉语气的作用。例如：

（3）［张富贵在"好梦一日游"公司感受到了受虐的滋味，反思自己，开始关心妻子，回家时顺路买了菜］

妻　　子：给我［接过菜］，家里有菜。鸟喂过了，鱼也喂了啊。［妻子一边晾衣服一边说。回头一看，张富贵正在拧盆子里的衣服，连忙阻止］哎，我来，我来。

张富贵：我来吧。（A）

妻　　子：我来，你屋里歇着去。

张富贵：你松手，我来吧，给我吧。［妻子还是跟他抢着拧衣服，张富贵大声斥责］你松手！别动！［妻子吓得连忙松手，张富贵抓起妻子的手］这些年你受委屈了，哎哟，你这手上全是口子。（B）

妻　　子：没事儿。

（电影《甲方乙方》）

根据电影《甲方乙方》的情节，在张家，日常生活中丈夫张富贵具有绝对的权势地位，在家里说一不二，备受照顾，但他怀疑妻子对自己百依百顺是因为喜欢受虐。在"好梦一日游"公司感受到了受虐的滋味后，他开始能体会妻子的艰辛。例（3）中，他第一次主动买菜回家，妻子连忙接过来，说"给我"，这是妻子出于日常养成的习惯而做出的反应，因此没有协商的余地；如果妻子说"给我吧"，则含有了协商之意，张富贵可给可不给，是有选择余地的，但这显然与张家的传统不符。同样，妻子看到丈夫居然在做日常不做的事——洗衣服，因此赶紧说"我来，我来"，而不是"我来吧，我来吧"，妻子的言语里仍没有协商的余地，因为在她看来，家务事都是她应该做的。张富贵在"好梦一日游"公司的经历使他体会到了妻子的辛苦，并深深反省自己日常对妻子的恶劣态度，因此他用（3A）"我来吧"来委婉地表达自己的要求——"你让我来（干活）吧"，句末语气词"吧"暗含着"协商"的意味，妻子是有选择权的，她可以同意也可以不同意。在这句话后面，我们可以加上"好吗"，如"我来吧，好吗"，协商之意就更加一目了然了。在电影情节中，妻子显然没有体会到张富贵的"协商"意图，因为按照日常，张富贵在家里是养尊处优、说一不二的，所以妻子仍坚持"我来，你屋里歇着去"。这句话中，妻子仍没有用句末语气词"吧"，因为在惯常情况下，丈夫歇着、妻子干活这件事是不需要协商的。在紧接着的话轮（3B）中，张富贵还是坚持"我来吧，给我吧"，这些话语气是委婉的，都暗含"协商"的意图。但当他发现妻子执意不同意时，他使用了惯常的语言风格，高强度祈使句"你松手"和"别动"，这次妻子明显地感受到了命令式的祈使语气，连忙放弃跟丈夫抢着干活的举动。这段电影情节充分地说明了句末语气词"吧"在祈使句中所表达的"协商"功能。

为了验证句末语气词"吧"在祈使句中所表达的"协商"功能，我们可以将例（4）～（13）共10例"吧"字祈使句去掉语气词"吧"，然后带入到协商框架"……，好吗"中，看语义上能否成立，如果成立，则说明祈使句中的句末语气词"吧"确实具有"协商"功能。

（4）你就说"但是"吧。　　　（4'）你就说"但是"，好吗？

（5）咱也走吧。　　　　　　（5'）咱也走，好吗？

（6）你现在去哪儿吧。　　　（6'）（你说）你现在去哪儿，好吗？

（7）你先说什么事儿吧。　　（7'）你先说什么事儿，好吗？

（8）等会儿去打吧。　　　　　　（8′）等会儿去打，好吗？

（9）我们走吧。　　　　　　　　（9′）我们走，好吗？

（10）签个名吧。　　　　　　　　（10′）签个名，好吗？

（11）咱把那尤老板接回来吧。　　（11′）咱把那尤老板接回来，好吗？

（12）别闹了吧。　　　　　　　　（12′）别闹了，好吗？

（13）咱谁也别为难谁吧。　　　　（13′）咱谁也别为难谁，好吗？

我们看到，例（4′）~（13′）在语义上均表示协商，在句法上也成立，这说明祈使句中的句末语气词"吧"能够表达言者的协商意图，具有协商功能。

高增霞（2016）认为，句末语气词"吧"能够使言者和听者之间建立起一种"即时联盟"（on-line alignment），所谓"即时联盟"，是在话语交际中暂时性地形成一种共同立场。她认为，祈使类"吧"字句是通过对对方的有限妥协建立起即时联盟的，评判类"吧"字句（陈述句、是非疑问句等）则是通过削弱自己评判的可信度并交由对方决断来表现自己的妥协。我们认为，用言者的妥协来解释这种即时联盟是片面的，很多场景下的交流中，言者并没有妥协，如例（3）；此外，她并没有提到这种"即时联盟"的具体内容或本质是什么。通过上文的分析我们认为，言者通过句末语气词"吧"确实能够暂时性地形成一种共同立场，即能够建立起"即时联盟"，这种"即时联盟"是双方进行即时协商的联盟，即言者通过句末语气词"吧"为自己和听者搭建起沟通协商的桥梁，并为双方留有发表意见的余地，从而能够照顾到双方的面子，保证交际的顺利进行。

综上，我们认为，用于祈使句句末的语气词"吧"具有"协商"功能，能在言者和听者之间建立起即时协商联盟，这样能够大大弱化祈使句所带有的强势语气，从而使祈使句稍委婉些，语气和缓些。

32.语气词"吧"给疑问句和陈述句带来了什么?

一、句末语气词"吧"在是非疑问句中的话语功能

表揣度语气的"吧"字句由两部分组成,一是"吧"字是非疑问句,二是"吧"字附加疑问标记(是吧、对吧)。我们以是非疑问句为例,分析句末语气词"吧"表揣度语气时所具有的话语功能。

(1)[李雪莲第一次去找法官王公道]

李雪莲:你就是法院的王公道吧?

王公道:啊。[点点头,疑惑地看着李雪莲]

李雪莲:陈阿大他老婆的娘家是崔家坞的,你知道吧?陈阿大他老婆的妹妹嫁到了齐家岸,你知道吧?

[王公道一边抽烟,一边看着李雪莲点头]

李雪莲:我姨家有一个表妹,嫁给了陈阿大他老婆的妹妹的婆家的一个叔伯侄子,论起来,咱们还是亲戚咧。　　(电影《我不是潘金莲》)

(2)[沈梦君和牌友打牌]

沈梦君:我当时真的这么想的(自杀)。三条,杠!我年轻的时候漂亮吧?

牌 友$_1$:漂亮。

沈梦君:歌唱得好吧?

牌 友$_2$:好。　　　　　　　　　　　　(电影《重返20岁》)

(3)[郑微发现路上遇到的美女是自己的室友,有点儿嫉妒]

郑　微:冤家路窄!

黎维娟:她的名字有点儿奇怪,叫阮莞,是布依族同胞。旁边那个是她恩爱的小男友,……够恩爱吧?我叫黎维娟,你郑微吧?

(电影《致我们终将逝去的青春》)

邵敬敏（1996）认为，"吧"字是非疑问句表明发问人心中已经有了对某判断或某行为事件的具有明显倾向性的估测，但对此尚不能完全肯定，因此用语气词"吧"来表示这种"预定而未定"的口吻。当主语为第二人称时，发问人的目的是要求听者予以证实，如例（1）；当主语是第一人称时，发问人是对自己的情况做出评估，并征求听者的意见，如例（2）；当主语为第三人称时，发问人既可以要求听者证实，也可以征求听者的意见，如例（3）中，黎维娟问郑微，是否觉得阮莞和男朋友"够恩爱"。根据对祈使句句末语气词"吧"的"协商"功能的分析，我们认为，在"吧"字是非疑问句中，句末语气词"吧"同样具有协商功能，因为无论是"要求证实"还是"征求意见"，归根结底都是言者跟听者之间的协商过程，如例（1），李雪莲连续提了两个要求王公道证实的问题，这些问题都以"你知道吧"作为附加提问方式，我们将"你知道吧"替换为句末语气词"吧"："陈阿大他老婆的娘家是崔家坞的吧？""陈阿大他老婆的妹妹嫁到了齐家岸吧？"可以看到，替换前后语义并没有明显改变。由对电影的多模态分析可知，听者王公道一直以略带疑惑的眼神盯着李雪莲，但同时也以颔首的方式作为对李雪莲问题的回应，因此，从本质上说，李雪莲是希望就这两个问题与王公道进行协商的，尽管她心目中有了肯定的答案，但她希望从听者那里也得到肯定的答复。例（2）是沈梦君与牌友就她的自我评价进行协商，例（3）是室友之间针对第三人的情况进行协商。我们可以将上述例句带入"……，是吧/对吧"框架，如（1′）~（3′），话语中的协商意味更加明显。

（1′）你就是法院的王公道，对吧？

　　　陈阿大他老婆的娘家是崔家坞的，你知道，对吧？

　　　陈阿大他老婆的妹妹，嫁到了齐家岸，你知道，对吧？

（2′）我年轻的时候漂亮，是吧？

　　　歌唱得好，是吧？

（3′）够恩爱的，对吧？

　　　你（是）郑微，对吧？

由此，我们认为，在表揣测语气的"吧"字是非疑问句和附加标记"对吧""好吧"中，句末语气词"吧"的功能是在言者与听者之间建立起即时协商联盟，其突出表现是言者有一个指向性的立场，并希望听者通过"证实"或"给出肯定意见"来肯定自己的立场。

二、句末语气词"吧"在陈述句中的话语功能

吕叔湘先生（1979/2012）指出，"吧"带有揣度和拟议的语气，表示将信将疑，介乎直陈和询问二者之间。陆俭明（1984）认为，"吧"字句"什么时候看作问话为宜，什么时候看作答语或平叙句为宜，这完全由上下文（语境）决定"。根据对句末语气词"吧"分布偏好的分析，我们认为，在陈述句后的句末语气词"吧"，表述的多为"协商"的结果。

（4）［笑笑到秦奋楼下，打电话找他］

笑笑：喂，我到了，你在哪儿呢？

秦奋：我还没出门呢，你都到了，要不你先自己打个车到亚龙湾，我到那儿接你。

笑笑：好，那我自己打车吧。　　　　　　　　　（电影《非诚勿扰》[2]）

（5）［医生阻止六爷出院］

医　生：您现在可能两根血管都堵死了，要马上做支架，要不然随时有可能心梗，到时候，开胸搭桥都来不及。

六　爷：开胸？开玩笑吧你，我的命还是我做主吧。（A）

话匣子：这种事儿不能强撑着，咱不年轻了。

六　爷：不是时候啊。［话匣子知道六爷不肯住院的原因是要为儿子筹钱还债］

话匣子：借了多少？

六　爷：两万多吧。（B）

话匣子：打算怎么办呀？

六　爷：卖房子。　　　　　　　　　　　　　　　　　（电影《老炮儿》）

例（4）中的"那……吧"和例（5A）中的"还是……吧"都承接上文，表述的是言者根据上文而做出的选择，是言者在对话协商基础上获得的结果。例（5B）的"两万多吧"，言者对自己陈述的内容不做肯定表述，留下了与听者协

商的余地，也暗含了"协商"之意。综上，我们认为，陈述句中的句末语气词"吧"的主要功能仍然是建立起言者与听者之间的即时协商联盟。

三、应答语"好吧"的话语功能

关于应答语"好吧"，学界普遍的看法是其表达"勉强"义和"无可奈何"义（吕叔湘，1979；侯学超，1998；刘月华等，2001；金智妍，2011）。根据上文的分析，在对话话语中，应答语"好吧"通常处于对话话语的中间位置，其前后常有其他补足成分，用于维护言者因"勉强"接受听者意见而受损的面子。我们认为，言者使用"好吧"，事实上表达的是协商的结果，其中，"好"表达了言者"同意"的立场，而"吧"又含有与对方协商之意，二者组合起来，就产生了勉强和犹豫不决之意。也就是说，言者勉强接受对方的立场，放弃或丢弃自己的立场。因此，从本质上来说，应答语"好吧"的作用也是在言者、听者之间建立起即时协商联盟。

四、句末语气词"吧"的核心话语功能

我们认为，句末语气词"吧"所具有的核心话语功能是在言者及听者之间建立起即时协商联盟。"吧"字祈使句和附加标记"好吧"带有祈使语气，言者与听者就当下即将发生的行为进行协商。"吧"字是非疑问句和附加疑问标记"是吧、对吧"都带有揣度语气，但本质上来说，言者仍是采用句末语气词"吧"与听者建立起即时协商联盟，协商的内容是言者的有倾向性的揣测，言者采用语气词"吧"向听者进行"求证"或"征求意见"，听者通过"证实"或"发表意见"与言者形成联盟。"吧"字陈述句和应答语"好吧"，都能表达陈述语气，一般来说表达的是协商的结果，因此，同样也能够在言听双方之间建立起即时联盟。

33. 平等权势关系对句末语气词"吧"的使用有什么影响？

句末语气词"吧"的核心话语功能是在言者及听者之间建立起即时协商联盟，也就是说言者通过句末语气词"吧"与听者之间暂时性地建构出一种共同立场，以方便双方进行即时协商。那么，言者为什么要建构这种即时协商联盟，言者具有怎样的交际意图？希望达到怎样的交际效果？为了回答以上问题，我们需要从交际双方的人际关系及交际本身的话语基调入手进行考察，具体包括交际双方的人际关系、情感因素和礼貌因素三个主要方面，以考察句末语气词"吧"所具有的人际功能。

一、句末语气词"吧"的权势关系分布情况

根据郑家平（2018）的研究，在所有句末语气词"吧"的语料中，平等权势关系占绝对多数，只有少部分存在权势差距，其中，强对弱的权势关系稍多于弱对强的权势关系。由此我们认为，句末语气词"吧"主要用于关系平等的人际交往中，而当交际双方存在权势地位差距时，强权势的一方较多使用句末语气词"吧"，弱权势一方对句末语气词"吧"的使用相对较少。在不同句类或形式中，平等关系都具有明显的分布偏好，从数量分布看，所有句类或形式的权势关系分布情况都是：平等关系＞强对弱关系＞弱对强关系。本小节和下一小节我们将从这三种权势关系的角度讨论句末语气词"吧"的人际功能。

二、平等权势关系对句末语气词"吧"的选择与使用

我们认为，平等权势关系一般意味着交际双方在地位、年龄、辈分、金钱、学历等某一方面具有对等关系，不存在高低上下之分。具有平等权势关系的交际双方对语言及礼貌策略的选择方面限制都最小，交际双方一般会采取较为直接或

直白的交流方式，较少使用礼貌用语。但我们认为，维持双方交际正常进行需要把握好一个度的原则，即言语交际不能破坏原有的平等权势关系，一旦破坏了原有的平等权势关系，则势必会损害某一方的面子，进而使其采取一定的语言形式或行动来减少自己的颜面损失或维护自己的颜面。

根据郑家平（2018）的研究，平等权势关系的双方偏好使用句末语气词"吧"。我们认为，平等权势关系的这种选择偏好与句末语气词"吧"的核心话语功能密切相关。句末语气词"吧"的核心话语功能是构建即时协商联盟，即言者将自己的立场与听者分享，双方在协商的基础上达成共识，建立起共有立场，这有利于维护双方的平等权势关系。例如：

（1）["好梦一日游"公司开会]

钱康：开会，咱们开会啊，从前一段的试营业工作情况来看，成绩是有的，大家忘我的工作热情也很高涨，尤其是姚远同志。

姚远：你就说"但是"吧，老钱。

钱康：但是，我们的工作中也确实暴露了很严重的问题。

（电影《甲方乙方》）

姚远与钱康既是合作伙伴，又是志同道合、非常亲密的朋友，当老钱打官腔说了一大堆话时，姚远略感不耐烦，因此他以"吧"字祈使句"你就说'但是'吧"向老钱提出建议。如果去掉句末语气词"吧"，则会突显句子的强势祈使语气，具有命令口吻，这样就容易破坏双方的平等权势关系。加上句末语气词"吧"之后，祈使的语气被姚远试图协商的立场和意图所淡化，姚远将自己的立场"说'但是'"拿出来与老钱进行协商和讨论，从而照顾到了老钱的面子，维持了双方的平等权势关系，因此能够推进交际顺利进行。由此可见，在祈使句中，句末语气词"吧"能够起到弱化祈使语气，构建即时协商联盟的作用。

（2）[郑微发现路上遇到的美女是自己的室友，有点儿嫉妒]

郑　微：冤家路窄！

黎维娟：她的名字有点儿奇怪，叫阮莞，是布依族同胞。旁边那个是她恩爱的小男友，……够恩爱吧？我叫黎维娟，你郑微吧？

（电影《致我们终将逝去的青春》）

例（2）中黎维娟和郑微第一次见面，她揣度眼前的女孩就是郑微，因此以"吧"字是非疑问句"你（是）郑微吧"来向郑微求证。在这一过程中，黎维娟将自己的揣度立场与郑微共享及协商，其语气比"你是郑微？"委婉、亲切，同时，也暗含着言者对听者的关注和了解，有利于拉近彼此之间的关系，并照顾到了双方的面子。

（3）［医生阻止六爷出院］

医　　生：您现在可能两根血管都堵死了，要马上做支架，要不然随时有可能心梗，到时候，开胸搭桥都来不及。

六　　爷：开胸？开玩笑吧你，我的命还是我做主吧。（A）

话匣子：这种事儿不能强撑着，咱不年轻了。

六　　爷：不是时候啊。［话匣子知道六爷不肯住院的原因是要为儿子筹钱还债］

话匣子：借了多少？

六　　爷：两万多吧。（B）

话匣子：打算怎么办呀？

六　　爷：卖房子。

（电影《老炮儿》）

例（3）中，医生与六爷是熟悉的朋友关系，因此，二人是平等关系。医生建议六爷开胸搭桥，六爷以"开胸？开玩笑吧你，我的命还是我做主吧"来回应医生的建议。根据张旺熹（2012a）的研究，人称代词复用结构主要用于情感宣泄，"开玩笑吧你"用于宣泄六爷内心极其不以为然的负面情感，这对于医生朋友来说，是有损其颜面的。但是，人称代词复用结构之后另有补足成分"我的命还是我做主吧"，"还是……吧"是言者根据前述话语做出的最终选择，缓和了人称代词复用结构对医生颜面的冲击，表达了自己的立场，并以此来与医生协商，起到了维护医生颜面的作用。在同一场景下，六爷的红颜知己话匣子问六爷借了多少钱，实则是责备六爷为了钱不肯动手术，六爷猜到了话匣子提问的用意，他的回答"两万多吧"既暗示了自己的立场——这笔钱对于自己来说不是小数目，同时也留有与话匣子进行协商的空间，而不是生硬地回绝话匣子的好意，从而维护了双方的平等而亲密的关系。

综上，我们认为，句末语气词"吧"所具有的建构即时协商联盟的核心功能有利于维护交际双方的平等权势关系，因此当交际双方具有平等权势关系且具有协商意图时，言者会选择句末语气词"吧"来与听者分享自己的立场，并就此进行协商。句末语气词"吧"有利于维护交际双方的面子，因此能保障交际顺利进行。

34.不平等权势关系对句末语气词"吧"的使用有什么影响？

一、强对弱的权势关系对句末语气词"吧"的选择与使用

根据郑家平（2018）的研究，在存在不平等权势关系的情况下，强权势一方偏好选择和使用"吧"字句。我们认为，强权势一方对句末语气词"吧"的选择主要基于两种交际意图，一种是要突显自身的强权势地位，以表达自己的负面事理立场，此时言者往往具有尴尬、不耐烦、不满、否定、指责等负面情感；另一种则要尽量弱化自己的权势地位，以拉近双方的心理距离，照顾对方的面子，借此保证自己的建议、揣测等能够得到对方的正面支持与回应。

1.强权势一方意在突显自身强权势地位

当强权势地位一方对交际存在负面事理立场时，其往往选择"吧"字附加结构、"吧"字特指疑问句或"吧"字是非疑问句来表达自己的负面情绪，并试图跟听者建立起即时协商联盟。通过分析，我们看到，强权势一方较多采用的是"吧"字附加标记，如"……，是吧""……，好吧""……，对吧"，此外，"……，知道吧""……，明白吧"也有较高使用频率。例如：

（1）［李雪莲拦住法院荀院长的车，荀院长部下下车询问李雪莲］

荀院长部下：你是个什么案子？

李　雪　莲：离婚案。

荀院长部下：哎哎［拉扯李雪莲］，离婚案到不了院长这里，杀人案才到这

里呢，知道吧？（A）

李　雪　莲：那你们县法院把案子判错了，你们就不管了吗？

荀院长部下：谁说不管了？［加重语气］我说不管了吗？啊？你怎么听不懂人说话呢？我跟你讲啊，你这个案子，从法律程序上，我们已经管不了了，知道吧？（B）

李　雪　莲：那如果王公道贪赃枉法了呢？在法庭上，他处处向着对方，他肯定是拿了对方的好处，他就收过我的香油和腊肉！

荀院长部下：哎，那你应该去检察院啊。

李　雪　莲：为什么？

荀院长部下：你看啊，王公道，公职人员，收受贿赂，贪赃枉法，是吧？（C）你去检察院告他，检察院就会对他立案侦查，明白吧？（D）

（电影《我不是潘金莲》）

例（1）中，从社会关系看，荀院长部下是公职人员，李雪莲是农村妇女；从交际需求看，李雪莲有求于荀院长及其部下，因此，双方具有典型的不平等权势关系。由此例可见，荀院长部下采用了大量的"吧"字附加结构，如"……，知道吧""……，明白吧"以及附加疑问标记"……，是吧"，这是基于其对双方身份地位和立场的认知。荀院长部下以公职人员自居，其潜在的立场是认为李雪莲不知法、不懂法，因此，他认为自己有必要向李雪莲普法，希望通过句末语气词"吧"来表达自己的建议和协商意图，并希望借此来拉近彼此之间的关系，从而使李雪莲接受自己的建议。但我们认为，强权势地位一方采用"吧"字附加结构时，尽管其主观交际意图是要拉近与弱权势一方的距离，但往往会事与愿违，反而更加突显自己的权势地位，拉远彼此的距离。由例（1）可见，荀院长部下尽管一直在给李雪莲提建议，并试图拉近双方的距离，但"吧"字附加结构反而给他的话增添了盛气凌人的气焰，采用"吧"字附加结构的策略反而引起了听者的不满，因此造成双方的距离进一步疏远。

除了"吧"字附加标记和附加结构外，当强权势一方选择"吧"字特指疑问句表达自己的不耐烦之意时，由于双方本来所具有的权势差距，反而会无形间突出自己的强权势地位，使得彼此的距离更加疏远。例如：

（2）柳岩：你现在去哪儿吧？

　　　大鹏：去搜狐。　　　　　　　　　　　　　　（电影《煎饼侠》）

　　大鹏与柳岩本来是朋友关系，但是当大鹏失业并因丑闻被抓后，出于羞愧之情，其与柳岩的交际地位由平等权势关系变为不平等权势关系，柳岩居强权势一方，而大鹏居弱权势一方。因此，当大鹏试图解释丑闻，而柳岩对此感觉尴尬和不耐烦时，她的话"你现在去哪儿吧？"无形间突显了柳岩的主导地位，从而使彼此之间的关系更加疏远。大鹏对此的应答是"去搜狐"，由此可见，大鹏接收到了柳岩的不耐烦情绪，意识到了对方的主导地位，因此放弃了自己的解释行为，并以简单明了的回答作为应答。可见，在潜意识中大鹏拉远了与柳岩的心理距离。

　　除此之外，强权势一方采用"吧"字是非疑问句表达揣度之意时，如果这一揣度之意不需要向听者求证，则句末语气词"吧"会突显言者的强权势地位，客观上会进一步拉开交际双方的权势距离。例如：

　　（3）［返老还童的沈梦君与朋友李大爷去酒吧跳舞，被小流氓骚扰，沈梦君出言教训小流氓］

　　　小流氓：大家都看看，老牛吃嫩草，这老东西不要脸！

　　［沈梦君生气，可李大爷希望息事宁人］

　　　李大爷：走吧！［拉着沈梦君往外走］

　　　沈梦君：站好了！当过兵吗？

　　　小流氓：我当什么？

　　　沈梦君：开过坦克吗？连真枪都没摸过吧？［展示李大爷身上的枪伤］野战
　　　　　　部队英雄炮兵连，荣誉二等功！

　　［小流氓羞愧离开，群众欢呼］　　　　　　　　（电影《重返20岁》）

　　例（3）中，沈梦君虽然返老还童，但自我认知上还是老奶奶，因此在与小流氓的交流中，沈梦君主观上认为自己无论是作为长辈还是基于社会常理，都处于强权势地位，当她以"吧"字句指责小流氓"连真枪都没摸过吧"，尽管话语本身带有揣度和协商之意，但在会话交流中，沈梦君并没有等待小流氓的回应，而是直接说出了李大爷当过兵立过功的经历。因此，"吧"字是非疑问句的协商功能被淡化，沈梦君作为强权势一方的权威地位得以突显，并进一步拉开了双方的权势距离，从而使得自己对小流氓的指责更加有力。

2. 强权势一方意在弱化自己的强权势地位

强对弱的权势关系中，强权势一方的另一种交际意图是尽量弱化自己的权势地位，以拉近双方的心理距离，照顾对方的面子，借此保证自己的建议、揣测能够得到对方的支持和正面回应。我们认为，这与句末语气词"吧"所表达的核心话语功能有关。一般来说，权势差距会对弱权势一方的面子造成威胁，从面子观的角度出发，强权势一方选择句末语气词"吧"构建即时协商联盟，交际双方对立场进行协商的行为能够缓和语气，拉近双方的权势距离，因此有利于照顾对方的面子。通过语料分析，我们看到，强权势一方为了实现自己弱化权势地位以拉近彼此距离的交际意图，多采用"吧"字祈使句、"吧"字陈述句和"吧"字是非疑问句。例如：

（4）［艾米想跟 Derek 谈事情］

艾　米：我在想……我们……我们是不是……

Derek：艾米，我现在不是很想谈这个问题，我只希望一切都快点儿过去。我们走吧。

（电影《亲密敌人》）

Derek 和艾米是老板和职员的关系，艾米的欲言又止让 Derek 觉得稍微有些不耐烦，他明确表示自己现在不想谈艾米说的问题，同时以"吧"字祈使句"我们走吧"来提议现在离开，句末语气词"吧"有效地缓和了之前拒绝艾米提议的紧张气氛，缓和了语气。同时，语气词"吧"所带有的协商功能起到了拉近彼此之间心理距离、照顾对方颜面的作用。

二、弱对强的权势关系对句末语气词"吧"的选择与使用

根据郑家平（2018）的研究，弱对强的权势关系选择句末语气词"吧"的用例较少，其中，弱权势一方偏好选择使用"吧"字是非疑问句，其次是"吧"字祈使句，其对"吧"字陈述句和附加标记的选择非常少，没有"吧"字特指疑问句的用例。弱权势一方对句末语气词"吧"的选择仍与"吧"所具有的核心话语功能有关。"吧"字是非疑问句多表揣度和求证之意，表达了言者试图与听者进

行协商的意图,因此,句末语气词"吧"能够显示弱权势一方对强权势一方的尊敬和重视,有利于照顾对方的颜面。例如:

(5)[韩冬见阮大伟给别的司机结算工钱,顺势催促阮大伟结算自己一年来的包车费用]

韩　冬:阮总,我那钱回公司一块结了吧。

阮大伟:你跟着瞎起什么哄啊?过两天再说。　　　　(电影《没完没了》)

例(5)中,韩冬是阮大伟雇佣的包车司机,在实施催账这一言语行为时,不论从社会地位还是交际地位上来看,韩冬都处于弱权势地位。多次催款不果后,韩冬见阮大伟给别的司机结算工钱,于是趁势再次提出自己的催促和请求,为了使得语气更加委婉,韩冬选择了具有协商功能的"吧"字祈使句,如果去掉"吧","我那钱回公司一块结了"这句话有韩冬替阮大伟做决定之嫌,这样有损阮大伟的面子,而且语气特别生硬,是不礼貌的,不利于韩冬交际意图的达成。

三、句末语气词"吧"的选择与使用对交际双方权势地位的影响

句末语气词"吧"的选择与使用,对交际双方原有的权势关系并无明显改变,具有平等权势关系的交际双方偏好使用句末语气词"吧",这是因为句末语气词"吧"有利于维护原有的平等关系。存在不平等权势关系的情况下,强权势一方使用句末语气词"吧"时,或意在突显自己的强权势地位,或意在淡化自己在具体语境中的强权势地位,其根本交际意图都要对双方的关系产生影响,进而实现自己的交际目标。弱权势一方使用句末语气词"吧"时,从本质上说是为了维护强权势一方的权势地位和颜面。因此,我们认为,句末语气词"吧"的选择和使用并未对权势关系产生明显的重塑作用,仅在权势差异的距离及程度上有所影响。

35.亲疏关系对句末语气词"吧"的使用有什么影响？

我们按照交际双方之间的相熟度可以将亲疏关系划分为亲密关系、一般关系和疏远关系三个维度。

一、[+平等权势关系][+亲密关系]偏好选择句末语气词"吧"

句末语气词"吧"具有较为明显的平等权势关系分布偏好，郑家平（2018）对具有平等权势关系的"吧"字句做进一步分析，发现平等权势关系主要表现为夫妻关系或情侣关系、闺蜜关系或铁哥们关系、非常熟识的工作伙伴关系等，从亲疏关系的角度看，这些关系都属于亲密关系范畴，相关语料约占"吧"字语料总数的80%左右，因此，我们可以将句末语气词"吧"对人际关系的选择偏好概括为[+平等权势关系][+亲密关系]。也就是说，具有平等权势关系和亲密关系的交际双方，在交际中顾忌最少，句末语气词"吧"所具有的构建即时协商联盟的功能有利于维持双方之间的平等地位，并且有利于维护交际双方的颜面，这决定了言者会频繁选择句末语气词"吧"来表达揣度、协商等功能。

二、[-亲密关系]对句末语气词"吧"的选择与使用

根据郑家平（2018）的研究，当交际双方具有一般关系或疏远关系时，其对句末语气词"吧"的选择与使用存在一定的共性特点。

首先，当权势关系为[+平等权势关系]时，交际双方无论是疏远关系还是一般关系，言者对句末语气词"吧"的选择和使用，都能够拉近彼此的距离。这是因为，句末语气词"吧"具有构建即时协商联盟的功能，"协商"代表了言者对听者的尊重，照顾到了对方的颜面，因此，既能够维护双方的平等权势关系，又可以拉近彼此的心理距离。例如：

(1)［空姐叮嘱乘客尽快登机坐好］

空姐：您好，让我来吧，您请入座。

乘客：谢谢。　　　　　　　　　　　　　　　（电影《非诚勿扰》[1]）

例（1）中，空姐与乘客之间是典型的疏远关系，空姐看到乘客在摆放行李，主动上前帮忙，并以"吧"字祈使句表达自己的请求。句末语气词"吧"所具有的协商功能，体现了空姐对乘客的尊重，语气词"吧"也使得语气更加委婉，从而拉近了彼此之间的心理距离。

(2)［秦奋与一个爱好炒股的女士相亲］

女士：其实啊，我觉得这相亲，跟炒好股票是一个道理，……

秦奋：那……我应该算一支业绩怎么样的股票呢？

女士：从年龄长相上看，应该属于跌破发行价的那种吧。(A)

秦奋：要是没人看得上，就有摘牌的危险了，是吧？(B)

女士：那也不见得，没经验的人都喜欢追高，可追高的风险大啊，……

　　　　　　　　　　　　　　　　　　　　　（电影《非诚勿扰》[1]）

例（2）中，秦奋与某女士相亲，二人有初步的相识和了解，属于一般关系，在权势地位上，具有平等的权势关系，因此，两人的言语交流以不破坏这种平等权势关系为基础，但还是要顾忌该有的礼貌。(2A)是一个"吧"字陈述句，是对上一话轮问题的应答。从面子观的角度看，相亲女士将秦奋比作跌破发行价的股票，是有损对方颜面的，相亲女士采用句末语气词"吧"将自己的这一立场拿出来与秦奋进行协商，适当减轻了对秦奋颜面的损害。作为对(2A)的回应，(2B)中秦奋以"……，是吧"附加结构来表达自嘲，并通过自嘲来回应相亲女士的论调，附加疑问标记"……，是吧"缓和了语气，并将自己的这一观点或立场拿出来与对方协商，体现了对相亲女士的理解和尊重，同时也通过自黑维护了自己和对方的颜面，拉近了彼此的距离，并避免了双方产生话语冲突。根据上述分析，我们认为，当交际双方处于[-亲密关系][+平等权势关系]时，言者采用句末语气词"吧"有利于拉近彼此的心理距离，维护平等权势关系并维护双方颜面。

其次，当交际双方处于一般关系且双方具有权势差距时，权势关系对言者选择句末语气词"吧"起主导作用,而语气词"吧"的使用对交际双方的关系起到或拉远或拉近的作用。当强权势地位一方表达自己的负面事理立场时,往往会选择突显自己的强权势地位,此时言者多选择使用"吧"字附加结构或"吧"字特指疑问句,以表达自己的不耐烦、不满之情,由于句末语气词"吧"能够建立起即时协商联盟,互动对方很容易感知到言者的这种负面事理立场。因此,交际双方的心理距离会受此影响进一步疏远;而当强权势一方要实现劝慰、建议等功能目标时,往往会选用"吧"字祈使句、"吧"字陈述句或"吧"字是非疑问句,通过揣度的语气来与对方进行协商,从而照顾对方的颜面,并拉近彼此之间的距离。同样,当存在权势差距的交际双方处于一般关系时,弱权势一方在交际中势必要照顾强权势一方的颜面。因此,其在表达请求、催促、质疑、揣度之意时,倾向于使用"吧"字祈使句或"吧"字是非疑问句,通过构建即时协商联盟来拉近双方的关系,以保证自己的建议、请求、揣度得到强权势一方的支持或正面回馈。

综上,人际关系决定了说话人对句末语气词"吧"的选择与使用,其中起决定性作用的是交际双方所处的权势关系。总体上来说,当交际双方具有[+ 平等权势关系]和[+ 亲密关系]时,说话人偏好使用句末语气词"吧"来构建即时协商联盟。与此同时,句末语气词"吧"的使用也会对人际关系起到重塑作用,当交际双方存在权势差距时,在大多数情况下,句末语气词"吧"的选择和使用能够拉近彼此之间的关系,缓和语气,维护双方颜面;在少数情况下,强权势一方选用"吧"字特指疑问句、"吧"字附加标记表达自己的负面事理立场时,会使得双方的关系进一步疏远。

36.句末语气词"吧"的使用受哪些语用因素影响?

一、情感因素

现代汉语语气词普遍具有情感表达功能,言者通过对语气词的选择和使用表达自己的情感,同时,听者透过语气词理解言者的情感,因此,语气词能够搭建起一个言语交际双方情感交流的桥梁。句末语气词"吧"具有建构即时协商联盟的作用,言者通过对句末语气词"吧"的选择和使用,与听者分享和协商自己的立场,同时也能够分享和传递自己的情感。

一般来说,情感可以分为正面情感和负面情感,正面情感指高兴、喜悦、乐观、幸福等情感,说话人对交际内容或互动对方通常具有正面事理立场;负面情感则指尴尬、忧惧、无奈、否定、恐惧、厌恶等与负面事理立场相关的情感。联系句末语气词"吧"所具有的核心话语功能,其核心情感功能是表达言者内心的不确定,因此需要与听者进行协商。

(1)[许开阳和张开游说郑微和阮莞加入自己所在的社团]

张　开:哎,哥问你件事,那是不是报到那美女?怎么跟你在一起?

郑　微:哼!别看了啊,没戏!你们接着有深度吧,我走啦。(A)

许开阳:那怎么行啊?既然都来了,就加入我们社团吧。(B)

郑　微:算了算了,你们还是……另收高徒吧,bye-bye!(C)

许开阳:妹妹,给个面子吧,要不不收你会费。(D)

(电影《致我们终将逝去的青春》)

例(1)中有四个"吧"字祈使句,从A到D分别表达否定、劝诱、选择、乞求等功能。在情感表达方面,既有明确的负面情感,如明确表达否定情感的(1A)和(1C),也有基于不满意、不满足等较弱负面情感而产生的劝诱和乞求功能,如(1B)和(1D)。但总体上来说,言者的情感都是不确定的。我们认为,这种不确定性来源于言者对互动对方的负面预期,即言者担心得到听者的否定性回应,因此选择句末语气词"吧"来表达协商之意,这样一旦得到听者的否定性回应,也不至于损害到自己的面子,与此同时,言者试图与听者进行协商的意图也有利于维护对方的面子。同理,其他具有句类分布优势的"吧"字句或"吧"结构也能表达言者的这种基于负面预期而产生的不确定情感。

综上,我们认为,句末语气词"吧"所体现出的这种情感上的不确定性,在正负情感序列中处于中间位置,但偏向于负面情感。

二、礼貌因素

在日常言语交际中，交际过程一般都要受制于礼貌原则等语用原则。在社会交往中，礼貌是全体社会成员约定俗成的，具有一定的规约性，并影响着交际双方的交际动机、目的和策略。"面子"是礼貌的重要方面（Brown & Levinson, 1987），在具体的交际中，说话人对语言形式或交际手段的选择，除了要考虑礼貌外，更重要的是维护自己与对方的面子，避免威胁面子的行为。

说话人对句末语气词"吧"的选择和使用广泛地受到面子观的影响，言者使用带有协商意图的句末语气词"吧"表达自己的不确定情感，从礼貌角度看，正是为了维护听者及自身的面子。为了考察句末语气词"吧"与面子的互动关系，我们从前文提到的例子中选取了几个"吧"字句，试比较下列几组"吧"字句与去掉"吧"之后的句子：

1. "吧"字祈使句

（2）宗主，外面冷，赶快进屋去吧。

（2'）宗主，外面冷，赶快进屋去。

2. "吧"字是非疑问句

（3）你这么早，昨天晚上就到了吧？

（3'）你这么早，昨天晚上就到了？

3. "吧"字附加疑问标记

（4）我是班班，你是……琪琪是吧？

（4'）我是班班，你是……琪琪？

4. "吧"字陈述句

（5）我早就说夏洛这脑子有问题吧，太吓人了。

（5'）我早就说夏洛这脑子有问题，太吓人了。

5. "吧"字特指疑问句

（6）你不用！你不用跟我解释这些的。你现在去哪儿吧？

（6'）你不用！你不用跟我解释这些的。（你说）你现在去哪儿？

由上述几组句子可见，去掉句末语气词"吧"之后，原有的协商功能丢失，整个句子的语气生硬且直白,结合交际双方的人际关系,有些句子有可能威胁到听者的面子。如例(2),是厨娘对宗主说的话,从社会地位上看,厨娘处于弱权势地位,"吧"字祈使句通过协商的语气表达了厨娘对宗主的关心,有利于拉近二人的心理距离;而(2′)中去掉语气"吧"之后,变成了命令和催促的语气,这样非但毫无关心语气,反而会威胁到宗主的面子。例(3)表达了言者的揣度和求证之意,但言谈中透露出言者对听者的了解,有利于拉近彼此之间的心理距离;而(3′)则突显了追问语气,体现不出言者对听者的揣度和了解,由电影中的情节可知,静秋和老三是秘密情侣的关系,(3′)可能会损害老三的面子。同理,例(4′)与(4)相比,揣度和协商语气丢失,突显了疑问语气,例(4)突显了言者对听者的关注,有利于维护言者的积极面子;而(4′)无法体现出这种关注,反而突显了双方较为疏远的距离,因此,有损对方的面子。例(5)中的"吧"字陈述句体现了言者对听者的关注,潜台词是"你看,我说对了";而(5′)则暗含对听者的责备,潜台词是"你看,我说过,当时你不相信",显然(5′)是威胁对方颜面的。例(6)虽然是一个"吧"字特指疑问句,但其表达的是祈使语气,"你现在去哪儿吧",整个"吧"字句表达了言者对听者言语或行为的不耐烦,具有催促结束当前话题的意图,但句末语气词"吧"所具有的协商功能,仍能起到缓和语气的作用,从而能够维护听者的颜面;而例(6′)中去掉语气词"吧"之后,"(你说)你现在去哪儿"成为一个表达命令和催促之意的强势祈使句,整个句子毫无感情,体现了言者对听者的冷漠和漠不关心,联系电影情节,言者与听者尚处于暧昧期,对听者来说,冷漠比不耐烦更有损其颜面。

根据上述分析,句末语气词"吧"的选择与使用体现了言者对听者的关注,即满足了听者的"面子需求"(张旺熹,2012b),这也是句末语气词"吧"所具有的交互主观性。从言者自身的角度看,句末语气词"吧"的选择和使用也能体现言者对自己面子的维护和观照。根据上文的分析,正是因为言者存在负面预期,担心自己的面子受损,于是才会产生与对方协商的交际需求。因此,我们认为,句末语气词"吧"具有维护交际双方面子的作用。

37.疑问句"你不去?"和"你不去啊?"有什么异同?

汉语中的疑问句可以细分为是非疑问句、正反疑问句、特指疑问句、选择疑问句、反问句等,大部分疑问句即使不加语气词"啊",通过疑问词和语调,也能够表达疑问、求证等语气。例如:

(1)你是谁?　　　　　(1′)你是谁啊?

(2)你不去?(↗)　　　(2′)你不去啊?

例(1)是一个特指疑问句,主要通过疑问词"谁"来表达疑问语气;例(2)是一个是非疑问句,没有疑问词,但是说话人可以通过语调(升调)来表达疑问语气,从而向听话人进行求证。带上句末语气词"啊"之后,如例(1′)(2′),这些"啊"字疑问句又表达怎样的语气,具有怎样的功能呢?这是前人关于疑问句句末语气词"啊"的研究中的一个重要问题,即探讨语气词"啊"在疑问句句末时是否表达疑问语气以及具有怎样的功能(朱德熙,1982;陆俭明,1984;邵敬敏,1996;金智妍,2011)。

要考察疑问句句末语气词"啊"的核心功能,我们有必要首先考察语气词"啊"在各类疑问句句末所表现的语气及功能。

一、是非疑问句句末语气词"啊"

是非疑问句一般由语气词"吗"或语调(升调)来表达疑问语气,且疑问语气较为强烈,需要听者给予解答或反馈。例如:

(3)你是中国人吗?

(4)你喜欢吃榴梿?

上述是非疑问句句末加上"啊"以后,句子的语气和功能往往会发生变化。例如:

（3′）你是中国人啊？

（4′）你喜欢吃榴梿啊？

（5）孩子：妈妈，你来摸摸它。

　　　妈妈：拿走！拿走！

　　　孩子：你不喜欢小仓鼠啊？

首先，例（3′）（4′）（5）中的"啊"字是非疑问句都不再读升调，反而读降调。其次，疑问语气都有所减弱，句末语气词"啊"主要表达说话人带着确信的语气向听话人求证的功能。最后，通过话语分析，我们发现，"啊"字是非疑问句多处于对话序列的中间位置，言者通常用"啊"字是非疑问句对已知信息进行总结并向听话者进行求证，心理预期是得到对方的正面反馈或赞同。

二、特指疑问句句末语气词"啊"

根据语料分析，语气词"啊"在特指疑问句句末出现的频率最高（郑家平，2018）。前人研究普遍认为，特指疑问句句末语气词"啊"具有"缓和"或"舒缓"语气的作用（吕叔湘，1979/2012；朱德熙，1982；陆俭明，1984；张谊生，2000；刘月华等，2001）。

我们认为，在大部分特指疑问句中，疑问语气主要由疑问词承担，句末语气词"啊"的加入，具有缓和和舒缓疑问语气的作用。除此之外，从互动的角度看，语气词"啊"还具有提示听话者进行应答、回应之意。

（6）[圆梦巴顿将军]

巴顿：小孩，近来怎么样啊？汤姆？

临演：报告长官，我那些羊没有人管可不成。您还是让我回家放羊吧。

（电影《甲方乙方》）

（7）[韩冬把小芸骗到他家里]

小芸：这是哪儿啊？

韩冬：这是我们家。

（电影《没完没了》）

例（6）中，图书管理员到"好梦一日游"公司想圆他的巴顿将军梦，在进入角色之后，他作为巴顿将军向自己手下的士兵发问。语气词"啊"弱化了强权势一方提问的语气，让"巴顿将军"的问话听起来更加平易近人。例（7）中，小芸察觉到了危险，"这是哪儿"其实是带有质问语气的，语气词"啊"弱化了这种质问语气，可以帮助小芸隐藏自己的不安情绪。

值得一提的是，当特指疑问句中包含一些语气副词时，语气词"啊"的作用往往不是缓和或弱化语气，而是加重语气。例如：

（8）你究竟想怎么样啊？

（9）他到底是为什么这样说啊？

（10）为什么不让我说啊？为什么啊？

例（8）和（9）中，分别有语气副词"究竟"和"到底"，都能表达追根究底的语气，语气词"啊"进一步强化了这种追根究底的语气，同时，提示听者务必要对这一问题进行回应。例（10）中并不包含语气副词，但通过语句中重复的"为什么"可知说话人追根究底的迫切语气，前后两个语气词"啊"进一步强化了这一语气。

综上，特指疑问句句末语气词"啊"在大部分情况下起到缓和或弱化疑问语气的作用，但当句中包含其他语气副词或语气成分时，句末的"啊"则起到了增强语气的作用。同时，不论是弱化还是增强语气，说话人使用句末语气词"啊"的心理动因都是希望听者注意到自己的问话并期待听话者做出回应。

三、正反疑问句句末语气词"啊"

正反疑问句从语义角度上来说，可分为两大类，一类是有疑而问，一类是无疑而问。例如：

（11）好几天没有她的消息了，是不是还在生病啊？

（12）这么大的事你就自己决定了？你在做决定前是不是应该跟我商量一下啊？

例（11）是有疑而问，说话人通过正反疑问句向听话人提问。例（12）则是无疑而问，说话人并不是就"是"或"否"向听话人提问，而是主观上已经有了答案，即听话人应该在做决定前跟他商量一下。

我们认为，在有疑而问的正反疑问句中，句末语气词"啊"往往带有不满、不耐烦等负面语气，表达说话人潜意识中的负面预期。例如：

（13）你倒是去不去啊？别闷不吭声的。

（14）现在还能不能订到机票啊？听说火车票一秒就抢光了。

例（11）（13）（14）都是表有疑而问的正反疑问句，说话人通过句末语气词"啊"表明了自己对已知信息所带有的负面情绪或负面预期。比如，例（11）中，说话人对多日"没有她的消息"这一事实存在负面预期；例（13）中说话人对听话人"闷不吭声"带有不满情绪；例（14）中说话人对于订飞机票带有负面预期。同时，语气词"啊"也可向听话人传达说话人的这种负面情绪或负面预期，并提示听话人做出回应和反馈。

在无疑而问的正反疑问句中，句末语气词"啊"主要起提示说话人注意的互动功能。例如：

（15）怎么？你们都吃上了！我是不是不回来更好啊？

（16）为了快点儿交活儿，不聚会行不行啊？非要赶在这么忙的时候聚吗？

例（15）和（16）都是无疑而问的"啊"字正反疑问句，例（15）中说话人主观上认为听话人觉得他"不回来更好"，是典型的负面情绪，例（16）说话人以正反疑问句表达了自己对现在聚会的否定态度。语气词"啊"向听话人明示了说话人的这种负面情感，并提示听话人尽快做出回应。

综上，正反疑问句句末语气词"啊"主要表达说话人的负面情绪或负面预期，并具有提示功能，提示听话人尽快做出回应及反馈。

四、选择疑问句句末语气词"啊"

语气词"啊"用于选择疑问句句末的情况不多，主要功能是加强疑问语气，并提示说话人尽快做出回应及反馈。例如：

（17）你是想吃肯德基还是麦当劳啊？

（18）他李云龙是疯了还是傻了啊？

例（17）和（18）中，句末语气词"啊"加强了选择疑问句的疑问语气，在自然口语中"啊"也往往重读，起到了提示说话人尽快做出回应的互动功能。

五、反问句句末语气词"啊"

根据郑家平（2018），"啊"字反问句在"啊"字疑问句中占很大比例，主要通过无疑而问传递说话人的负面态度或负面立场，同时能起到加强反问语气、提示听话者注意并进行即时回应的作用。例如：

（19）A：你别瞎掺和了。

B：什么叫瞎掺和啊？我不是关心你嘛？

（20）难道你还不相信我啊？我可是你的头号支持者。

例（19）中，说话人B不同意A的观点，以"啊"字反问句否定A的看法，并传递了自己的不满情绪，同时语气词"啊"也起到了提醒对方注意的作用。同样，例（20）中的语气词"啊"，也起到了加强反问语气，同时提示听话方注意并进行回应的作用。

综上所述，各种疑问句句末都可以出现语气词"啊"，其中，"啊"字特指疑问句和"啊"字反问句出现频率最高（郑家平，2018）。疑问句句末语气词"啊"主要发挥互动功能，提示听话者注意并对说话人的话语进行回应及反馈，同时也将说话人的负面情绪或负面预期传递给听话人。

38. "下手真是没轻没重的啊"是陈述句还是感叹句？

（1）[邻居到六爷的花盆里拔了一棵葱]

邻居：六爷，拿您根葱啊。

六爷：您得着，怎么着？今儿晚上吃馅儿（吃饺子）？　　（电影《老炮儿》）

（2）[六爷的儿子离家出走，朋友劝说六爷把儿子找回来]

朋友：现在这帮小兔崽子，下手真是没轻没重的啊，……六哥，要不咱还是把晓波找回来吧，他一雏儿，别回头再吃了亏。

六爷：不找，王八蛋兜不住自己就回来了。　　（电影《老炮儿》）

例（1）和例（2）中的两个"啊"字句是陈述句还是感叹句？这是小学语文教学和汉语 L2 教学都很关注的一个问题。在不考虑语气语调的情况下，"拿您根葱"和"下手真是没轻没重的"都是陈述句，但加上句末语气词"啊"以后，两个句子的语气及表达的功能就发生了变化。这两个句子到底是陈述句还是感叹句？我们有必要探讨一下语气词"啊"位于陈述句句末和感叹句句末的功能。

一、陈述句句末语气词"啊"的功能

已有研究中对陈述句句末语气词"啊"功能的描写和探讨多样而细致，比较有代表性的有以下几种观点。

第一种，表提醒或解释，通常带有不耐烦的语气（赵元任，1980；吕叔湘，1980）。例如：

（3）我并没有说是你做的啊！

（4）你既然知道，就用不着再见一面啊！

例（3）表解释，例（4）表提醒，两个句子都带有不耐烦、不满的语气。

第二种，表警告语气（朱德熙，1982）。例如：

（5）你这么做是会得罪人的啊。

第三种，表申明语气，同时起到延缓或缓和语气的作用（张谊生，2000；刘月华等，2001；Li & Thompson，1981；储诚志，1994）。例如：

（6）我可没说你啊。

（7）这件事你一定要慎之又慎，关系重大啊！

第四种，表"强传信式告知求应"，根据徐晶凝（2008）的观点，说话人在陈述句句末使用语气词"啊"，意在表明自己对所陈述信息确信不疑，同时将自己设定为"知情一方"，通过"啊"字陈述句要求听话人加以回应。例如：

（8）你说得这么含蓄人家也听不懂啊。

（9）他这人就这样，你还真别不信啊。

例（8）中，说话人将自己设定为知道"人家听不懂"的知情一方，例（9）中，说话人将自己设定为知道"他这个人就这样"的一方，通过句末语气词"啊"将这一设定告知对方并暗示对方回应。

我们认为，陈述句句末语气词"啊"不论是表提醒、解释还是警告、申明，其核心功能都是表达语气，即表达说话人对所陈述信息的"确信""了然"。根据上下文信息，"啊"所传递的信息或为"强传信"，或为"缓和语气"，但其根本目的是引起听话者的注意，其根本心理动因是希望以此避免听话人的反驳或否定。

例（1）中邻居用"啊"字陈述句告知六爷拿了他一根葱，其潜意识中知道六爷是不可能否定的，因此这里的"啊"表达的是"告知"这一"强传信"功能。

二、感叹句句末语气词"啊"的功能

感叹句是以表达感叹之情为主要任务的句式，按照吕叔湘（1942/2014）的观点，可以将感叹句按照是否具有感叹中心这一标准，划分为两大类。一类是具有感叹中心的感叹句，这里所说的感叹中心或为描述事物属性的形容词，或为描述心情、情绪的词语。例如：

（10）你孩子好漂亮啊！

（11）这真叫人心里难受啊！

例（10）中的感叹中心是形容词"漂亮"，例（11）中的感叹中心是表示情绪、心情的"难受"。

第二类感叹句是"浑然的慨叹"（吕叔湘，1942/2014），这类感叹句中没有明确的感叹中心，感叹的是说话人对周遭事物或发生的事情的一种情感，并且这类情感通常是负面的（郑家平，2018），比如无奈、意外、不满等等。例如：

（12）这真是人算不如天算啊！

（13）是你啊！你怎么来了？

（14）你有病啊！

例（12）表达说话人的无奈之情，例（13）表达说话人的吃惊、意外之情，例（14）表达说话人的极度不满之情。

一直以来，很多学者将语气词"啊"看作感叹句的主要标记，如吕叔湘（1942/2014）认为，语气词"啊"以表达感情为主，"凡是用'啊'的句子都比不用的生动些,就是因为加入了感情成分",由于加了"啊"以后感情更加强烈,因此能够表达感叹语气。赵元任(1979)认为,语气词"啊"本身可以表达感叹,并且不与其他功能相冲突。徐晶凝(2008)认为语气词"啊"的主要功能是表明说话人对自己所感叹情景的确信,同时希望听话人能够与自己产生共鸣,分享自己的情感。也有观点认为感叹句句末语气词"啊"有舒缓语气的作用(刘月华等,2001;杜道流,2005)。

我们认为,句末语气词"啊"位于具有感叹中心的句子后时,即使是陈述性语句,加上语气词"啊"以后,句子也会带有说话人的情感和态度。例如:

(15)他很帅。　　　　　(15')他很帅啊!
(16)今天来得够早的。　(16')今天来得够早的啊!

例(15)和(16)在不考虑自然口语中的语调、语气的情况下,都是典型的陈述事实的句子,例(15)中的"帅"是描写人的特征的词语,可以成为感叹中心。加上语气词"啊"以后,例(15')(16')都成了典型的感叹句,凸显了说话人的感叹或惊讶之情,同时起到提示听话人注意、期望得到听话人认同的作用。因此我们认为,语气词"啊"具有使陈述句带上感叹语气的功能,同时,在互动中起到引起听者注意的作用。

因此,例(1)中"拿您根葱啊"是邻居单纯地告知六爷"他拿了六爷的一根葱"这项事实,这是一个"啊"字陈述句。而例(2)中,朋友为了劝说六爷去找儿子,在向他叙述现在的年轻人"下手没轻没重的"这一事实时,加上了句末语气词"啊",就将自己对这件事实的不以为意、不满之情融入感叹中,在这个句子中,"没轻没重的"就成了感叹中心。通过语气词"啊",朋友将自己对这件事的负面情绪传递给六爷,同时也是希望引起六爷的注意,以达到他要劝说六爷去救儿子的目的。因此,"下手真是没轻没重的啊"在这段对话中是一个感叹句。

39. "你吃啊"是劝说还是命令？

"你吃啊"是一个"啊"字祈使句，在自然口语中，这句话到底表示委婉的劝说还是生硬的命令，这需要我们对祈使句句末语气词"啊"的语气和功能进行考察。

一、对祈使句句末语气词"啊"的已有研究

关于祈使句句末语气词"啊"的语气及功能，已有研究中存在两种截然不同的观点，一种观点认为，祈使句句末的"啊"具有"延缓"或"缓和"语气的功能（Li & Thompson，1981；刘月华等，2001；朱敏，2012）。例如：

（1）你可当心，别上了他的当啊。

（2）你吃啊，别光看着啊，再看就凉了。

例（1）中，说话人提醒听话人"别上了他的当"，祈使句本身具有警告意味。例（2）中，说话人担心听话人不吃饭，光看着，会导致饭菜变凉，祈使句"你吃"和"别光看着"都具有提醒之意。但从礼貌原则的角度来说，这三个祈使句都不够礼貌，也不够客气。根据上下文语境，说话人是为了听话人好，希望听话人听从自己的建议，句末语气词"啊"起到了"延缓"或"缓和"祈使、说教、命令语气的作用，因此听起来更加委婉。

另一种观点认为，"啊"具有"加强语气"的功能（吕叔湘，1942/2014；王力，1954；赵元任，1980；金智妍，2011）。例如：

（3）快走啊，飞机马上要关门了。

（4）说啊！怕什么呀？

（5）注意啊！铃声响起时请停止作答。

例（3）（4）中祈使句"快走"和"说"，都具有催促之意，加上"啊"以后，催促的语气更强。例（5）是考场中监考老师的提醒，句末语气词"啊"具

有加强语气的作用,因此,"注意啊"比"注意"具有更强的提醒意味。

值得一提的是,当"啊"在祈使句后表舒缓语气的功能时,通常读轻声,如例(1)(2);而当祈使句句末"啊"表加强语气的功能时,通常重读,如例(3)~(5)。

二、祈使句句末语气词"啊"的互动功能

我们认为,祈使句句末语气词"啊"所表达的功能与祈使句语义存在一定的互动关系。

1. 祈使句语义指向对听者有利

当祈使句语义指向对听者有利,且情况不急迫时,即祈使句语义为[+有利][-急迫]时,句末语气词"啊"往往读轻声,主要起缓和祈使语气的作用,同时起到引起听话人注意,并将说话人为听话人着想的心理动因传递给听话者的作用。例如:

(6)[姚远跟二舅妈道别]

二舅妈:别让你妈惦记着俺们啊。

姚 远:哎。　　　　　　　　　　　　　　　　(电影《甲方乙方》)

例(6)中,二舅妈嘱咐姚远,别让姚远的妈妈惦记他们,虽然是祈使,但事情并不急迫,因此,句末语气词"啊"的加入起到了缓和祈使语气的作用,同时,"啊"更重要的作用是引起听者的注意,并期望听者能够理解她当时的心理,这件事是有利于听者姚远一家人的。同样,例(2)中,"你吃啊"是对听者有利的事,同时,并不是特别急迫的事,因此"啊"的语气是委婉的,主要起缓和祈使语气及引起听者注意的作用。

当祈使句语义指向对听者有利,但事情急迫时,即祈使语义为[+有利][+急迫]时,语气词"啊"往往重读,此时"啊"起到加强祈使语气,同时引起听话人注意的作用。例如:

(7)[围观群众劝家属赶快把晕倒的人送医院去]

围观群众:热病会死人的!

[看到家属还是抱着病人呆坐着]

围观群众：快啊！赶快打电话啊！

例（7）中，有人中暑晕倒，围观群众劝告家属尽快将晕倒的人送医院去，是为了病人好。当看到病人家属一直呆坐着不动时，围观群众开始催促，语气词"啊"主要起到提醒听话人注意的作用，同时加强了祈使语气。为了引起注意，"啊"重读并拖长音。

2. 祈使句语义指向对听者不利

当祈使句语义指向对听者不利，不论语气上是否急迫，语气词"啊"都重读，起到加强祈使语气的作用，同时传递说话人对听者的不耐烦、不满的情绪，语句中也带有较强的催促甚至警告意味。例如：

（8）[绑匪让人质快走]

绑匪：走啊！再不走你就别走了，老子一枪崩了你！（电影《新警察故事》）

（9）[妈妈呵斥失恋的女儿]

妈妈：吃啊！

[女儿还是呆呆地坐着，不吃不喝]

妈妈：快吃啊！不吃就饿死算了。

例（8）中，绑匪让人质快走，语气是急迫的；不走的后果是被"一枪崩了"，"啊"字祈使句的语义是对听者不利的，语气词"啊"重读并拖长音，意在引起听者注意并使其遵照执行。例（9）中，妈妈看不惯女儿因为失恋而不吃不喝，说"吃啊"，意在催促女儿快吃饭。当妈妈看到女儿仍然不吃饭时，心中对女儿是不满的，因此"快吃啊"表现出了妈妈的不满情绪，"不吃就饿死算了"是对女儿不吃饭的警告和威胁，是有损其颜面的，因此，语气词"啊"的使用强化了祈使语气，同时将妈妈的负面情感传递给女儿。为了达到引起注意的目的，语气词"啊"是重读并拖长音的。

综上，我们认为，祈使句句末语气词"啊"的语气及功能与祈使句的语义存在着密切的互动关系，当祈使句语义指向对听者有利，且情况不紧迫时，语气词"啊"起缓和祈使语气的功能；当祈使句语义指向对听者有利，且情况急迫，或祈使句语义指向对听者不利时，语气词"啊"起加强祈使语气的作用，"啊"重读并拖长音，达到引起听者注意并使其遵照执行的目的。因此，"你吃啊"这一

"啊"字祈使句,到底是委婉的劝说,还是强硬的命令,需要结合上下文语境加以判断。但不管怎样,语气词"啊"的功能都意在提示听话人注意到说话人的祈使话语。

40.语气词"呢"的用法有多少种?

语气词"呢"是汉语语气词系统中一个比较复杂的语气词。很多汉语第二语言教学的教材会细致区分"呢$_1$"和"呢$_2$",有的语法研究论文中出现了"呢$_3$""呢$_4$",这些分类指的都是语气词"呢"的用法。那么"呢"的用法到底有多少个呢?下面我们来介绍四种比较常见的分类观点。

一、将"呢"的用法分为两类

语法学界通常把语气词"呢"分为表疑问的"呢$_1$"和表非疑问的"呢$_2$"(江蓝生,1986),这种划分的主要依据是语法化研究成果(王力,1958/1980;江蓝生,1986;冯春田,2000;齐沪扬,2002)。例如:

(1)[孩子起床后到处找妈妈]

孩子:妈妈呢?

外婆:妈妈上班去了。

(2)我弟弟游得可厉害呢。

例(1)中的"妈妈呢",其语义是"妈妈在哪儿",整个"呢"字句是一个疑问句,语气词"呢"表疑问。这里的"呢"为"呢$_1$"。例(2)是一个"呢"字陈述句,这里的"呢"不表达疑问,为"呢$_2$"。

齐沪扬(2002)基于语法化的历时研究进一步提出,"呢$_1$"和"呢$_2$"有两个不同的来源。其中,表疑问的语气词"呢$_1$"的来源是:那、聻(唐、五代)→那(金、元)→那、呢、哩(金、元之后)→呢、哩(明代以后)→哪、呢(清代以后)→呢(现代)。表非疑问的"呢$_2$"的主要来源是:裏、里(唐、五代)→哩(宋、元、明)→呢、哩(清代)→呢(现代)。

二、将"呢"的用法分为四类

1. 赵元任（1979）对"呢"用法的分类

第一类是有上下文的问话。例如：

（3）A：我想去早市转转，你呢？

　　　B：那我也去吧。

在例（3）中，"你呢"所指代的疑问点是根据上文内容而变的，在这个句子中，"你呢"的意思是"你想去早市转转吗"。这里的"名词/名词词组/代词+呢"疑问结构，其语义是随着上下文而变化的。

第二类是有特指点的问话。例如：

（4）她到底喜欢谁呢？

例（4）中的"谁"是疑问点，语气词"呢"的加入主要表达说话人的语气及情感。

第三类是有意停顿，这里指句中语气词"呢"。例如：

（5）钱呢，花光了；事呢，没办成。

第四类是温和的警告。例如：

（6）这倒很危险呢。

2. 吕叔湘在《现代汉语八百词》中对"呢"用法的分类

第一类是表示疑问，用于非是非疑问句。例如：

（7）我怎么完全没听说过这件事呢？

第二类是指明事实而略带夸张。例如：

（8）那场面可大呢！

第三类是用在叙述句的末尾，表示持续的状态。例如：

（9）嘘！孩子睡觉呢。

第四类是用于句中停顿，指句中语气词"呢"。

3. 基于自动分析和自动生成，将"呢"的用法划分为四类

根据齐沪扬（2002）的观点，在编撰以实现汉语句子的自动分析和自动生成为目的的电子词典时，通常将"呢"分为以下四类。

第一类，呢$_1$，表示疑问语气，如例（1）和例（4）。

第二类，呢$_2$，表示时态。例如：

（10）哈尔滨现在正下着鹅毛大雪呢，你想不想视频一下看看？

（11）我忙着呢，先挂（电话）了。

例（10）和例（11）中的"呢"字句均表示当下正在进行。但"正下着鹅毛大雪"和"我忙着"都表示状态的持续，语气词"呢"是否也表示时态，还值得商榷。

第三类，呢$_3$，指明事实。例如：

（12）买这些东西花了我两百多块钱呢。

（13）天气预报说明天零下20多度呢，你还是别出门吹风了。

例（12）和例（13）的"呢"字句都申明了某项事实，并且这些事实通常都具有"大量"这个特征，比如例（12）中，说话人觉得"两百多块钱"很多，例（13）中说话人觉得"零下20多度"很冷。语气词"呢"的加入为这些事实添加了说话人的语气及情感。

第四类，呢$_4$，表停顿。例如：

（14）你呢，就别瞎掺和了。

（15）最近的行情呢，确实挺闹心，但也问题不大。

表停顿的"呢"是句中语气词"呢"，可以位于主语后或话题后，也可以位于句中的其他位置，除停顿及话题标记作用外，也能够表达说话人的情感。

三、将"呢"的用法分为三类

刘月华等（2001）在《实用现代汉语语法》（增订本）中，将"呢"分为以下三类。

第一类是表疑问和反问的"呢"。例如：

（16）这是怎么回事呢？

（17）事已至此，后悔又有什么用呢？

第二类是表肯定语气的"呢"。例如：

（18）北京烤鸭可好吃呢！

第三类是表示句中停顿的"呢"。即句中语气词"呢",如例(14)(15)。

四、将"呢"的用法分为五类

曹逢甫(2000)认为,汉语的"呢"各种用法往往纠缠在一起,隐而不显,他根据语气词"呢"的句法分布和语义关联总结了"呢"的五种用法。

第一种,表达未变状态,"呢"表示状态持续,尚未改变。例如:

(19)我正在开车呢。

例(19)中,"我正在开车"表示的是当下正在发生的事,语气词"呢"表明这件事正在持续中。

第二种,主题标志,"呢"出现在停顿之前。例如:

(20)我借你的那本书呢?你看完了没有?

这里的主题标记,主要由句中语气词"呢"来充当。

第三种,表示未定或疑问,"呢"有加深疑问的作用。例如:

(21)我以为这是什么重要东西呢。

我们认为,例(20)是一个"呢"字陈述句,疑问代词"什么"在这个句子中并不表达疑问,而是起虚指作用,因此,我们不赞同语气词"呢"起加深疑问的作用这一提法。

第四种,删节问句中的疑问词。曹逢甫认为,"呢"在这种位置上使话题标志和加强疑问的功能重叠,本身并没有增加新的语义。例如:

(22)我下周要休年假,你呢?

第五种,表示对方所言并非定论,主要出现在对话的回应句中。例如:

(23)佃户:我家真的是揭不开锅了。

　　　地主:你家还有大丫头呢。

五、小结

上述四种分类是关于语气词"呢"用法的常见分类。根据对语料库的分析,我们认为有的用法并非语气词"呢"的用法,而是"呢"字句的用法,比如曹逢甫提出的"表未定或疑问""表对方所言并非定论"等。我们赞同齐沪扬(2002)

的观点,语气词"呢"从本质上说表达语气,在用法方面可以细分为两大类。

1. 表达疑问语气

这里所说的疑问语气与前人研究中所说的"呢₁"不同,前人研究大多将"呢"字非是非疑问句都列为"呢₁",认为语气词"呢"表疑问语气,如例(1)(3)(4)(7)(16)(17)。我们认为,只有"名词/名词词组/代词+呢"才能够表达疑问语气,其他"呢"字特指疑问句、"呢"字正反疑问句、"呢"字选择疑问句和"呢"字反问句等非是非疑问句后的"呢",都不表疑问,而主要发挥语气功能。

以例(16)为例,"这是怎么回事"本身带有提问项,即疑问代词"怎么",这是一个特指疑问句,加上语气词"呢"之后,传递了说话人额外的语气或情感,但这些因素需要在互动中加以考察和判断,因此,这里的"呢"不表达疑问。

表达疑问语气的"呢"又分为两种情况,最典型的表达疑问语气的就是例(1)的情况,即"名词/名词词组+呢",在不考虑上下文的情况下,其语义可以理解为"……在哪儿",如例(1)中的"妈妈呢",疑问点是"妈妈在哪儿",提问项完全由语气词"呢"充当,因此,这里的"呢"是一个典型的疑问语气词。

表达疑问语气的"呢"的第二种情况是根据上下文语境确定疑问点的"名词/名词词组/代词+呢",也就是赵元任所提到的"有上下文的问话",如例(3),听者并不能单纯根据"你呢"来判断说话人的疑问点是什么,而要根据上下文信息,判断说话人的疑问点。即使如此,语气词"呢"仍然起到了表达疑问的作用。

2. 表达非疑问语气及说话人的态度情感

根据语气词"呢"的句法分布,我们认为"呢"在以下几种情况下表达非疑问语气,在这些情况下,语气词"呢"重在表达说话人的态度情感。

第一,句末语气词"呢"位于特指疑问句、选择疑问句、正反疑问句、反问句后时,不表达疑问语气,主要表达说话人的态度及情感。

第二,句末语气词"呢"与"正在、正、在、着"连用,共同表达持续状态,但语气词"呢"主要表达说话人的态度及情感。

第三,句末语气词"呢"与"可、还、才、相当"等副词连用时,语气词"呢"主要表达说话人的态度及情感。

第四,句中语气词"呢",除了停顿以外,还承担着话题标记、列举、缓和语气等功能,但与此同时,也会表达说话人的某种情感态度。

综上,我们同意语气词"呢"功能的二分法,但划分的依据和范围与传统的"呢$_1$"和"呢$_2$"的提法不同。

41.语气词"呢"的核心功能是什么?

在第40小节中,我们根据句法分布及功能将"呢"划分为"呢$_1$"和"呢$_2$"两类,要讨论语气词"呢"的核心功能,我们要分别讨论清楚"呢$_1$"和"呢$_2$"的语气及功能。

一、呢$_1$的语气及功能

呢$_1$主要充当疑问语气词,表疑问语气。在句法分布中主要位于"名词/名词词组/代词+呢"结构中。例如:

(1) A:你们老板呢?

　　B:刚出去。

(2) A:同学们明天都去颐和园,肖霄呢?

　　B:她说她还没想好。

例(1)中,语气词"呢"的语义等同于"……在哪儿",例(2)中,"肖霄呢"语义是"肖霄明天去不去颐和园",语气词"呢"就上文提到的信息进行提问。

值得一提的是,在"名词/名词词组/代词+呢"结构中,如果去掉语气词"呢",整个句子将丧失表达疑问语气的功能,同时也不能成句,因此"呢$_1$"还具有完句功能。

二、呢₂的语气及功能

1. 非是非疑问句句末语气词"呢"

这里主要指位于特指疑问句、正反疑问句、选择疑问句、反问句后的语气词"呢"。例如：

（3）A：你说，我们见了面说什么好呢？（"呢"字特指疑问句）

　　B：有什么好烦的！没话就不说。

（4）我去不去呢？（"呢"字正反疑问句）

（5）A：你是想上大学，还是想辍学出去打工呢？（"呢"字选择疑问句）

　　B：俺再想想。

（6）他就做错了一次，你又何必揪住不放呢？（"呢"字反问句）

例（3）～（6）都是"呢"字疑问句，这些句子中如果去掉语气词"呢"，疑问句仍然成立，因此可以推断，语气词"呢"并不表达疑问语气。通过话语分析，"呢"字疑问句通常都位于对话序列的起始位置，说话人对听话人进行发问，因此，句末语气词"呢"主要起缓和疑问语气的作用，同时表达说话人想得到听者反馈或建议的潜在心理动机。例（4）尽管是说话人的自言自语，但也可以反映出说话人的这种潜在心理动机。

2. 表持续义的语气词"呢"

过往研究认为当句末语气词"呢"与"正在、正、在、着"连用时，整个句子表达持续状态。例如：

（7）外面正在下雨呢，你快回家吧。

（8）我忙着呢，没空管你，自己对付一口吧。

（9）我上网课呢，一会儿再联系。

例（7）中，我们可以将"正在"替换为"正""在"，当去掉语气词"呢"之后，句子仍能够表达当下正在持续某种状态。例（8）中，语气词"呢"与"着"连用，表达当下正在持续的状态，如果去掉语气词"呢"，"我忙着"仍然能表达持续义，但语气上比"我忙着呢"有所欠缺。例（9）中，如果去掉语气词"呢"，"我上网课"明确表达出当下义和持续义，因此，这里的"呢"是可以表达持续义的。综上，我们认为，当语气词"呢"与"正在、正、在、着"连用时，语气词"呢"不表达状态的持续义，而是向听话人传递说话人的潜在心理动机——"避免被打断正在持续的状态"，这一点我们可以从上述结构所处的话语位置中得到印证。根据话语分析，上述"呢"字句通常不作为对话序列的初始话语，多作为应答句或反馈句，出现在对话序列的中间位置，其后续话轮往往会进一步说明希望听者如何"避免被打断正在持续的状态"，如例（8）中的"没空管你，自己对付一口吧"等。

因此，我们认为，句末语气词"呢$_2$"与"正在、正、在、着"连用时，并不表达持续义，其主要功能是将说话人的潜在心理动机——"避免被打断正在持续的状态"，传递给听者，并希望得到听者的反馈。相对的，当描述具有可持续性动作的陈述句中不包含"正在、正、在、着"时，其陈述句句末语气词"呢"表达持续义，同时也能够向听话人传递言者的潜在的"避免被打断"的心理动机，如例（7′）和例（8′）。

（7′）外面下雨呢，你快回家吧。

（8′）我忙呢，没空管你，自己对付一口吧。

3. 其他

除上述情况外，当语气词"呢"位于一般的陈述句句末和感叹句句末时，由于能够与不同的语气副词搭配，整个"呢"字陈述句或感叹句被赋予不同的语义、语气及功能。但不论在哪种情况下，语气词"呢"的功能主要都是将说话人的潜在心理动机传递给听者，使听者思考并做出反馈。根据郑家平（2018）对语料的分析，"呢$_2$"与感叹类语气副词共现的情况较多。例如：

（10）这种糖可甜呢，放一块就足够了。

（11）孙越：你好不害臊呢。　　　　　　　　（相声《谜一样的男人》）

例（10）和（11）中，语气词"呢"分别与表感叹的语气副词"可"和"好"共现，整个"呢"字句表感叹，带有夸张意味，语气词"呢"的功能重在放大这种夸张意味，以达到引起听者注意的目的，并期望这一事实引起听者共鸣。从本质上来说，语气词"呢"还是为了引起听者对说话人潜在心理动机的注意。通过对语料的分析，我们发现，可以与"呢$_2$"共现的感叹类语气副词有

"可""多""好""多么"等等,其中,"可……呢"最常见。

再比如,根据郑家平(2018)对语料的分析,"呢$_2$"与表确认的语气副词存在较多共现现象,比较常见的表确认的语气副词有"还""才""其实"等等。例如:

(12)他才舍不得离开北京呢,回老家一切得从零开始。

(13)不说了,我明天还得给外宾做饭呢。

(14)人家不是夸你,其实是拐着弯骂你呢。

例(12)~(14)都申明了某些事实,比如例(12)通过"才"否定了上文的信息"他想离开北京",例(13)通过"还"以夸张的口吻申明"给外宾做饭"这一事实,例(14)通过语气副词"其实"告知听话人他的理解是错误的。三句话去掉语气词"呢",这种申明、确认的语义不变,由此可知,语气词"呢"的语义与确认申明关系不大,它更主要的功能是将说话者的潜在心理动机传递给听者,此时,说话者通过确认和申明事实来否定上文提到的信息,因此,说话者的潜在心理动机是对听者上文所说内容进行否定或打断。

综上所述,我们认为,语气词"呢"的核心功能是将说话人的潜在心理动机传递给听者。

42.语气词"呗"是"吧"音变而来的吗?

语气词"呗"在汉语语气词系统中并不算是典型的语气词,但在日常口头交流中却是一个在表情达意方面非常有特色、充满活力的语气词。汉语语法学界对语气词"呗"的研究不多,大体来说包含两个主要方面,一是考察语气词"呗"的成因或源流,二是考察语气词"呗"的功能及意义。

关于语气词"呗"的成因和源流,有人觉得"呗"跟"呀""哇""哪"一样,是语气词音变的变体,有人觉得"呗"能够表达独特的语气及功能,是与其他语气词不同的。这其中,最具代表性的观点认为,语气词"呗"源于"吧"的音变。那么,语气词"呗"是"吧"音变而来的吗?通过前人研究我们可以一探究竟。

一、语气词"呗"源于音变

关于语气词"呗"的成因，比较有代表性的观点是从语音角度展开的论证。胡明扬（1981）和朱德熙（1982）先后提出"呗"来源于合音：

呗 bei/bai=吧 ba+哎 ei/ai（胡明扬，1981）

呗＝吧＋欸（朱德熙，1982）

尽管胡、朱两位先生秉持语气词"呗"成因的"合音说"观点，但他们都分别指出，"呗"的语义并非两个合成语气词语义的简单叠加，而是产生了新的意义及用法。例如：

（1）想说就说呗。

（1'）想说就说吧。

（1"）想说就说吧哎（"吧哎"读作 bai）。

相信汉语母语者在读到上述三个句子时，是能感受到三者在语气方面的差别的，由此可证明，语气词"呗"的语气及功能与"吧"的语气功能不同，也并不是"吧"和其他语气词表意功能的简单叠加。"呗"有自己独特的语气及功能。

除"合音说"之外，郭小武（2000）提出了"变韵说"，他认为"呗 bei"和"啡 bai"是 e、a 为韵腹的两套发音类型，用来表达弱、强两种语气。例如：

（2）信谁呀？信你呗。

（2'）信谁呀？信你啡。

根据郭小武的观点，例（2）中的"信你呗"表达的语气较弱，例（2'）中表达的语气较强。而这种强弱来源于发音，"呗"的韵腹"e"开口度比"啡"的韵腹"a"开口度小，后者发音更响亮，所以语气更强。我们对这种观点持保留态度，原因有二：一是不能简单地以发音开口度的强弱判断语气的强弱，二是"啡"并不是普通话中常见的语气词，它是受方言发音影响而产生的变体。

二、语气词"呗"源于"吧"的派生

除了音变说，学者们也从"派生"的角度考察了语气词"呗"的成因，比如孙锡信（1999）、齐沪扬（2003）都曾提出，"呗"是"吧"的语气变体，即"派生形式"。孙锡信认为，"呗"是 e 系语气词族中的一员，而 e 系语气词族主要表"申说理由、申明事实，或说明事理是显而易见、不言自明的"，因此其具有"充满自信和强烈肯定"的语气。这一观点从历史源流的角度为探讨语气词"呗"的功能打下了基础。

我们认为，语气词"呗"不是语气词"吧"简单音变或派生而成的，其依据主要是前人关于"呗"功能及意义的研究成果，吕叔湘（1979/2012）、胡明扬（1981）、刘月华等（2001）从语气角度，徐晶凝（2008）、刘红原（2014）从情态角度，赵春利、石定栩（2015）从语体分布和语义选择的角度分别对语气词"呗"进行了研究，上述研究取得了一定的共识，即语气词"呗"与"吧"的分布、语气及功能存在着较大的差异，因此，我们不能简单地将"呗"视为"吧"的语音变体。在汉语 L2 教学中，也不能从"吧"音变的角度来引导学生思考"呗"的语气及功能。

43.语气词"呗"主要分布在哪些句类中？

了解语气词的句类分布偏好，对教材编写和课堂教学都有重要意义。汉语中的句末语气词，不能独立使用，需黏附于一个相对完整的句子末尾，因此，我们可以通过考察"呗"字句的句类分布情况来考察句末语气词"呗"偏好分布在哪些句类后。

已有研究对句末语气词"呗"的句类分布情况存在五种不同观点，如表 43-1 所示。

表 43-1 前人对句末语气词"呗"句类分布的看法

序号	陈述句	疑问句	祈使句	感叹句	代表学者
1	+	−	−	−	吕叔湘（1979/2012）
2	+	−	+	−	张筱平（1993）、徐晶凝（2008）

续表

序号	陈述句	疑问句	祈使句	感叹句	代表学者
3	+	−	−	+	齐沪扬（2011）
4	+	+	+	−	孙汝建（1999）、王璨（2006）、李咸菊（2010）
5	+	+	+	+	刘红原（2014）

由表43-1可见，比较一致的看法是句末语气词"呗"可以分布在陈述句之后，此外，大部分学者都赞同句末语气词"呗"可以分布在祈使句之后。比较有争议的是句末语气词"呗"能否位于感叹句和疑问句之后。例如：

（1）A：你现在怎么这样了呢？一点儿不上进！

　　　B：嗨，活一天算一天呗。

（2）你去呗！我可不想见到她。

例（1）是"呗"字陈述句，例（2）是"呗"字祈使句。

齐沪扬先生主编的《现代汉语语气成分用法词典》里明确指出，句末语气词"呗"可以用于感叹句中，刘红原（2014）也认为"呗"可以用于感叹句，并指出其与陈述句中的"呗"在情态意义上基本相同，但"呗"字感叹句"表达的意义更加强烈，说话者主观色彩更浓"。例如：

（3）后来，奇迹发生了：老杜戒酒了！那戒酒过程据说很痛苦，但老杜终于熬过来了，世上无难事，只怕有心人呗！人们都暗暗佩服他妻子的神奇、厉害，夸她治愈了一个酒鬼，胜造七级浮屠。（刘红原，2014）

我们认为，首先，不能从标点符号的角度来判断感叹句；其次，不能把具有强烈感情的句子都当成感叹句。这是因为，根据语气划分出来的句类与句子的功能并不总是对应的，比如陈述句在叙述一件事的同时，也可以用来询问某事或表达某种强烈感情。

关于感叹句和陈述句的分野，杜道流（2003）曾指出，感叹句和陈述句处于连绵的过渡状态，很难划分边界，但二者还是有所区别的，区别的核心"不在于句子有没有感情色彩"，而在于句子是"以抒情为主还是以陈述信息为主"。此外,从外在形式看,感叹句一般都带有感叹标记。因此,我们认为,具有评价功能的陈述句可以被看作感叹句,如"我太喜欢这本书了",这个句子表达了言者强烈的喜爱之情,在形式上包含感叹标记"太……了",在功能上具有评价功能。我们可以将下列三个标准作为界定感叹句的标准:第一,在功能上以抒情为主;第二,在形式上包含感叹标记;第三,如不包含感叹标记,在功能上具有评价功能。以此标准我们再来看一下例(3),首先,这个"呗"字句的目的显然是陈述心中所想,而非抒发感情的;其次,"呗"字句中并没有明显的感叹标记;再次,"呗"字句在这里并没有评价功能;最后,从功能上来说,这句话是描述老杜自我勉励的一种心理状态,"呗"表达了言者觉得道理简单、无须多说的心理,这显然不是强烈的感情。

(4)[《实话实说》电视访谈节目]

观　众:要出一种吃了以后就什么烦恼都没有这样一种药就好了。

崔永元:就是吃了以后就都变傻了呗?　　(转引自赵春利、石定栩,2015)

例(4)中的"呗"字句句末使用了问号,从文字上看是一个"呗"字疑问句。关于句末语气词"呗"能否用于疑问句之后,孙汝建(2005)、王璨(2006)、李咸菊(2010)、刘红原(2014)等对此有所关注与研究。赵春利、石定栩(2015)从语气词替换的角度,分别以"吗"和"吧"替换例(4)中的"呗",认为很多看似表疑问的"呗"字句,实则是回应性的解释或推断,并不表疑问。

我们认为,这种替换的方法并不能说明句末语气词"呗"不能表疑问语气或者说不存在"呗"字疑问句。在对话话语中,我们可以从应答句的角度来界定引发句是否具有疑问语气,如例(4),显然观众的话和崔永元的话联系紧密,崔永元的话是对观众话语的回应。我们找来了《实话实说》的相关视频,通过多模态分析可见,崔永元说完这句话后,发言观众并没有回应,节目配乐采用了表达尴尬的音乐片段,同时镜头照向发言的观众,该观众腼腆含笑。由此我们推断,崔永元的话事实上是对观众的调侃,其意图是使观众略感尴尬,以增加节目娱乐效果,从观众的面部表情看,显然崔的话达到了这种效果。由此可见,例(4)中的"呗"字句,尽管在文本中采用了问号,但事实上并不表疑问语气。

郑家平（2018）从问句和答句关系的角度考察了"呗"字句是否表达疑问语气。如果下一话轮的应答句是对"呗"字句问题的直接应答，则"呗"字句能够表达疑问语气，属"呗"字疑问句；如应答句与"呗"字问句无直接应答关系，则不将其看作疑问句。

通过对语料的分析，我们发现，句末语气词"呗"主要分布在陈述句和祈使句之后，这与前人的研究基本一致。但值得一提的是，句末语气词"呗"在陈述句后和祈使句后的分布比例基本相同，并没有表现出明显的陈述句分布偏好，这一点与吕叔湘（1979）的观点有一定的差异。此外，句末语气词"呗"也会分布在是非疑问句后。例如：

（5）[杨重等人帮客户圆领导梦]

杨重：不好意思空手来，我们母后皇冠上有一颗大珍珠，本来打算揪下来给您送来，来之前听说您老烦送礼的。临行前，您猜怎么着？又让我们父王给拦下来了。

小璐：我们父王有一对象牙台球杆，本来想给您送来，后来想了想也别了。我呢，自己养了两条鳄鱼，刚扒了皮给自己做俩钱包，也给您一个。这临行前都装箱里了……

客户：还是没给我带来呗？

小璐：什么都没给您带，就带来了父王和母后对您诚挚的问候。

（电影《私人订制》）

例（5）中的"呗"字句"还是没给我带来呗"，如果从承前的角度看，是言者对前述话语所产生结果或影响的推断，具有陈述语气，但通过"下一话轮验证程序"可知，听者正面回答了这个问题，由此我们可以推断，这个"呗"字句主要还是表疑问信息，言者想通过询问来确认自己的推断是否属实。通过对电影的多模态分析，我们看到，客户说完这个"呗"字句时，嘴巴是微微张开并目视对方的，这表明言者期待听者的答复。因此，我们仍将这个"呗"字句看作是非疑问句。

综上，我们认为，在句类分布方面，句末语气词"呗"偏好分布在陈述句和祈使句后，二者在电影语料中的分布比例基本一致，没有明显的分布差异。此外，句末语气词"呗"也可以分布在是非疑问句后，但在语义上主要是通过询问确认自己的推断是否属实。

44.语气词"呗"给陈述句带来了什么？

一、"呗"字句的话语分布偏好

根据郑家平（2018）的研究，"呗"字句具有明显的话语位置分布偏好，主要分布在对话话语的中间位置，其次是对话话语的结束位置，具体情况如图44-1所示。

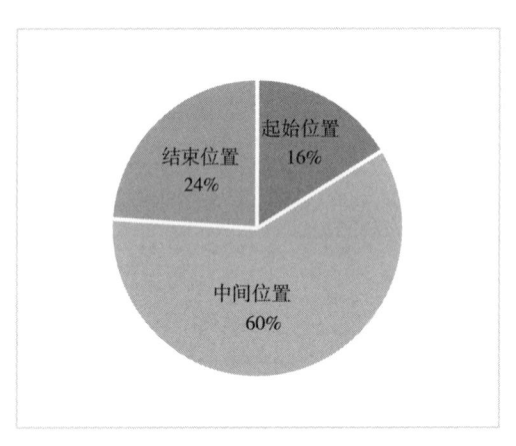

图 44-1 "呗"字句话语位置分布比例

由此我们可以推断，"呗"字句偏好出现在对话中的应答句位置。"呗"字句的这种话语分布与其所要表达的话语功能存在怎样的互动关系呢？这需要我们结合句类分布情况加以考察。首先，我们来考察最典型、最常见的"呗"字陈述句的话语分布情况。

二、位于对话话语中间位置的"呗"字陈述句

位于对话话语中间位置的"呗"字陈述句很少单独作为一个话轮，多是作为

话轮的一部分，其前或后有其他解释或补足成分。根据与上一话轮的关系，"呗"字陈述句或申明原因，或申明某种已经存在的现实或情况。例如：

（1）[建国和秦奋多年未见，见面后聊彼此的生活]

建国：那你为什么这么多年还不结婚啊？

秦奋：没找着合适的呗。

建国：得了吧，也许你从心里就排斥女人。

秦奋：嗯……没有没有没有。　　　　　　　　（电影《非诚勿扰》[1]）

例（1）中，"呗"字陈述句位于对话话语的中间位置，作为一个单独话轮，充当对上一话轮特指问句的应答句，申明了与上一话轮中疑问焦点相对应的原因，"之所以这么多年还没结婚，是因为没找着合适的（人选）"，句末语气词"呗"暗示这个原因是常理，是不需多想也不必多加解释的，因此透露出言者秦奋对问话者建国的些微不耐烦的情绪。听者感知到了句末语气词"呗"所暗含的这种不耐烦情绪，因此在下一话轮以"得了吧"开头，反驳了言者的话。由此可见，"呗"字陈述句在此话轮中起到了承前启后的互动作用，句末语气词"呗"的使用既表达了言者对上一话轮的不耐烦情绪，也引发了听者的负面情绪，从而开启了下一话轮。

对上一话轮的特指疑问句进行应答这种情况占"呗"字陈述句的大部分。当然也存在一些"呗"字陈述句，这些句子虽然并非对特指问句的应答，但也是言者对上一话轮陈述信息的回应。例如：

（2）[曹大鹏与邵大夫聊自己与妻子的矛盾]

邵大夫：你也别太着急了啊，这时候女人情绪一般都不太稳定。

曹大鹏：没事，没什么大不了的，不成我就跟她一块儿去呗。

邵大夫：你也打算把孩子拿掉啊！太可惜了，我真得好好劝劝你们两个，我
　　　　还以为你能劝住她呢！　　　　　　　　　（电影《咱们结婚吧》）

例（2）中，言者运用"呗"字陈述句对上一话轮陈述的情况做出回应，回应信息的主体是"没什么大不了的"，"呗"字陈述句作为对这一回应的补充，表明这是言者最差的选择，句末语气词"呗"表达了言者的无奈之感，同时又表达了言者漫不经心和满不在乎的态度取向。

从上述"呗"字陈述句的下一话轮看,听者都不同程度地对言者的不在乎态度产生了不满,例(1)中建国直接以"得了吧"否定了秦奋的话;例(2)中邵大夫直接表达了自己的震惊和惋惜,并试图劝说曹大鹏。此外,例(1)和例(2)中"呗"字陈述句所在话轮都是言者对上一话轮问题的直截了当的回应,并没有委婉或绕弯子。

值得注意的是,"呗"字陈述句中有一个构式"A 就 A 呗",在言语交际中,其主要表达言者不在乎、觉得不重要的态度取向。例如:

(3)[村小校长听说特派员要来看望驴得水老师,感到慌张]

校　长:坏了坏了,出事儿了,这教育部来电报了,说特派员要陪同美国慈善家一起来看望驴得水老师,今天就到。

张一曼:哎,来就来呗,咱赶紧把铜匠找回来吧。

校　长:不行,美国人要来,特派员听不出来,美国人还听不出来嘛?

(电影《驴得水》)

例(3)中,校长宣布了紧急事件,张一曼对此的回应是"来就来呗",表达了她漫不经心,认为不重要、不紧急的态度取向。那么,她真的是不在乎或漫不经心吗?由其后续补足成分我们看到,张一曼提出了一个建议,"赶紧"表明了她对此事紧迫性的重视。因此,我们认为,在此处,言者并不是真的漫不经心,而是已经没有其他选择了,只有这一个选择,并且这个选择并不是言者可以控制的,句末语气词"呗"表达了言者感到无奈和无能为力的情绪。

"A 就 A 呗"陈述形式后,通常都有补足成分,如例(4)。补足成分或表示转折,开启新话题,如例(3)、例(4A)、例(4B);或对"呗"字陈述句进行补充性说明,如例(4C)、例(4D)。但总体来说,构式"A 就 A 呗"作为对引发句的直接应答,其后常伴随补充说明性成分,一般来说不单独作为应答话轮。

(4)A. 不拉就不拉呗,你咋还急了呢?

B. 你办事儿就办事儿呗,你咬我耳朵干啥啊?

C. 不给就不给呗,这笔钱我们不要了。

D. 它病了就病了呗,它就是头驴,你还真把它当人了。

位于中间位置的构式"A 就 A 呗",作为对引发句的直接应答或直接回应,表达言者在别无选择下的"无奈"之感。其后通常伴随补足成分，或对言者观点进行补充性说明，或表示转折，以便开启新话题。总体上来说，补足成分缓和了"A 就 A 呗"所表达的负面语气。

综上所述，位于对话话语中间位置的"呗"字陈述句，所表现出的言者不耐烦、无奈的情感，及其满不在乎、漫不经心或认为不重要的态度取向，往往会引起听者的不满或否定等负面情绪，因而会引发下一话轮听者的否定性反馈，也具有负面情绪传导的作用。

三、位于对话话语结束位置的"呗"字陈述句

位于对话话语结束位置的"呗"字陈述句大多是用来说明或解释原因的。例如：

（5）［韩冬告诉了小芸大姐的秘密］

小芸：你怎么不告诉大伟你姐的事情？

韩冬：我就是一给他包车的司机，又不是朋友，跟他说得着嘛？钱是我辛辛苦苦挣的，没我姐的事他也该给。

小芸：那你为什么告诉我？

韩冬：一时糊涂呗，让你给气的。　　　　　　　　（电影《没完没了》）

（6）［砖头买了手机，跟于文娟通电话］

砖　头：弟妹，我告诉你一件事儿，今天赶集我买了一部手机。

于文娟：你一村里的农民，成天在地里干活，买手机干吗呀？

砖　头：也就是一头猪钱，跟你说话呗。　　　　　　　（电影《手机》）

例（5）和（6）中，"呗"字陈述句位于对话话语的结束位置，作为对上一话轮特指疑问句的直接应答，"呗"字陈述句前或后都有补足成分，用以对"呗"字句所回应的内容做进一步说明。由例（5）和（6）可见，"呗"字陈述句的引发句，从面子观来说，都是有损言者面子的。例（5）中小芸的问题暗示了韩冬对小芸的与众不同，有损韩冬的消极面子；例（6）中，于文娟的话暗示农民不必买手机这种高价用品，也有损砖头的面子。因此言者选择了"呗"字句来表达自己对这件事的不在乎的态度取向，用以维护自己的面子；但又不想有损双方之

间的关系，因此以前后的补足成分，挽回"呗"字句的负面影响。

（7）［毕业会现场，学生们一起喝酒］

林嘉茉：来来来，干！

赵　烨：喂喂喂，嘉茉，林嘉茉，不能这么喝，对身体不好。你喝奶，我喝酒，好不好？

林嘉茉：好啊，那我干了，你看着办啊。

赵　烨：干了呗！（电影《匆匆那年》）

（8）［老裴新买了一件貂绒大衣，被其他朋友嘲笑］

周铁男：老裴啊，我求你把这貂绒脱了行吗？我瞅着热，你说你大夏天穿这像啥呀？大狗熊成精啊？

张一曼：新买的呗，不穿出来显摆一下难受呗。（电影《驴得水》）

例（7）中，赵烨的话"干了呗"，是对上一话轮祈使句的直接回应，表达了言者的唯一选择，因此，"呗"具有表达唯一性的功能，这与徐晶凝（2008）提出的"述唯"一致。例（8）中，周铁男和张一曼的话都是针对第三方老裴的，但张一曼的话又是对周铁男的话的回应，"新买的呗，不穿出来显摆一下难受呗"暗示这是第三方老裴之所以不肯脱下衣服的唯一原因，因此也具有"述唯"性。从情感角度看，句末语气词"呗"表达了言者不以为然的态度。

根据郑家平（2018），有些位于对话话语结束位置的"呗"字句，其评述或针对的是第三方，此时，"呗"字句往往表达言者觉得对方没什么了不起的这样一种"不以为然"的情感，我们可以将之带入"……，没什么了不起"框架。例如：

（9）［六爷朋友到达聚会地点，讨论在冰面上准备打架的六爷］

朋友₁：那是老六吗？

朋友₂：对面儿谁啊？那么多人？

朋友₃：不是说上医院吗？约架了吧？

朋友₂：约架就约架呗，说什么癌呀？！（电影《老炮儿》）

（10）［沈梦君因玩牌作弊得罪了牌友］

沈梦君：不玩儿就不玩儿呗！（电影《重返20岁》）

例（9）和（10）中的"呗"字句都是"A 就 A 呗"构式，位于对话话语的结束位置，作为对第三方的评述之语，表达了言者对第三方不以为然的态度，都可以将之带入"……，没什么了不起"框架。

综上，"呗"字陈述句位于对话话语结束位置时，主要用于阐述或申明原因，从话语分布角度看，其上一话轮通常为询问原因的特指疑问句，"呗"字陈述句承接回答这一问题，但带有不耐烦之意，表达了言者漫不经心、认为不重要的态度取向。在"呗"字陈述句之前或之后，通常伴随其他补足成分，用以缓和"呗"字陈述句所传递的负面信息。当"呗"字陈述句用以评述第三方时，通常表达的是言者不以为然的态度取向。

45. "呗"字祈使句主要表达什么功能？

根据郑家平（2018）的研究，"呗"字祈使句具有对话话语中间位置的分布偏好，同时，"呗"字祈使句也可以分布在对话话语的起始位置和结束位置。

一、"呗"字祈使句位于对话话语中间位置

"呗"字祈使句在对话话语中间位置时，多作为应答话轮的一部分，或表示建议，如例（1），或表示请求，如例（2）。

（1）［沈雪听说严守一的前妻生了严守一的孩子，闹着要分手］

沈　雪：打算怎么办啊？

严守一：什么怎么办啊？

沈　雪：好办，我走，你接着跟她过呗，你是个骗子。

严守一：那这事儿我也没想到啊。　　　　　　　　　（电影《手机》）

（2）［米兰和马小军讨论穿泳衣的问题］

马小军：其实，你不穿这泳衣我也看得出来。

米　兰：什么？你看出什么啦？

马小军：哎，算了，算了，你生气了。

米　兰：你说，你说呗，说呗！我不生气。

马小军：跟那刚生了孩子似的。

米　兰：马小军，哼，不理你了！　　　　　　（电影《阳光灿烂的日子》）

例（1）中，"呗"字祈使句是对上一话轮中严守一反问句的应答，在沈雪看来，严守一是在装聋卖傻欺骗自己，因此，"呗"字祈使句"你接着跟她过呗"并不是沈雪的真实想法。事实上沈雪说的是反话，是以沈雪之口言严守一心中所想。这句话表达了沈雪的极度不满乃至愤怒。此外，句末语气词"呗"表达了沈雪貌似不在乎的态度取向，其目的是维护自己的面子。从交互主观性的角度看，"呗"字祈使句暗示严守一自行抉择，即"你是否接着跟她过跟我没关系，你自己决定"。我们认为，句末语气词"呗"更重要的还是表达言者的否定与不满的负面情绪，祈使句后的语气词"呗"具有传导负面情感的作用，因此，当听者接收到这种负面情感后，即刻对此进行了反馈，由严守一的回应可见，他接收到了沈雪的负面情感，并试图解释和规避自己的责任。

例（2）中，马小军的欲言又止使得米兰提出催促和请求，"呗"字祈使句"说呗"表达了言者"不在乎"的态度，我们可将之代入"……我不在乎/我没关系"框架。可以看到，"呗"字祈使句所在话轮的补充成分"我不生气"，也起到了与句末语气词"呗"功能相呼应的作用。当言者使用"呗"字祈使句表达请求或要求时，由于其"不在乎"的态度取向，因此能够达到鼓励听者"依言而行"的作用，如例（2），马小军听到米兰的催促性话语后，说出了自己欲言又止的话。

由此可见，位于对话话语中间位置的"呗"字祈使句，都具有承前启后的互动功能：言者通过提建议或提要求回应上一话轮，句末语气词"呗"所传导的负面情绪或不在乎的态度取向，能够引发听者的即时反馈，并且这种反馈也是存在负面事理立场的，因此语气词"呗"也具有启后的作用。

二、"呗"字祈使句位于对话话语的起始位置

当交际具有临时性或偶发性时，"呗"字祈使句可以作为始发性的祈使或命令，位于对话话语的起始位置，如例（3）和例（4）。

（3）［芒果正在跟秦奋聊天，看到有宾馆服务员走过来，让他帮忙叫辆车］

芒　　果：这女的吧，再怎么着也是希望有人欣赏自己，你不是也希望有人欣赏你嘛？你总不想当万人嫌吧？

秦　　奋：知道，其实我非常爱她。爱别人就得让人感觉到，可是我感觉不到她爱我。

芒　　果：［对偶然路过的服务员］帅哥，帮我叫辆车呗。（A）

服务员：好的。（B）

芒　　果：反正至少有一点我可以肯定，她现在心里除了你啊，还真没别人，走了啊。

秦　　奋：Bye-bye！　　　　　　　　　　　　　　　（电影《非诚勿扰》[2]）

（4）［陈伊诺的追求者请陈的同屋张静依帮忙转交一封信］

追求者：美女，美女，把这个交给你们屋的陈伊诺呗，多谢，多谢。

张静依：行吧。　　　　　　　　　　　　　　　　　　（电影《我们的十年》）

根据电影情节，例（3）中，芒果和秦奋在宾馆门前聊天儿，聊天儿的过程中突然走过来一位服务员，由于芒果急着走，但她和秦奋的谈话并没有结束，因此临时起意请服务员帮忙叫辆车，"呗"字句所在对话事实上是嵌入在芒果与秦奋的对话中的，"呗"字祈使句在这个嵌入式的小对话中作为引发句，位于对话的起始位置。（3A）中，语气词"呗"表明这件事言者并不在意，而对于听者来说，做不做取决于听者自己。我们认为，句末语气词"呗"起到了维护言者和听者面子的作用。这是因为，言者在发出祈使时，对于听者是否能够接受自己的请求是存疑的，因此，为了维护自己的面子而选择使用句末语气词"呗"，率先表明这件事听者做不做都没关系，自己并不在意。这样一来，如果听者拒绝自己的请求，言者不至于丢面子。与此同时，言者也给了听者以做出选择的机会，暗示听者，不论听者是否接受要求，都不会损害其颜面。我们认为，言者实现这种交际意图的核心是借助了句末语气词"呗"所表达的不在乎和漫不经心的态度取向。同理，例（4）中追求者是偶遇心仪之人的同屋，但不知道听者是否能接受自己的请求，因此选择"呗"字祈使句表明自己不是特别在意的态度，以达到预先保护自己面子的目的。

三、"呗"字祈使句位于对话话语结束位置

当交际双方面临两难选择或处于尴尬场景时，言者会选择"呗"字祈使句提出建议，其实质是做出选择或化解尴尬处境，此时"呗"字祈使句往往具有结束话题的功能。例如：

（5）［姚远和周北燕要把自己的婚房借给别人圆梦］

二人齐声：把咱们的房子借给他！

姚　　远：那咱们的蜜月怎么办呢？

周　北　燕：先圆了他们的团圆梦再说呗。　　　　　　（电影《甲方乙方》）

（6）［小仙的男客户想跟她约会］

男客户：那要不这样，黄小姐，你明天下班之后如果没有别的计划，咱俩约个会行吗？［小仙吃惊］你别多想，我呢，就是补补课，跟您这样的姑娘正儿八经交往一下，过过招。

小　　仙：好，就当是学术研究呗。　　　　　　　　（电影《失恋33天》）

例（5）中，姚远既想用自己的房子做好事，又担心自己的蜜月没有房子可住，处于两难之境。周北燕用"呗"字祈使句作为应答，并提出自己的建议"先帮别人圆梦再说"，句末语气词"呗"使得祈使句的命令性或祈使性被弱化，并暗示这件事是理所当然应该如此的，也表达了言者不以为意或认为不重要的态度取向。例（6）中，男客户提出了一个令小仙吃惊和尴尬的约会邀请，小仙选择"呗"字祈使句作为回应，句末语气词"呗"表现出了自己不在乎的态度取向，实质上是为了化解尴尬，同时维护自己的面子。值得注意的是，例（5）和（6）中的"呗"字祈使句都省略了行为主体，两个用例中的行为主体都是"咱们"，通过语料分析我们看到，所有位于话语结束位置的"呗"字祈使句都省略了行为主体"咱们"，尽管数量较少，但我们认为，这恰恰说明，言者用"呗"字祈使句为交际双方做出选择，以摆脱双方共同的两难之选或尴尬场景。

综上，我们认为，"呗"字祈使句主要具有提出建议、要求的功能，在话语中的分布位置较为灵活，起始位置、中间位置和结束位置都有分布，但更倾向于分布于中间位置和起始位置。当处于临时性或偶发性场景时，言者为了避免

自己的面子受损，会选择"呗"字祈使句向互动对方提出请求，这与句末语气词"呗"所具有的态度取向有关，一旦被对方拒绝，句末语气词"呗"所体现出的不在乎、随意的态度取向，能够避免言者和听者的面子受损。位于对话话语中间位置的"呗"字祈使句往往通过提建议或提请求来回应上一话轮，句末语气词"呗"将负面情绪传导给听者，从而引发下一话轮或下一话题。当交际双方处于两难之境或处境尴尬时，言者通过"呗"字祈使句提出建议或请求，并试图结束话题，此时，"呗"字祈使句往往位于对话话语的结束位置。

46.语气词"呗"给疑问句带来了什么？

句末语气词"呗"用于疑问句后的用例并不多见，且全部为是非疑问句。是非疑问句的特点决定其在话语分布中不可能处于对话话语的结束位置。根据郑家平（2018）的研究，"呗"字是非疑问句主要分布在对话话语的中间位置，个别用例分布在对话话语的起始位置。

一、"呗"字是非疑问句位于对话话语中间位置

位于对话话语中间位置的"呗"字是非疑问句，既可以作为应答句对前述话语或信息进行推断，又可以通过疑问语调进行求证，且求证功能大于推断功能，因此可以作为下一话轮或下一话题的引发句，听者基本都会对这类"呗"字是非疑问句进行应答或回应。例如：

（1）[老爷爷和老奶奶去教堂补办婚礼]

牧　师：您是否愿意迎娶身边这位美丽贤惠的姑娘为妻？

老爷爷：行了行了，你这套闲词儿啊，我在电视里听多了，到了我这岁数，想选别的也没得选嘛，是吧？

牧　师：那您的意思就是愿意呗？

老爷爷：愿意不愿意，这七十年，不也过了嘛？

（电影《北京遇上西雅图之不二情书》）

例（1）中的"呗"字是非疑问句，是牧师根据老爷爷的话进行的推断，但基于他的职业本能，他在推断的同时又必须求证，因此在语调上采用了表疑问的升调，老爷爷接收到了牧师的求证信息，对他的问题进行了应答。句末语气词"呗"表达了牧师对老爷爷的态度是不认同的，事实上他认为老爷爷不遵守婚礼程序是不妥的，因此他对老爷爷的话语是持否定立场的，"呗"起到了传导这种负面情感的作用，同时具有表达"求证"的功能，因此其又可以充当引发句，引起下一话轮或下一话题。

"呗"字是非疑问句位于中间位置时，还有一种情况是言者根据自己的主观想法进行推断，而并非根据上文或对方话语进行推断，在这种情况下语气词"呗"有试探的意味。例如：

（2）[贺文兰告诉刘好，一直纠缠自己的流氓野狼被抓了]

贺文兰：野狼被公安局抓了。

刘　好：那是早晚的事。

贺文兰：从今以后，你不用再送我了，你高兴呗？

刘　好：我……我……我……我挺高兴的。　　（电影《心急吃不了热豆腐》）

贺文兰告诉刘好一直纠缠自己的流氓被抓了，刘好回应"那是早晚的事"，这与贺文兰的推断"刘好会感到高兴"没有任何联系。因此，"呗"字是非疑问句所提问的信息，事实上是贺文兰的主观想法和真实意图，在不考虑情感和面子的前提下，可以用同样表示揣度的"你高兴吧"来替代。但是，从电影情节可知，贺文兰与刘好之间是存在着暧昧之情的，只是双方并未挑明。因此，贺文兰选择"你高兴呗"进行询问，一方面表达了自己的主观揣度之意，另一方面刻意表现出不在乎、漫不经心的态度取向，以此维护自己的面子，避免一旦被拒绝，自己颜面受损。在这种情况下，"呗"字是非疑问句主要起引发句的作用，并且其与后文联系十分紧密。

二、"呗"字是非疑问句位于对话话语起始位置

根据郑家平（2018）的研究，位于对话话语起始位置的"呗"字是非疑问句很少，且多充当引发句，主要表达求证功能，当言者有所推断，且对自己的推断

比较确信时，会以"呗"字是非疑问句作为始发句向听者进行求证。例如：

（3）[酒吧里，康小雨跟酒保聊天儿]

康小雨：这是耿浩唱的呗？

酒　保：耿浩谁啊？不知道！　　　　　　　　　　　　（电影《心花路放》）

（4）[刘好带着孩子到陈红家做客]

刘好：这是我妹妹的孩子。[对孩子]来，吃饭吧。

陈红：哎哟，长得还真像他舅舅哈……来，尝尝阿姨做的菜，好吃呗？

[孩子一边吃一边点头]　　　　　　　　　　（电影《心急吃不了热豆腐》）

例（3）中，康小雨几乎已经可以确认酒吧播放的就是耿浩的歌，于是向酒保求证。例（4）中，陈红确信自己做的菜很好吃，在看到孩子埋头大吃时问"好吃呗"，也是在向听者求证。值得一提的是，"吧"字是非疑问句也具有相同的求证功能，但"吧"与"呗"二者在语气和态度取向上都有所差异，试比较（3）和（3'），（4）和（4'）：

（3'）这是耿浩唱的吧？

（4'）尝尝阿姨做的菜，好吃吧？

通过比较我们看到，"吧"字是非疑问句重在求证，句末语气词"吧"突显言者对自己推断的不确信。"呗"字是非疑问句在求证的同时，具有试探的语气，同时表达了言者随意、漫不经心的态度取向；而"吧"字是非疑问句从态度取向上看稍微正式、严肃一些。

综上，"呗"字是非疑问句主要分布于对话话语的中间位置，通常具有两种情况，一是对上一话轮内容进行推断，通过疑问句向对方求证；二是根据自己的主观想法进行推断，同时向对方求证。"呗"字是非疑问句作为应答句时，其负面情绪或试探、协商的语气，也会引起互动对方的回应或反馈。少量"呗"字是非疑问句可以位于对话话语的起始位置，当言者确信自己的推断，希望得到对方认可时，会选择"呗"字是非疑问句。值得注意的是，此种情况下，言者并没有明显的负面情感，句末语气词"呗"的选择和使用往往是为了避免自己的颜面受损。

47.使用语气词"呗"的时候是不是都不开心?

有的汉语母语者会有这样的感受,在说"……呗"的时候,通常情绪都不太好,有时候不太开心。那么,使用语气词"呗"的时候是不是都不太开心呢?

根据第44~46小节的分析,我们看到了"呗"字句具有一些共性特点。首先,不同的"呗"字句在话语位置分布和对话角色分布方面具有共性,比如不同句类的"呗"字句都偏好分布于对话话语的中间位置,从对话角色角度看,"呗"字句主要充当应答句,但句末语气词"呗"所表达的情感和态度取向,往往具有传导负面情绪的作用,因此会引发听者的即时回馈。其次,从话语功能角度看,尽管不同句类、不同话语位置和不同对话角色与话语功能并不是一一对应的,但我们也能发现一些共性特点,比如"呗"字句的话语功能多表达负面情感,相关关键词如"不耐烦""尴尬""两难""不在乎""不以为意""不以为然"等频繁出现,由此可以推断,句末语气词"呗"所表达的核心功能与负面情感相关。

根据互动语言学理论,我们认为,现代汉语语气词是典型的"语境提示符(contextualization cue)",其在语言信息的传递和理解过程中能够起到重要的关联语境的作用。以句末语气词"呗"为例,一旦脱离具体语境,交际者就无法理解其真实意图。根据互动语言学理论,当某一种言语行为与"语境提示符"共现的频率之高可以形成某种固定联系时,这种联系就会在社会成员的脑海中形成一种"图式",并存储于社会成员的共同文化背景知识中。同时,"语境提示符"在提示语境、引导言语双方进行理解的过程中,本身也作为语境的一部分参与建构语境。

句末语气词"呗"是一个典型的"语境提示符",其与负面预期、两难或尴尬语境紧密关联,主要表达言者的负面事理立场。根据刘娅琼、陶红印(2011)的概括,负面事理立场指说话人认为事物或行为不具有合理性,或不令人满意,因此在话语中表现出的通常是与这种负面立场相关的情绪或态度。按照负面程度由弱到强，我们将句末语气词"呗"关涉的负面事理立场划分为"尴尬、不耐烦、不以为然"三大类，我们认为，之所以会产生这些负面事理立场，是与言者的负面预期密切相关的。

一、与"尴尬"预期相关联的负面事理立场

尴尬之情是一种主观感受，与个人的面子密切相关。在社会交往中，当人们感到面子轻微受损时，就会产生尴尬之情。在会话交际中，当会话使交际者感觉到自己的面子可能会受损时，即交际者产生"尴尬"预期时，言者往往选择表达"不在乎"或"随意"态度的句末语气词"呗"，这样一旦被拒绝，则能够避免自己的面子受损。

第一，构式"A就A呗"或"A就B呗"基本都与"尴尬"预期有关。例如：

（1）[马小军看到米兰在买菜]

马小军：你还买菜，像个小媳妇。

米　兰：小媳妇就小媳妇呗，不买菜吃什么。　（电影《阳光灿烂的日子》）

（2）[尤优给王小柱介绍泰勒的助手露茜]

王小柱：怎么回事？你怎么这么早来，不是说十点吗？

尤　优：来了就见呗。

王小柱：不行。　　　　　　　　　　　　　　　（电影《大腕儿》）

例（1）中的"呗"字句是"A就A呗"格式，例（2）的"呗"字句是"A就B呗"格式，两个例子中言者在进行表达时，都具有尴尬预期。例（1）中米兰觉得被说成小媳妇会令自己尴尬，例（2）中尤优由于王小柱的反诘句"怎么这么早来"而略感尴尬，因此，二人分别选择"呗"字句，以轻松、不在乎的语气来回应对方，并化解自己的尴尬，希望可能引起尴尬的话题尽快结束，因此，"A就A呗"和"A就B呗"格式通常位于对话话语的结束位置。

第二，"呗"字祈使句通常也与尴尬预期相关联。当言者处于临时场景或偶发事件场景中，希望向交际对方特别是不熟识的交际对方提出请求或要求时，为了避免被对方拒绝而感到尴尬，一般会采用"呗"字祈使句作为引发句，以避免

自己的面子受损。如本书第45小节例（3），芒果请求恰巧路过的服务员帮忙叫车，这一事件具有偶发性，为了避免被对方拒绝时可能产生的尴尬境地，她选择了能够表达随意、不在乎语气的句末语气词"呗"，由此可见，"呗"的选择与使用是与芒果的尴尬预期相关联的。

二、与"不耐烦"相关的负面事理立场

一般来说，在言语交际中，当需要解答常识性问题或交际对方明知故问时，言者通常会流露出"不耐烦""不以为意""满不在乎"等负面情感。言者在使用"呗"字陈述句回答明知故问的问题或解释常识性问题时，使用句末语气词"呗"可以表现出"不耐烦""不以为意"或"满不在乎"的负面事理立场。如第44小节例（1），建国询问秦奋为什么这么多年不结婚，从大龄男青年秦奋的角度看，这个问题的答案是显而易见的，因此秦奋选择"呗"字陈述句"没找着合适的呗"，这一回答表明两件事，一是这个问题的答案是显而易见的，二是自己对这个问题的态度是"不耐烦"的，并且希望对方能够感受到自己的"不耐烦"情绪，这里的句末语气词"呗"有负面情感传导的作用。值得一提的是，陈述形式的"A就A呗"，在表达尴尬预期的同时，也能够突显言者的"不耐烦"之情。言者在使用"呗"字句表达自己的"不耐烦"之情时，尽管希望尽快结束相关话题，但不耐烦的负面事理立场一旦被互动对方所感知，势必起到负面情感传导的作用，听者往往也会产生负面事理立场，并即时做出反馈。因此，表达"不耐烦"等负面事理立场的"呗"字陈述句多分布于对话话语的中间位置，当听者没有感知到负面情绪或由于权势关系不便做出反馈时，令言者不耐烦的话题会就此结束。因此"呗"字陈述句也可分布在对话话语的结束位置。但是，"呗"字陈述句不会位于对话话语的起始位置，因为缺少令言者感到不耐烦的前述话语或语境。

三、与"不以为然"相关的负面事理立场

"不以为然"的态度一般指否定的态度，但这种态度并不是严肃的或正式的，而是随意的、满不在乎的。当言者使用"呗"字陈述句评述第三方的时候，通常

通过这种"不以为然"的态度表达否定的负面事理立场。例如：

（3）［钱康询问齐大妈寻死青年的情况］

钱　康：为什么呀？水米不进，寻死也别用饿死这招儿啊？

齐大妈：娶不上媳妇呗，寂寞难耐啊。……

钱　康：哦，那他这境界可不怎么高啊。　　　（电影《甲方乙方》）

齐大妈说青年自杀的原因是"娶不上媳妇呗"，可见齐大妈对他娶不上媳妇就自杀这件事是持否定态度的。

（4）［静秋询问建新生病的事］

静秋：听别人说他可能得病了。

魏红：什么病啊，都是装的，想让你心软呗。　　　（电影《山楂树之恋》）

例（4）中，魏红跟静秋谈论建新生病的事，句末语气词"呗"表明，魏红对建新假装生病试图骗静秋的做法是持否定态度的，表达了她的负面事理立场。根据语料分析，言者通常选择"呗"字陈述句作为对上一话轮的回应或应答，因此，"呗"字陈述句通常位于对话话语的中间位置或结束位置。

综上，我们认为，句末语气词"呗"能够充当提示负面事理立场的语境提示符。在不同的话语位置、不同句类中，句末语气词"呗"反映出言者所要表达的程度不同的负面事理立场。总体来说，言者选择并借助句末语气词"呗"，表达自己的尴尬预期、不耐烦、不以为然等否定立场；与此同时，为了实现这种立场表达意图，"呗"字句在话语序列分布和句类分布方面都表现出偏好性特点，这是句末语气词"呗"与交际语境之间存在"共生互育"关系的一个重要方面。因此，我们可以说，使用"呗"的时候，说话人通常都是不太开心的。

48.句末语气词"呗"的核心功能是什么？

一、已有研究对语气词"呗"功能的探讨

前人对句末语气词"呗"的功能及意义进行的探讨，主要是从语气、情态、

语义三个视角展开的。

　　从语气角度开展的研究较早，对语言事实的描写也比较细致。吕叔湘先生在《现代汉语八百词》中认为，句末语气词"呗"只能出现在陈述句末尾，语气上与"吧"大致相同，主要表示"道理简单，无须多说"，在"V 就 V 呗"格式中，表示"没关系、不要紧"。胡明扬（1981）从语气词"呗"的来源和语音角度出发，认为存在两个呗，其中"呗₁"兼有缓和语气和提醒的作用，在口语中读轻声或平调，比如"有困难就克服呗"；"呗₂"表勉强同意或无可奈何，在口语中读轻声或低降调，如"城里头闹什么自由婚，还是葱油婚哪，闹呗"。《现代汉语虚词例释》（以下简称《例释》）（1982）注意到了"呗"字句在对话序列中的位置与语气表达的关联关系，认为当"呗"表达申明语气时，"呗"字句主要出现在应答句中；其次，《例释》也注意到了句末语气词"呗"所表达的不满、轻蔑、恳商的语气，如"正确你就去呗"，并指出这些语气都是顺承上文而产生的。刘月华等（2001）注意到了语气词"呗"所表现出的态度取向及其对语言交际所带来的影响，认为语气词"呗"具有"不屑一说"的意味，说话者选择语气词"呗"时，通常都不太满意，而使用"呗"的结果，是使得交际不够客气，也不够礼貌。

　　对语气词"呗"的第二个研究视角是从情态角度开展的研究。徐晶凝（2008）从交互主观性的角度将语气词"呗"的核心情态意义概括为"述唯弃责"，"述唯"指"说话人认为自己所说的话（所做断言或发出的祈使）是唯一的可能，而且说话人主观上认为那是听话人或大家都应当知晓的，他只是将这种可能性说出来而已"；"弃责"指"说话人没有经过积极思考轻率发话，并放弃自己可以对听话人的交际身份做处置的责任"。通过与其他语气词的比较，徐晶凝进一步认为，"呗"表明说话人的态度是"放任不管"的。刘红原（2014）从篇章分析的角度，概括出了语气词"呗"的八种情态意义，最终将其归纳为三大话语功能，分别是"话语协商功能""面子维护功能"及"主位标记功能"。我们认为，徐晶凝的"述唯弃责"说是基于对"呗"字陈述句和祈使句的研究得出的结论，并没有包括"呗"字是非疑问句，因此其涵盖面有限。刘红原详细描写了"呗"字句的情态意义，但我们并不能将"呗"字句的情态意义等同于语气词"呗"的情态意义。

对语气词"呗"的第三个研究视角是语义学视角,赵春利、石定栩(2015)讨论了"呗"字句的语体功能,及其与引发句和评价句的态度关联,最终提取出语气词"呗"的核心语义——"应而不愿",即"在话语上必须正面回应对方但在情感上却是不情愿的"。根据感情类型的不同,赵春利、石定栩(2015)又将"应而不愿"概括为四种态度取向,分别是不在乎、无可奈何、不耐烦和不满意。我们赞同赵春利、石定栩(2015)的研究,即句末语气词"呗"在言语交际中的主要功能是表明言者的态度取向,但我们也认为,将这种态度取向简单概括为"应而不愿",其解释力有限,没有反映出语气词的选择和使用与语境之间的互动关系。

二、从互动角度看语气词"呗"的核心功能

根据郑家平(2018)的研究,句末语气词"呗"的核心话语功能是通过随意和不配合的态度,间接地向听者传导言者因负面预期而产生的负面事理立场,也就是说,言者通过使用句末语气词"呗"暗示听者,使其能够感知到自己的负面情感。至于是否对这种负面情绪做出回应,做出何种回应,则由听者或互动对方自行做出选择。根据语料分析,在通常情况下,这种负面事理立场会传导给互动对方,并极有可能会使其产生新的负面事理立场。例如:

(1)[前恋人杨峥和文慧多年后再次相逢]

文慧:你这些年都在做什么?(A)

杨峥:还在修车。以前做不是为了赚学费嘛,现在养家呗。(B)

文慧:你为什么离婚啊?(C)

杨峥:感情不和呗。(D)

文慧:哎,我们找个地方坐会儿吧。(E)

杨峥:好啊。(F)

(电影《将爱情进行到底》)

例(1)中杨峥和文慧是前恋人关系,多年重逢后,杨峥的生活是不如意的,还是干着"不体面"的修车工作,并且还离了婚。因此,在回答初恋情人关于工作和婚姻的问题时,他是处于尴尬境地的,主观上他希望尽快结束这样令自己尴

尬和难堪的话题。通过对电影的多模态分析我们看到，在话轮（1B）杨峥回答自己"还在修车"后，文慧流露出了略感吃惊的表情，这损害了杨峥的面子，于是杨峥选择"呗"字句来说明原因，可见，他是刻意表现得满不在乎或者轻松随意，以减少对自己面子的损害，并希望尽快结束话题。文慧接收到了杨峥"呗"字句中所传导的负面情绪，因此在话轮（1C）中转移了话题。但离婚话题仍然是杨峥的尴尬之处，因此他再次选择了"呗"字陈述句来申明原因。"感情不和"未必是他离婚的真实原因，但却是大多数人离婚的原因，因此他选择了这样一个理所当然的理由，并表现出漫不经心的态度，以此来挽回自己的面子，既表达了自己对这个问题的负面情绪，同时也传达出自己不喜欢这个话题，希望尽快结束话题的心愿。文慧再一次接收到了杨峥的负面事理立场，因此在话轮（1E）中再次转移话题，邀请杨峥找个地方坐会儿，杨峥也愉快地接受了她的邀请。例（1）中的两个"呗"字陈述句，都是申明原因的，如果去掉句末语气词"呗"，也可以申明原因，但无法表达言者的负面事理立场。通过分析，我们看到，正是由于句末语气词"呗"所表现出并传导出的负面事理立场被听者所感知，互动对方才结束了相关话题，因此，在例（1）A、B和C、D两组对话中，作为应答句的"呗"字陈述句都起到了结束话题的作用。

（2）[秦奋告诉笑笑自己要去相亲，笑笑表示也想跟着去]

秦奋：那我怎么跟人家介绍你啊？说咱俩也谈过，你没看上我。

笑笑：就说酒友呗，其实你也不用介绍我，我在旁边喝茶，等你完事了给你参谋参谋，不给你添乱。

秦奋：也行，可是我丑话说前边啊，万一我要是看见合适的了，就像你说的那种气味相投的，我可就顾不上你了……　　（电影《非诚勿扰》[1]）

（3）[冬梅想拉喝醉酒的夏洛回家]

夏洛：你先回去吧！我酒还没喝完呢。

冬梅：你胃不好，别喝了呗。要喝咱回家喝，咱家也有酒啊，走。

夏洛：我不想喝皇家礼炮！　　　　　　　　（电影《夏洛特烦恼》）

例（2）和（3）中的"呗"字句都是祈使句，例（2）中言者通过"呗"字祈使句提出建议，例（3）从夏洛与冬梅的夫妻关系看，表面上冬梅是通过"呗"

字祈使句提出建议，实则是语气较强的祈使或命令。在上述两例中，句末语气词"呗"仍然主要起传导言者负面事理立场的作用。根据电影情节可知，例（2）中，笑笑其实是对秦奋有好感的，所以当得知秦奋要去相亲时，也想跟着去。但秦奋的问题"怎么介绍你"使得笑笑略觉尴尬，因此她以"呗"字祈使句表达建议，实则是通过语气词"呗"所表现出的不在乎的态度取向，来化解自己的尴尬，维护自己的面子。例（3）中，冬梅对夏洛是不满的，但处在同学聚会的场合，要给夏洛和自己留面子，因此选择了"呗"字祈使句命令夏洛别喝了，"呗"字祈使句看似随意，实则传导了冬梅的不满情绪。由此可见，言者在选择"呗"字祈使句提出建议、要求或命令时，句末语气词"呗"所表现出的不在乎或随意的语气，能弱化祈使语气。从交互主观性角度看，句末语气词"呗"所表达的交由对方做决定的功能，也弱化了祈使语气。但对于言者自身来说，其情感是尴尬的或者不满的，"呗"仍具有传导负面事理立场的功能，这一点从听者的反馈也可得到证明。例（2）中，秦奋接受了笑笑的建议，但他也感受到了笑笑的尴尬情绪，因此说"我丑话说前边啊……"；例（3）中，由电影人物关系可知，夏洛在家中是处于弱势地位的，是对冬梅言听计从的，但当夏洛大醉后，他感受到了冬梅的不满情绪，但对此的反馈是表示拒绝，可见冬梅的负面情绪传导给了夏洛。

值得一提的是，当"呗"字是非疑问句位于对话话语中间位置的时候，句末语气词"呗"通常能起到传导负面事理立场的作用。我们回看本书第46小节例（1），牧师对老爷爷在婚礼上不认真的态度感到不满，因此用是非疑问句"那您的意思就是愿意呗"来确认自己的推断，但句末语气词"呗"传导了自己的不满情绪，老爷爷也感受到了这种不满，因此选择了反诘句进行反馈"愿意不愿意，这七十年，不也过了嘛"。但是，当"呗"字是非疑问句位于对话话语起始位置并充当引发句的时候，不存在引起负面事理立场的前述话语或相应场景，因此，并没有明显的负面事理立场。从疑问的角度看，言者为什么不选用"吗"或"吧"呢？以本书第46小节例（3）为例：

这是耿浩唱的吗？

这是耿浩唱的吧？

这是耿浩唱的呗？

通过对比，可知"吗"字是非疑问句重在求解，言者对自己的推断没有自信；"吧"字是非疑问句重在求证，句末语气词"吧"突显言者对自己推断的不确定性；"呗"字是非疑问句在求证的同时，具有试探的语气，重在表达言者随意、漫不经心的态度取向，而"吧"字和"吗"字是非疑问句从态度取向上看，稍微正式、严肃一些。那么，言者在求证自己的推断时为什么要选择具有随意态度取向的句末语气词"呗"呢？我们认为，这与言者的面子有关，言者担心一旦自己的推断被否定，有可能会损害自己的面子，因此提前用随意的态度表明自己不介意听者是否否决自己的推断，借以避免面子受损。由此可见，位于对话话语起始位置并充当引发句的"呗"字是非疑问句，言者是存在负面结果预期的，因此也可以归入负面事理立场中。同理，位于对话话语起始位置作为引发句的"呗"字祈使句也具有这种负面预期。

综上，我们认为，句末语气词"呗"的核心话语功能是传导言者因负面预期而产生的负面事理立场，这种负面事理立场既有基于前述话语或语境而产生的尴尬、两难、不满、不以为然等负面情绪，也有言者基于维护自己面子需要而具有的负面预期。言者通过句末语气词"呗"来传导上述负面情绪，通过陈述、祈使、是非疑问形式来明示或暗示自己的负面事理立场，在大多数情况下言者希望听者或互动对方结束令自己尴尬难堪的话题，或转移话题，或获得与自己推断一致的答案。此外，句末语气词"呗"所表现出的随意、试探、不在乎、不以为意、不以为然等态度取向，能够在表达负面事理立场的同时，预先维护自己的面子。

49. "你去呗"是不是生硬的命令？

"你去呗"是一个简单的"呗"字祈使句，在没有上下文语境的情况下，母语者有人认为这是一句生硬的命令，有人认为不是。要说清楚"你去呗"到底是不是生硬的命令，我们需要考察这句话的人际功能。那么，句末语气词"呗"到底具有怎样的人际功能呢？

一般来说，语言除了能够表达言者的经历及内心活动之外，还可以体现言者的身份、地位、态度、动机以及其对事物的判断能力、社会关系等，这就是语言所具有的人际功能（朱永生等，2004）。句末语气词"呗"是典型的人际互动标记，能够反映交际双方的角色关系和交际意图，同时，也能重塑交际双方的关系。交际双方的角色关系主要指权势关系和亲疏关系，交际意图主要体现在交互主观性上。要回答清楚"你去呗"是命令还是撒娇，我们就要考察权势关系和亲疏关系与言者选用语气词"呗"的互动关系。

一、权势关系

言语交际中的权势关系并非一成不变的，也可能随着言语的选择和使用而发生交际地位的变化。总体上来说包含三种权势关系，分别是：强对弱权势关系、平等权势关系和弱对强权势关系。根据郑家平（2018）的研究，在所有语气词"呗"的语料中，平等权势关系占绝对优势，存在强弱权势差距的用例非常少见，且不存在强对弱的权势关系，只有弱对强的权势关系。根据这一分布特点，我们认为，句末语气词"呗"主要用于具有平等权势关系的人际交往中。其中，"呗"字陈述句和"呗"字是非疑问句仅用于具有平等权势关系的交际中；"呗"字祈使句可用于弱对强的权势关系中。

二、亲疏关系和权势关系对句末语气词"呗"的选择

平等权势关系主要表现为夫妻关系或情侣关系、闺蜜关系或铁哥们关系、非常熟识的工作伙伴关系等，从亲疏关系的角度看，这些关系都属于亲密关系范畴。由此可知，语气词"呗"对人际关系的选择可以概括为[+平等权势关系][+亲密关系]。以本书第44小节例（9）为例，六爷的朋友误会六爷以癌症为借口骗大家出来约架，因此责备他"约架就约架呗，说什么癌呀"。这个朋友与六爷的关系是平等的权势关系，并且是非常亲密的铁哥们关系，因此尽管句末语气词"呗"传导了自己对六爷的不满之情，但言者并不担心"呗"所表达的负面事理立场会影响二人的亲密关系和平等权势关系，因为二人的关系之亲密，使其可以直白地表达自己的想法，并且在一定程度上忽略礼貌。

在弱对强的权势关系中，弱权势一方选择句末语气词"呗"，正是借助语气词"呗"对亲密关系的选择，希望营造出交际双方关系亲密、权势平等的假象，以实现自己的交际目的。例如：

（1）[小妖马上要被厨师做成菜让人吃，因此跟厨师套近乎，想捡回自己的小命]

小妖₁：这小姑娘，长得贼俊了。

小妖₂：咱们都是老乡。

小妖₁：放了我们呗。

厨　师：这孩子嘴儿那甜呢！让你长大了，还不知道祸害多少人家好姑娘，不炖你炖谁？　　　　　　　　　　　　　　　　（电影《捉妖记》）

由电影情节可知，两个小妖马上要被厨师做成菜给人吃，在这一情景下，任人宰割的小妖处于绝对弱权势地位。为了赢得生存的机会，他们先是夸厨师长得俊，又套近乎说是老乡，最后以"呗"字祈使句提出请求"放了我们呗"。一般具有亲密关系的交际双方会选择和使用句末语气词"呗"，如果双方关系较远，或具有比较大的权势关系差距，言者对句末语气词"呗"的选择和使用是为了刻意拉近双方的关系，这有利于弱权势一方实现自己的请求。

当言者处于强对弱的权势关系时，没有句末语气词"呗"的用例，这是为什么呢？我们认为，这与句末语气词"呗"所具有的核心话语功能有关，同时，也与权势关系与亲疏关系的交互作用有关。首先，句末语气词"呗"所具有的间接传导言者负面事理立场的功能，与强权势地位在会话中所处的主导性地位相悖。根据上文的分析，句末语气词"呗"间接传导言者的负面事理立场，主要表现为尴尬、不满、不以为意、不以为然等情感。可见，言者并不是通过直接的手段表达这种不满，而是通过不在乎、随意、试探、不配合等态度取向来间接表达这种负面事理立场。从语境的角度看，言者通常处于尴尬、两难或有损自身面子的语境中，其选择和使用句末语气词"呗"的根本意图是避免自己的颜面受损。上述这些方面都与强权势地位在言语交际中所具有的主导性地位相悖。一般来说，具有强权势地位的说话人，把握言语交际的主导性，很少处于尴尬和两难的境地；而一旦产生不满、否定等负面情绪，言者通常会采取直截了当的方式进行表达，比如采用具有命令、要求、指责、批评功能的强祈使句，并且强权势言者一般无须担心自己的颜面会受损，因此很少会采取避免自己颜面受损的交际策略。其次，从权势关系与亲疏关系的交互作用来看，一般来说交际双方的亲密关系会起到拉近权势距离的作用，比如在家中，父母与子女之间的亲密关系一般会降低父母作为长辈或年长者的权势地位；但在工作场景中，如果双方关系不够亲密，且在其他权势地位平等的情况下，则资历久或年长者相对来说具有较高权势地位，在言语交际中占据主导地位。同理，权势差距也会起到拉远亲密关系的作用，比如从小一起长大的小伙伴，长大后其中一方获得较高社会地位而另一方处于较低社会地位时，双方的权势差距一般会使得双方的亲密关系变得疏远。综上，我们认为，当言者处于强权势地位时，双方的亲密关系在很大程度上会被迫疏远，这不符合句末语气词"呗"对人际关系的选择指标 [+ 亲密关系]。基于上述两点原因，具有强权势地位的说话人一般不会选择和使用句末语气词"呗"。

三、句末语气词"呗"对亲疏关系的影响及重塑

句末语气词"呗"通常用于 [+ 亲密关系][+ 平等权势关系] 的交际者之间，言者之所以选用句末语气词"呗"来表达自己的负面事理立场，是因为双方关系足够接近，近到基本可以采用直白的话语进行交流。而对于关系较为疏远或具有权势差距的交际者来说，句末语气词"呗"所传导出的负面事理立场或者言者随意、不配合的态度，则可能使双方的距离和关系更加疏远。最典型的就是"A 就 A 呗"格式。例如：

（2）[赵小帅让读诗人尽快离开，但读诗人收了别人的钱不肯走]

赵小帅：撒手！

读诗人：我就不撒，我求你了，我把钱都给人花了。

赵小帅：花了就花了呗。

读诗人：我钱都给人花了。

赵小帅：听我说，我给你钱，你拿着赶紧走，我现在不想跟你吵。

（电影《有话好好说》）

例（2）中，赵小帅与读诗人初次相遇，且赵小帅要强迫读诗人尽快离开，

读诗人不肯离开,在双方已经产生冲突的情况下,赵小帅的话"花了就花了呗"向读诗人暗示并传导了自己的不满和不以为然的负面情绪,客观上更加拉远了二人的关系,由下一话轮读诗人的再次强调"我钱都给人花了"可见,二人之间的话语冲突升级,矛盾一触即发。

当具有亲密关系的交际双方使用"呗"字句时,特别是使用"呗"字陈述句申明显而易见的原因,或使用"呗"字祈使句表达请求,或用"呗"字是非疑问句进行协商时,句末语气词"呗"均有增加双方亲密度的功能,这是因为亲密关系能够使得语气词"呗"在原有随意的语气之上,增添撒娇、嗔怪之意,如本书第44小节例(5),韩冬和小芸经过几天的朝夕相处后关系日益亲密,韩冬告诉了小芸一个谁都不知道的秘密,小芸问韩冬为什么会告诉她,韩冬的话"一时糊涂呗,让你给气的"在语气中增添了撒娇、嗔怪之意,暗示了二人的亲密关系,因此客观上更加拉近了二人的亲密关系。

(3)[刚走红的小岳岳给大明星朋友们打电话]

岳云鹏:周迅姐姐,我是小岳岳,改天一起游个泳呗?

    志玲姐姐,咱们改天一起 s 个 pa 呗?

    没事,谁说你岁数大啦?鞠萍姐姐,咱们改天一起保个健呗?

    冰冰姐姐,你是哪个冰冰啊?孙冰冰啊……

    芙蓉姐姐啊,哈哈哈哈哈……我打错啦。 (电影《煎饼侠》)

例(3)中,刚刚走红的岳云鹏想拉近自己与大明星的关系,于是刻意采用了"呗"字是非疑问句来与明星朋友们交流,并就自己提出的建议进行协商,言者利用句末语气词"呗"对亲密关系的选择,试图以此暗示双方的关系已经十分亲密,并希望借此让彼此的关系更近一步。

综上,我们认为,人际关系与句末语气词"呗"的选择与使用存在着"共生互育"的互动关系。一方面,具有平等权势关系且关系亲密的人际关系中,言者偏好选择句末语气词"呗"表达自己的负面事理立场;另一方面,"呗"字句的选择和使用也会重塑人际关系,比如对于关系本就相对亲密的交际双方,句末语气词"呗"的选择和使用给言者的语气带上了撒娇、嗔怪之意,能够突显或进一步拉近彼此之间的距离;而对于关系本就疏远的交际双方,句末语气词"呗"的选择和使用则会进一步拉开彼此之间的关系，并且"呗"字句所传导的负面事理立场还可能会引起双方的话语冲突。综上，我们认为，句末语气词"呗"主要通过对交际双方亲疏关系的影响而重塑人际互动。

因此，要分析"你去呗"这句话到底是不是生硬的命令，我们需结合交际双方的权势地位和亲疏关系具体问题具体分析。

50.作为语气词的"了$_2$"到底表示什么？

"了"是汉语语法研究领域的一个重点和难点，在汉语 L2 教学领域，特别是很多汉语语法书和教材中，常常能看到"了$_1$"和"了$_2$"，二者到底指什么呢？语法研究领域公认"了$_1$"是动态助词，"了$_2$"是语气词。那么"了$_2$"到底具有什么样的语义和功能呢？语法学界从不同角度进行了探讨，有做细致区分的，有概括核心功能的。

一、对"了$_2$"语义及功能做细致区分的研究

关于语气词"了$_2$"的语义及功能，很多学者的做法是对其进行细致的区分，比较有代表性的是赵元任（1968/2011）对语气词"了$_2$"的分类。赵先生将"了$_2$"的表意功能概括为以下七类。

第一，表示事情开始。例如：

（1）看，下雨了！

（2）哎呀，半夜了！

（3）菜咸了！

例（1）表示的是对说话人来说的一种新情况的出现。例（2）表示的是某种情况达到了某种数量或程度，如"成龙都六十多岁了"。例（3）多用在形容词后，表示"过度"的意思。

第二，表示适应新的情况的命令。例如：

（4）起床了！

（5）请了！

例（4）和例（5）都是祈使句，让听者有所动作，这个动作相较于听者之前的行为或状态是新的情况。

第三，表示情节的一个进展。例如：

（6）后来天就阴了。

（7）那房子就塌了。

例（6）和例（7）所叙述的显然都不是当下发生的某种变化，而是过去或已经发生的事件情节的一部分。

第四，表示过去的一个孤立的事实。例如：

（8）昨天我去王府井看电影了。

（9）昨天她哭了。

第五，表示截止到现在已经完成的动作。例如：

（10）我回国了。

（11）我当老师当了10年了。

第六，用在后果小句里表示一种情况。例如：

（12）那我就不上学了。

（13）你一来，他就躲起来了。

第七，表示显而易见。例如：

（14）你当然知道了。

（15）再好没有了。

整体而言，这七种语义分类可以概括为两大类，前六类可以概括为"新情况的出现"或"变化"，第七类单独成为一类，金立鑫（1998）认为其主要表达一种主观情态。

二、概括"了$_2$"核心功能的研究

也有研究试图对语气词"了"的核心语义及功能进行总结，比较有代表性的是吕叔湘先生在《现代汉语八百词》中的概括：语气词"了"主要肯定事态出现了变化或即将出现变化，有成句作用。汉语L2教学和教材大多采用了这一概括。

肖治野、沈家煊（2009）从"行、知、言"三域的角度将"了₂"概括为"新行态的出现""新知态的出现"和"新言态的出现"。沈家煊（2003）区分并界定了三种相互联系且彼此有所区别的概念域，分别是行域、知域和言域。行域指"现实的行为和行状"；知域指主观认识，即说话人或听话人的知识状态；言域指用以实现某种意图的言语行为，如请求、命令、提醒等。我们认为，从"行域"角度看"了₂"，其功能是比较明确的，即表达新的行为或情况的出现或变化，而从"言域"和"知域"角度，我们可以解释"了₂"的其他一些常见用法。

第一，"了₂"表示用以实现某种意图的言语行为。例如：

（16）吃饭了！

（17）你把枪放下了！

例（16）中，祈使句"吃饭了"在脱离上下文语境的情况下有两种意思，一是"现在可以吃饭了"，二是"就要吃饭了"，无论语义如何，二者都是在陈述情况的变化，从"不能吃饭"到"能吃饭"。同理，例（17）"你把枪放下了"既是一个祈使句，也是一个实施句，即要求一个人执行"把枪放下"这个动作。那么"了"的加入为祈使句"你把枪放下"带来了什么呢？说"你把枪放下"时，说话人的预期是听话人不会自动变化来完成这件事；而说"你把枪放下了"时，说话人的预期是听话人存在自动变化来完成这件事的可能，"了"的功能重在表现说话者做了告知或命令这件事，在日常口语中，有人会用"喽 lou"音代替"了"，这时告知的意味就更加明显，因此，我们可以这样理解例（17）：

你把枪放下了！＝你把枪放下，我告诉你了。

也就是说，我们可以将"了"字祈使句带入这样一个框架——"祈使句"+"我说了/我告诉你了"，语气词"了"主要表示告知、命令、提醒等言语行为。例如：

（18）现在上课了。＝现在上课，我告诉你了。

（19）小心了！＝小心！我提醒你了。

（20）看好了！＝看好了！我提醒你了。

第二，"了₂"表示说话人的主观认识。例如：

（21）小学生当然得做作业了。

（22）好货当然不便宜了。

（23）听你的口气，你就是这儿的负责人了。

按照赵元任（1968/2011）所提到的关于语气词"了"的第七种功能，"了"在例（21）～（23）中均表示"显而易见"。但我们也发现，如果去掉"了"，"显而易见"的语义依然存在。由此可以推断，不能将这里的语气词"了"的功能概括为表示"显而易见"。

张斌先生（2001）曾经指出，某种事实即使在双方都知情的情况下，说话人也可能预设听者不了解自己的想法，因此，当说话人陈述自己对这一事实的想法时，其所表达的仍旧是一种新情况，所不同的是，新情况的指向并不是事实，而是说话人对事实的态度。根据这一观点再来看例（21）～（23），我们可以将其带入如下框架：

（21）小学生当然得做作业了。=（我认为）小学生当然得做作业。

（22）好货当然不便宜了。=（我赞同）好货当然不便宜。

（23）听你的口气，你就是这儿的负责人了。= 听你的口气，（我推断）你就是这儿的负责人。

语气词"了"是将说话人对某事的看法、认知告诉听话人，因此也可以认为是某种新的认知的出现或提出。

综上，我们认为，语气词"了"即"了$_2$"的核心功能比较清楚，即表达"变化"，这种变化通常是新情况的出现，也可以是新的言语行为的出现，还可以是说话人对某事认知的初次提出。

第三部分 习得与教学篇

51. 常见语气词容易出现哪些偏误？如何纠偏？

运用语气词表达语气，是汉语的一大特色，但由于语气词空灵多变的特点，它也成为汉语 L2 学习者习得的难点。留学生在使用汉语语气词时常产生偏误。我们以六个常见语气词（啊、吧、吗、呢、的、了）为例，通过对中介语语料库的分析，发现汉语 L2 学习者在使用语气词时产生的偏误主要包括以下三类：语气词漏用、语气词冗余、语气词误用。下面我们就结合具体偏误，讨论这些偏误类型是怎样的，分析其成因，并讨论如何纠偏。

一、偏误类型

1. 语气词漏用

在留学生的语气词偏误中，最常见的就是语气词漏用，即该使用语气词的时候没有使用。例如：

（1）*你每天都洗澡吗？要是停水？

（2）*这包子真好吃，我能再吃一个？

例（1）和（2）是典型的语气词漏用造成的偏误，例（1）漏用了语气词"呢"，例（2）漏用了语气词"吗"。这两个句子都非完句。

2. 语气词冗余

语气词冗余即句子中不该使用语气词的地方使用了语气词。例如：

（3）*后羿非常生气了，要把坏人杀死了。

（4）*这个呢，是我去年买的衣服了。

例（3）中两个分句中的"了"都是冗余的，"非常生气"后不能加"了"，第二个分句中，"要"表明"把坏人杀死"这个动作还没发生，因此也不能加"了"。例（4）中的"了"也是冗余的。

3. 语气词误用

语气词误用指本该使用语气词 A，却使用了语气词 B，也可以称作语气词的误代。例如：

（5）*教育中的因材施教和区别对待真的是同一回事呢？

（6）*不必再道歉吧。

例（5）中句末本应该使用语气词"吗"，构成是非疑问句，但是误用了语气词"呢"。例（6）为"不必……了"句，句末应该使用语气词"了"，但是误用了语气词"吧"。

二、偏误成因

汉语 L2 学习者使用语气词产生的偏误主要表现为以上三类，其成因多种多样，但主要原因来源于外部和内部两个因素，外部因素主要是目的语负迁移，内部因素是母语负迁移。

1. 目的语负迁移

汉语语气词丰富，每个语气词自身意义及功能多样，不同语气词之间表意功能差异不大，这就很容易形成目的语负迁移。比如"吗""吧""呢$_1$"都表疑问语气，学习者在还未完全掌握的情况下，可能会大量使用某个已经掌握的语气词替代其他语气词。例如：

（7）*你就告诉我吧，你到底想不想去吗？

例（7）句尾本应使用语气词"呢"，但学习者用语气词"吗"代替了语气词"呢"。

我们认为，目的语负迁移的产生除了学习者自身的原因外，还有教材中对语气词呈现顺序及注释的安排，以及课堂教学等外部原因。

2. 母语负迁移

众所周知，成年人在学习 L2 时，其认知基础是与母语习得不一样的。成年二语学习者的母语背景、生活经历、认知水平等都会对其 L2 习得产生影响。其中，母语的影响是最大的。大部分汉语 L2 学习者的母语是没有语气词的，这种情况对其习得汉语语气词可能是优势，也可能会导致母语负迁移。优势在于其母语与汉语的差异较大，学习者更容易注意到汉语中特有的语法成分，这就跟学习者很容易注意到汉语发音中的声母"z、c、s、zh、ch、sh、r"一样，在教材对语气词给予充分解释的情况下，学习者是能注意到并且有意识地使用语气词的。但是，差异过大也会带来母语的负迁移，最明显的就是语气词的漏用，在学习者母语中没有语气词的情况下，他们在自然口语交流中就极容易忽略语气词，这一点我们可以在国别化汉语研究中看到很多例证。

三、纠偏方法

对不同的语气词使用偏误，我们需具体问题具体分析。但是，整体而言，我们认为汉语 L2 学习者的语气词使用偏误主要源于外部因素，即教材和课堂教学中对语气词的重视度不够。具体表现为以下两点。

第一，语气词的编排随机性比较强，缺乏整体设计。目前大部分教材对语气词的教学是随句式教学或其他语言点教学进行安排。比如，大部分教材在零起点阶段教授形容词谓语句时提一下语气词"吗"，如"你好吗"，在后面就不再出现语气词"吗"的教学了。但事实上，零起点阶段学习者除了词汇量极其有限外，对汉语语法所掌握的知识也很少，还没接触到正反疑问句、反问句等等，更别说了解中国人的思维方式、语言表达习惯了。语气词"吗"在这里一笔带过，学习者只笼统记住了"陈述句后加疑问语气词'吗'变为一般疑问句"，在后续的学习中也不会对"吗"形成整体的认识，因此在实际交际中常常出现冗余或误用。

第二，语气词注释不够具体、细致。大部分教材中对语气词的注释主要是放在具体语言结构中进行的，如"你是中国人吧""……，你呢""A 就 A 吧"等等，教材的注释重点是帮助学习者理解这些句式或结构的用法，但并没有帮助学习者理解语气词在这里所体现的功能和作用。因此，学习者极容易出现这样一种情况，就是在表述这些固定结构时语气词使用恰当，但一旦自由表述时就会出错。

　　综上，我们认为，要避免学习者的语气词使用偏误，首先在教材编写时应重视对语气词的归纳总结，在初级阶段可以随句式教学或语言点教学讲解语气词的基本用法，到了中高级阶段应重视对语气词功能的总结，并引导学生在语段中理解语气词的表意功能。其次，在教学中，教师要有意识地不断总结语气词的用法，可通过纠正性反馈等方法向学习者明示语气词的差异及用法。比如，在学习正反疑问句、选择疑问句时，一旦学习者在课堂上发生关于"吗"的偏误，教师可以有意识地为学习者纠错，进而总结语气词"吗"的用法。

52.如何纠正偏误"*你叫什么名字吗"？

一、偏误成因

　　在汉语L2教学中，学生常常会发生这样的偏误：

　　（1）*你叫什么名字吗？

　　（2）*你去不去北京吗？

　　我们认为，发生这种偏误的主要原因是受语法教学顺序的影响。一般而言，大部分汉语L2教材和课堂教学，都会在语法教学的最初阶段教授是非疑问句，即"吗"字句。例如：

　　（3）你是老师吗？

　　（4）你喜欢吃面包吗？

　　很多教材在注释是非疑问句时说在陈述句句末加上疑问语气词"吗"，陈述句就成了是非疑问句。受注释影响，有的学习者会认为，只要加上疑问语气词"吗"，就可以表达疑问。因此，当学习其他疑问句如特指疑问句或正反疑问句时，习惯性地在其后加上"吗"。对这项偏误进行纠错并不难，大部分熟手教师的做法是告诉学生去掉"吗"，有的新手教师会告诉学生将"吗"换成"呢"。

例如：

（1′）你叫什么名字呢？

（2′）你去不去北京呢？

这两个句子单独看是合语法的，但学生使用时却常常让母语者觉得用错了，比如，学生在与第一次见面的人聊天时，一开始就问"你叫什么名字呢？"，或在没有上下文语境的情况下，对话开始就问"你去不去北京呢？"，这些偏误属于语言使用中产生的偏误，十分隐蔽，语句本身没有问题，但使用中却产生了偏误，归根结底是由于对这两种句子的语境及上下文特点理解不够。那么，到底为什么不能用"你叫什么名字呢"来纠正偏误"你叫什么名字吗"呢？

二、"吗"字疑问句与"吗"字特殊是非疑问句

语气词"吗"是汉语中公认的表疑问语气的语气词，它的典型用法是用于是非疑问句中，如例（3）（4）。

语气词"吗"不能用于非是非疑问句中，如（1）（2），这是因为，汉语中的疑问句一般都要有提问项（单靠语调表达疑问的疑问句除外），一个疑问点对应一个提问项。比如，特指疑问句中的疑问代词，正反问句中的肯定否定并列形式 A 不 A 都可以作为提问项（胡炳忠，1989）。例如：

（5）你是什么时候来的？

例（5）中，疑问点是时间，提问项是"什么时候"，一个疑问点对应一个提问项。如果句子中有两个或多个疑问点，则相应地要有两个或多个提问项。例如：

（6）你是什么时候跟谁一起去的？

例（6）中包含两个疑问点，一个是时间，一个是对象，相应地要对应两个提问项"什么时候"和"谁"。

汉语中一个疑问点对应一个提问项是一条普遍的规律，但是，也存在特例。例如：

（7）谁都知道这件事吗？

（8）我们在哪儿见过吧？

当疑问代词表示任指、虚指时，疑问代词只起到替代作用，不表示疑问，这个时候，就可以加疑问语气词"吗"或"吧"。比如例（7）中，"谁"表任指，指任何一个人，语气词"吗"是这句话中的唯一提问项；例（8）中的"哪儿"表虚指，指某个地方，语气词"吧"是这句话中的唯一提问项。

第二种特殊情况是"特指性是非疑问句"（邢福义，1987）。例如：

（9）今天有什么新杂志吗？

这个疑问句中，既有疑问代词"什么"，又有疑问语气词"吗"，是由特指疑问句和是非疑问句两问合二为一的句式，邢福义（1987）将其定义为"特指性是非疑问句"。特指性是非疑问句可以拆分为是非问和特指问两个问句，同时二者共用某个或某些关键性成分。如例（9）可以拆分为"今天有杂志吗？"和"今天有什么杂志？"两个问句。是非疑问句"今天有杂志吗？"和特指疑问句"今天有什么杂志？"在语义上是递进的关系。

综上，根据疑问句一个疑问点对应一个提问项的普遍性原则，"你叫什么吗"是不合汉语语法的偏误。

三、"呢"字特指疑问句的话语分布

非是非疑问句后不能用"吗"，但是可以用"呢"，如例（1′）和（2′）。这是因为，语气词"呢"不仅可以表达疑问语气，也可以表达非疑问语气功能，如"呢"字句可以表夸张、停顿、确定、缓和等语气及功能，因此，在非是非疑问句后出现的语气词"呢"，事实上并不表示疑问语气，而是表达说话人的情感。这样就符合了汉语疑问句一个疑问点对应一个提问项的普遍规律。例如：

（10）你去不去？

（10′）你去不去呢？

例（10）和（10′）都是疑问句，但二者并不是疑问语气有无的区别，而是例（10′）中的语气词"呢"为正反疑问句的疑问语气之外又增加了一层其他的语气。

值得注意的是，从话语分布的角度看，"呢"字非是非疑问句不能作为对话中的始发句，比如，"你叫什么名字呢"有一个潜在的"追问"意味，我们可以将它转换成"你到底叫什么名字呢",追问自然是在提问失败或应答信息不完整的情况下进行,因此,"你到底叫什么名字呢"用在对话的起始位置是一种语用上的偏误,会使汉语母语者觉得十分别扭。

四、纠偏方法

首先,在教授"吗"字是非疑问句时,要讲清楚语气词"吗"的用法及功能,即只有陈述句后加上"吗"才能表达疑问语气。

其次,在教授不同的特指疑问句时,应明确告知学习者,在大部分情况下,特指疑问句与语气词"吗"不同现。

最后,一旦学生发生偏误,如"*你叫什么名字吗",纠错时应明确告知学习者可以去掉"吗",而不是让其将"吗"转换成"呢"。

53. "妈妈送给我呀,小裙子"对不对?

汉语母语者听到"妈妈送给我呀,小裙子"这个句子时,一定都会觉得别扭,别扭之处就在于句中语气词"呀"的位置。这是汉语 L2 学习者常出现的一类偏误,偏误类型是句中语气词的错位。要如何纠正这类偏误呢?首先我们要了解汉语句中语气词的用法。

现代汉语中有六个典型语气词"啊、吧、呢、吗、了、的",此外,还有其他常见的单音节及多音节语气词,如"嘛、哇、啦、呀、哪""罢了、的话、而已、不成"等,总的来说语气词数量不多。这些语气词中,并不是任何语气词都能够出现在句中位置,成为句中语气词;同时,可以出现在句中位置并不意味着可以随意出现在句中的任何位置。句中语气词的使用存在一定的制约条件。

一、句中语气词可能出现的位置

1. 句子成分之间

句中语气词可能出现在句首修饰语、提示语或独立语之后(张谊生,2000)。

例如：

（1）现在呢，她的病已经完全好了。大家都放心吧！

（2）她的两个孩子呀，老大去了美国，老二去了边疆。

（3）小王这个家伙，据我所知啊，很有可能正在隐婚。

例（1）中的"现在"是一个句首修饰语，提示时间；例（2）中"她的两个孩子"在句中充当提示语；例（3）中，"据我所知"在句中做独立语。这三类句子成分后大多可以加上句中语气词，在语音上起提顿作用，在句法上起标示主位的作用。

2. 句法成分之间

一般来说，句中语气词可以出现在常见的句法成分之间，如主谓之间、述宾之间、述补之间、状中之间。例如：

（4）香港啊，真是一个令人向往的地方。

（5）我觉得呢，这件事你最好如实告诉她。

（6）她打球打了啊，有十年了。

（7）打小吧，我就特别喜欢看武打片。

例（4）中的句中语气词"啊"出现在主谓之间，例（5）中的句中语气词"呢"，出现在述宾之间，例（6）中的句中语气词"啊"，出现在述补之间，例（7）中的"打小"，其实是"特别喜欢看武打片"的状语，为了突出状语，当状语提前时，可以在其后加句中语气词。

3. 句法成分之内

句中语气词可以出现在同一种句法成分之内，比如，主语内部、谓语内部、述语内部、宾语内部、定语内部。例如：

（8）家里来了客人，瓜子啊、糖啊、水果啊什么的摆了一桌子。

（9）大家唱啊跳啊，好不开心。

（10）她吐哇吐哇，感觉快窒息了。

（11）她妈妈可是一位啊，说一不二的人。

（12）姑娘家不就喜欢些花啊、化妆品啊、首饰啊什么的嘛。

例（8）中的"瓜子啊、糖啊、水果啊"在句中充当主语。例（9）中的"唱啊跳啊"在句中充当谓语。例（10）中的"吐哇吐哇"在句中充当述语。例（11）中"啊"位于宾语"一位说一不二的人"中间。例（12）中的"花啊、化妆品啊、首饰啊"在句中充当宾语。值得一提的是，句中语气词出现在主语、谓语、述语、宾语内部时，通常以"A啊B的""A啊A啊"形式出现，语气词"啊"也有可能替换成"呀""哇""哪"等由"啊"音变衍化而来的语气词，在功能上表示列举。

二、制约句中语气词使用的一些因素

现代汉语中只有一小部分语气词可以用在句中，并且只有满足一定条件时才可出现在句中的某一位置。那么，制约语气词在句中使用的因素有哪些呢？根据张谊生（2000）的研究，主要有结构、韵律、语用和语体四方面的因素。

1.结构方面的制约

一般来说，句法结构之间联系的紧密度决定了句中语气词出现的概率。句法结构之间联系的紧密度越低，其中间可以停顿的可能性越大，则越有可能出现句中语气词。根据张谊生（2000）的分析，句法结构之间的松紧度大致是：

第一，句子结构＞句法结构，理论上来说句子成分之间都可以停顿，因此，都可以加入句中语气词，如句首修饰成分、句中提示词或独立语。

第二，基干成分＞修饰成分，基干成分主要包括构成句子主干的主谓、述宾、述补三种，这三种结构之间都可以出现句中语气词，如例（4）～（6）。修饰成分主要指定中和状中两种，定中结构之间很少出现语气词。

第三，并列成分＞同位成分，并列结构内部的松紧度不一，体词性成分比谓词性成分的结合要松散一些，因此其内部可以加句中语气词。同位结构内部不能出现语气词，如"我自己""首都北京"这类同位结构中间是不能加任何语气词的。

第四，指代成分＞指称成分，在由代词性成分构成的结构中，指代性成分内部通常可以停顿，偶尔可能出现语气词，而指称性成分内部则不能有语气词，如，"我就是一个烧菜的"中"烧菜的"指称"我"的工作，这个指称性成分内部是不能加入语气词的。

2. 韵律方面的制约

之前我们提到过，句中语气词前后往往有一个气息单位，现代汉语中的气息单位一般是 4~7 个音节。一般来说，一个节奏单位就是一个相对完整的语义单位，其内部不可被切分，因此，一个气息单位内部是不能够插入语气词的。例如：

（13）妈妈送给我呀，两件漂亮的小裙子。

（13'）*妈妈送呀给我，两件漂亮的小裙子。

（13"）？妈妈送给我呀，小裙子。

例（13'）中的语气词"呀"，位于一个气息单位之内，打破了节奏，因此这个句子是错的。例（13"）一般来说也不这么说，因为句中语气词"呀"后面的部分，在这个句子中构不成一个相对独立的气息单位。

韵律决定了能否出现句中语气词以外，还决定了句中语气词出现的次数。在正常的口头交际中，除了用于列举之外，在一个单句中，句中语气词出现次数过多会割裂句子的气息单位，违背汉语的韵律特点及经济性原则。例如：

（14）咱们得帮他快点儿干完今天的活儿。

（14'）咱们啊，得快点儿啊，帮他干完今天的活儿。

（14"）？咱们啊，得快点儿啊，帮他啊，干完今天的活儿。

（14'''）*咱们啊，得啊，快点儿啊，帮他啊，干完啊，今天的活儿。

例（14'）中句中语气词"啊"出现两次，这种情况在真实交际中是可见的。例（14"）中句中语气词"啊"出现了三次，可以看到，句子的韵律节奏已经被破坏，但现实生活中偶尔可能会出现这样的用法。而例（14'''）在真实交际中是完全不会出现的，因为这五个句中语气词完全割裂了气息单位，同时也割裂了语义单位，因此，这个句子是完全不成立的。

3. 语用制约

根据方梅（1994）的研究，句中语气词在句子中的功能主要是作为主位标记，也就是说，句中语气词总是出现在句子中表达主要信息的核心成分之间，因此，其前后可能会出现焦点成分，但句中语气词绝对不会出现在焦点成分内部。

例如：

（15）反正呀，考完试再练车也不迟。

（15′）反正考完试呀，再练车也不迟。

（15″）？反正考完试再练车呀，也不迟。

例（15）和（15′）中，句中语气词"呀"的位置标示出了这个句子中的重要信息是什么，如例（15）中的重要信息是"考完试再练车也不迟"，例（15′）中的重要信息是"再练车也不迟"。例（15″）之所以存疑，主要有两个原因，一是句中语气词"呀"割裂了这句话的气息单位；二是"也不迟"并不能完整地表达这句话语义上的主位信息，因此从语用角度看是不成立的。

4.语体制约

语体也是制约句中语气词使用的一个重要因素。一般来说，语体分为口语体和书面语体。所有语气词都更常出现在口语体中，句中语气词也不例外。但是，有一种特殊情况就是，在进行书面演讲时，虽然使用的话语大多是书面语体，但出于停顿需要或受气息单位制约，发言者可能会自觉或不自觉地使用句中语气词。

综上，我们认为，在汉语中，句中语气词的数量有限，而一个句子能否使用句中语气词，要受到结构、韵律、语用、语体的制约；同时，句中语气词能出现的位置，也受到句子成分、句法成分、表意功能等因素制约。总而言之，句中语气词并不是能随意使用的。

54.为什么说"好吧"以后，朋友不高兴了？

在汉语L2学习者所发生的语气词偏误中，有一类偏误是由语境误用产生的，也就是说将语气词用在了错误的语境下而导致了偏误。这部分偏误中，最常见的是应答语偏误。比如，常常有汉语L2学习者疑惑，为什么我用"好吧"回答了朋友的请求以后，朋友反而不高兴了呢？要回答这个问题，我们就要考察一下不同应答语的使用环境。这里我们以"好、好的、好啊、好呀、好嘞、好吧"为例来进行说明。

一、话语分布特点

应答语"好、好的、好啊、好呀、好嘞、好吧"等出现的位置主要有两种，一是单独作为一个应答话轮，如例（1），二是作为应答句的一部分，位于应答话轮的起始位置，我们称之为应答小句，如例（2）：

（1）［王丽有问题问傻根］

王丽：傻根，大哥跟你说了什么？你看着我！

傻根：没……没说什么。大姐，俺给你说一个俺村的笑话吧！

王丽：好呀！ （电影《天下无贼》）

（2）［英子妈告诉英子自己家里的变化］

英子妈：你昏迷了好几天了，等你好了，我们就回到新家去。

英　子：新的家？

英子妈：是呀，新的家。我们新搬的家在新莲子胡同，记着，老师考你的时候，问你，家在哪儿啊，你就说新莲子胡同。（电影《城南旧事》）

根据郑家平（2018）的研究，"好呀""好啊"应答语偏好作为应答小句出现于应答话轮的起始位置上，其后通常都伴随表示认同或解释的话语，而"好""好的""好吧""好嘞"多作为独立的应答话轮出现。其次，"呀"字应答语无论作为独立应答句还是作为应答小句，出现频率较多的都是"对呀"和"是呀"及其否定形式；"好呀"及其变体"好的呀"更多用作独立应答句；"行呀""没问题呀"等用例都较少，这说明在日常口头交际中，"行呀""可以呀""没问题呀"的使用不具备普遍性。由此我们可以推断，应答语"好""好的""好嘞""好吧"在表达说话人的情态时比较完备，而"好啊""好呀"相对来说不够完备，还需要说话人再补足其他信息。

二、互动功能

应答语"好、好的、好啊、好呀、好嘞、好吧"在话语分布上具有不同的特点，这也决定了他们在话语中会表达不同的话语功能。此外，在语气词的使用中，对话双方的关系也会对交际产生影响，这些共同构成了应答语的互动功能。

1. 话语功能

根据上文的分析，"好""好的""好吧""好嘞"在表达说话人的情态时比较完备。例如：

（3）[爸爸出家门前，妈妈嘱咐爸爸]

妈妈：下班买瓶酱油回来。

爸爸：好。

（4）[警察告诉阮大伟如何接绑匪电话]

警　察：待会儿要是来电话，你接，争取拖延通话时间。

阮大伟：好的！　　　　　　　　　　　　　（电影《没完没了》）

（5）[杜拉拉和男朋友同时也是自己上司的王伟争吵]

杜拉拉：我的IQ很高，在公司也算名列前茅了。不过你别忘了今天你是来安慰我的，而且现在是下班时间，不要跟我讨论什么EQ、IQ的问题。

王　伟：好吧。　　　　　　　　　　　　（电影《杜拉拉升职记》）

（6）[邱如白和小李在布置表演舞台]

邱如白：倒挂楣子往上，两寸。

小　李：好嘞！　　　　　　　　　　　　　　（电影《梅兰芳》）

（7）[一对绝症夫妻商量如何死]

赵得意：话都是你说的，我还比你早发病呢，你想我现在就死给你看？

琴　琴：咋死？

赵得意：上吊！

琴　琴：好啊，麻绳都在柜子里。我们今天一块儿死。　（电影《最爱》）

（8）[王伟跟杜拉拉争吵]

王　伟：难道你就没有没告诉我的事情么？……你没有错，可能碰到的时间不对吧？

杜拉拉：碰到的时间不对，好呀，那我们分手吧！（电影《杜拉拉升职记》）

例（3）～（6）中，应答语都单独作为应答话轮，并且均起到了结束对话的作用。这说明这些应答语在表达任务情态方面是完备的。而例（7）和例（8）中，说话人在应答语"好啊""好呀"之后，又以其他话语进行了补充，由此我们推断，"好呀""好啊"在表达情态功能方面是不完备的，因此需要其他补足信息。那么，它们到底表达怎样的情态和话语功能呢？我们要结合人际关系进行考察。

2. 互动关系对应答语的选择

A. 应答语"好"

应答语"好"通常出现在略正式或略紧急的语境中，在权势关系方面，应答一方通常处于弱权势地位，在亲疏关系方面偏向于一般关系或生疏关系。如例（3），尽管说话双方是比较亲密的夫妻关系，但在分担家务这件事上，妻子显然是强权势一方，她以祈使语气要求丈夫回家时买瓶酱油，丈夫又正好着急出门，所以他用"好"作为应答，快速结束这个对话出门上班。显然，买酱油这类事对于丈夫来说是惯常性的事，因此丈夫并没有什么要与妻子沟通的。

B. 应答语"好的"

应答语"好的"较"好"多出了语气词"的"，根据语气词"的"的核心功能，"好的"表达了说话人对听话人所说话语确信不疑的态度。例（4）中，阮大伟要接绑匪的电话，情势紧张，此时他对警察的话是确信不疑的，因此选择了"好的"来回应警察的建议，表达自己遵从执行的意愿，并尽快结束话题。在人际互动方面，说话人选用"好的"，多为了表达自己对听话人所说话语遵照执行的意愿，因此，一般情况下，弱权势一方会更多选用"好的"，强权势一方有时为了塑造自己平易近人的形象，营造和谐的人际关系，也会选用"好的"作为应答语。

C. 应答语"好吧"

应答语"好吧"较"好"多出了语气词"吧"，根据语气词"吧"的核心功能，说话人在使用"好吧"时，通常是在自己的意愿与表述之间存在差距时，说话人在内心完成了自己与自己的协商，勉强接受对方的话语。也就是说，言者勉强接受对方的立场，放弃或丢弃自己的立场。如例（5），杜拉拉盛气凌人，作为男朋友也是她上司的王伟在这种情况下，为了安抚女友，即使自己不同意，受形势所迫，也只能勉强接受她的提议，但其实他内心是不满、犹豫、不想接受的。

D. 应答语"好嘞"

应答语"好嘞"原是北京话口语中所普遍使用的，说话人带有豪爽、干脆之意。通常在关系亲密的双方之间使用。在权势关系方面，弱权势一方在非正式场合往往会选择"好嘞"作为对强权势一方的应答，以塑造双方的亲密关系，如例（6），小李是小伙计，属弱权势一方，他通过"好嘞"来表达对老板命令的遵从，同时又显示出自己与老板之间关系亲密。当然，生疏关系的双方有时也会选择"好嘞"来塑造双方的亲密关系形象。这一特点在微信、微博、淘宝等文字交流平台中非常常见，比如很多淘宝客服在首次与客户交流时，为了拉近与客户的关系，往往会选择"好嘞"作为应答语。

E. 应答语"好呀"和"好啊"

应答语"好呀"和"好啊"的情况略复杂一些。当它们作为独立应答语时，是表示开心、赞成的。但当其后续有补充信息时，其功能更多地是表示应答，说话人对上文的态度要根据补充信息来判断。如例（7），丈夫因为得了绝症要自杀，妻子是不赞成并且非常气愤的，因此她的应答语"好啊"事实上是反话，并不是真心的赞同，所以后面又以"麻绳都在柜子里，我们今天一块儿死"来进行补充，表达自己的反讽。同理，例（8）中，男友王伟处处指责杜拉拉，在气头上，杜拉拉以"好呀"表示赞同男友的话，但其实她是不赞成的，所以在"好呀"以后以分手相威胁。

综上可见，当朋友提出请求时，如果汉语 L2 学习者以"好吧"作为应答，汉语母语者当然会觉得这个人不愿意帮助自己，因而会觉得略不高兴。教师在教学时应明确告知学习者使用"好吧"的上下文语境。

55.语气词应该怎样教？

探讨某个语法项目应该怎样教，汉语 L2 教学工作者至少要回答两个问题，一是这个语法项目教什么，即教学内容；二是怎么教这个语法项目，即基本的教学流程、教学顺序、教学方法等。

一、语气词教学教什么?

汉语中的语气词数量总体来说并不多，常用语气词只有六个，但是每个语气词的用法都灵活多变，需要在上下文中细细体味才能领会语气词所表达的语气及其所发挥的具体功能。因此，语气词教学到底教什么，这是教材编写和语气词课堂教学的根本性问题。要回答这个问题，我们应该考察教学大纲及教材，并在此基础上提出合理化建议。

1. 教学大纲中的语气词

在汉语 L2 教学领域比较权威且使用率较高的教学大纲主要有三种，分别是《汉语水平词汇与汉字等级大纲》《汉语水平等级标准与语法等级大纲》和《高等学校外国留学生汉语长期进修教学大纲》，三部大纲对语气词的收录情况如下：

《汉语水平词汇与汉字等级大纲》收录语气词"啊、吧、啦、吗、嘛、哪、呐、呢、呀、的、了"和"哇""喽、呦""而已"，共计 15 个。

《汉语水平等级标准与语法等级大纲》收录语气词"吗、呢、吧、啊、了""的""似的、着呢""而已"，共计 9 个。

《高等学校外国留学生汉语长期进修教学大纲》收录语气词"的、了、吗、呢、吧、啊（啦、哪、呀、哇）、嘛""罢了、似的、着呢""而已、也罢"，共计 12 个。

通过上述三个大纲的收录情况我们可以看到，六个常见语气词"啊、吗、呢、吧、的、了"是比较有共识的，这六个语气词的常见用法通常被安排在初级阶段进行教学。传统认可的语气词"啊"的音变体如"哪、呀、哇"也收录进了大纲。此外，随着语体的变化，一些双音节语气词如"似的、着呢、而已、罢了"也被收入到大纲的中高级阶段。

2. 教材中的语气词

教材是教学的依据，也是学习者获得知识的基础。因此，教材对教学内容的选择和编排对课堂教学的影响至关重要。汉语 L2 教学教材丰富，我们以非常权威的《新实用汉语课本》（第 2 版）（以下简称《新实汉》）为例，来看看教材中选择了哪些语气词。

通过教材分析我们看到,《新实汉》中共教授 10 个语气词,分别是"吗、呢、了、啊、吧、的、嘛、呀、啦、么"。可见,《新实汉》的选词基本与大纲一致,唯一不同的是语气词"么",经过分析我们发现,"么"主要出现于课文《孔乙己》中,而众多前人研究已表明,现代汉语中的"吗"部分语义来源于"么"(钟兆华,1997;杨永华,2003)。

二、怎么教语气词?

结合笔者的汉语 L2 教学经验,我们认为六个典型语气词的典型用法,可以安排在初级阶段进行教学。其中,初级阶段前期可以教授"吗、呢$_1$"。

1. 吗

"吗"字是非疑问句。例如:"你好吗?""……,好吗/对吗/是吗?"

2. 呢$_1$

表疑问语气的"呢"。例如:"我很好,你呢?""妈妈呢?"

初级阶段中期可以教授"吧、的、了$_2$"。

3. 吧

"吧"字应答语。例如:"好吧。"

"吧"字祈使句。例如:"你去吧!"

"吧"字是非疑问句。例如:"你吃饭了吧?"

4. 的

"是……的"结构基本形式。例如:"我是昨天来的。"

5. 了$_2$

句末表变化的"了$_2$",如:"秋天了,天气凉快了。"

语气词"啊""呀"和"哪""哇"等是一组非常空灵多变的语气词,并不像其他几个语气词一样有一个典型的或基本的用法,因此,我们认为这一组语气词可以随文讲解,不必做整体设计。初级阶段可以先教授"啊""呀"的应答语,如:"好啊""好呀""是啊""是呀""对呀"等。

上述典型语气词的其他用法以及双音节语气词的用法,应安排在中高级阶段，在学习者掌握了一定的汉语词汇、语法、语段知识并具有一定的汉语语感后，通过阅读及分析上下文，帮助学习者理解语气词的含义，有条件的话，最好借助视频资料，帮助学生通过分析说话人、听话人之间的互动及多模态特征，感受语气词所表达的深层含义。

56.如何教语气词"的"？

"的"是汉语语法研究领域的一个重点、难点和热点。"的"可以出现在不同的语法位置，因此它的语法功能也各不相同。大家普遍接受的观点是，"的"最常见的用法是做结构助词，如"我的书""中国的首都"等。但当"的"位于句末时，"的"到底是结构助词还是语气词，一直存有争议。

一、如何区分句末"的"是结构助词"的"还是语气词"的"

如何区分句末"的"是结构助词还是语气词？邵敬敏（2002）提出了区分的方法，他指出，如果将句末的"的"去掉，句子依然成立，且意思没有发生根本变化，即为语气词"的"；反之，如果去掉"的"后，句意表述变得不完整甚至不成句，那么这个"的"就是结构助词"的"。例如：

（1）别担心，一切不如意的事都会过去的。
（2）这本书是爸爸的。
（3）孩子的小脸红红的。

例（1）中，去掉句末"的"，句意没有发生根本改变，因此我们可以判断这个句末"的"是语气词。例（2）（3）中去掉句末"的"以后，"这本书是爸爸"和"孩子的笑脸红红"不成句，因此，这两个例句的句末"的"是结构助词。

二、句末语气词"的"的表意功能

在日常口语中，作为句末语气词的"的"多出现在"是……的"结构中。

根据李讷等（1998）研究，句末语气词"的"主要起传信的功能，即表达说话人对某事的确信态度。李讷等（1998）还概括了使用语气词"的"的三种句式。

1.（是）SVP 的

这类句子的语序是：（是）SVP 的，其主要功能是断定现实事件的责任者。这一句式中新信息是"（是）S"，VP 通常是已知信息。例如：

（4）A：谁告诉你的？

B：是我妈告诉我的。

在对话（4）中的应答句里，说话人所要强调的新信息是"（是）我妈"，"告诉"是已知信息，并不是说话人要强调的内容。值得注意的是，当强调某现实事件的责任者时，这一事件通常是已知的或已经发生的。

2."是……的"——强调现实事件的条件

这类句子主要表示对事实的宣告、强调，即在双方共知某事的情况下，说话人通过"是……的"句强调想让听话人注意的方式、目的、原因、条件等信息。例如：

（5）A：我给你煮碗面吧。

B：不用不用，我是吃完了饭过来的。

（6）A：她就是喜欢你的钱！

B：她可不是因为钱才想嫁给我的。

例（5）和例（6）说话人分别以"是……的"句告知听话人"不用煮面的原因"和"她想嫁给我"的条件。值得注意的是，由于强调的是现实事件的条件，因此这些事件通常都是已知的、已经发生的。

3."是……的"——对非现实事件的肯定

所谓的非现实事件，指的是现实中并不存在的事件，它往往是说话人根据现实状态假设或推断而来的。例如：

（7）A：你招不招？

B：我是永远也不会说的。

（8）你千万别客气，换了谁都会这样做的。

例（7）中，说话人用"是……的"句要告知对方的是未来的状态，陈述的是自己的意愿。例（8）中，说话人告知对方的是依理推断出来的。值得注意的是，在这类对非现实事件的"是……的"句式中，通常都会出现与未来相关的必然类副词"会"。

4. "是……的"句特例

"是……的"句中有一些特例。例如：

（9）这是谁送你的书？

（10）我不是坐车来的学校。

在例（9）和（10）中，语气词"的"前置到宾语"书"和"学校"之前。根据李讷等（1998）的研究，这种前置只能出现在强调现实事件的"是……的"句中，而不能出现在强调非现实事件的"是……的"句中。

三、对语气词"的"的教学建议

由于语气词"的"主要出现在"是……的"句中，因此在教学中我们可以在教授"是……的"句的同时，帮助学习者理解语气词"的"的表意功能。

现有的汉语第二语言教材一般会在初级阶段教授"是……的"句，并且通常会安排在"了"的教学的前后。这就很容易引起混淆。本身学习者就很容易混淆"了$_1$"和"了$_2$"的用法，再加上"是……的"句，学习者很容易受到母语干扰或目的语迁移而产生偏误。例如：

（11）*是我昨天看到了。

（12）*他跟朋友一起去了长城的。

因此，我们建议在教材编写或课堂教学中，可以将"是……的"句的教学与"了$_1$"的教学分隔开。可以先教授"是……的"句，在学生掌握了"是……的"句的现实性事件用法后，再教授"了$_1$"，之后再教授"了$_2$"和"是……的"句的非现实性事件用法。这样就能有效避免因混淆"了$_1$"和"是……的"句用法而产生的偏误。

对于语气词"的"的功能，在初级阶段，教师可以在教学中帮助学生通过具体的语句领会"的"的核心功能，即表达说话人对所陈述事情的确认态度。到了中高级阶段，可以帮助学生在语段或语篇中进一步领会和了解语气词"的"的语气和情态功能。

57.如何教语气词"嘛"？

语气词"嘛"尽管不是典型语气词，但在日常口语中仍然具有较高的使用频率。学界对于"嘛"的研究主要集中在两个方面，一是探讨语气词"嘛"与"吗"在理解上的不确定性，二是探讨语气词"嘛"的语气及功能。

一、语气词"嘛"与"吗"的不确定性

在日常生活中，我们常常发现"嘛"与"吗"混用的现象，这一方面是由于文字误用，另一方面是确实存在着语气词"嘛"与"吗"在理解上的不确定性，不少学者已注意到这一点并对其进行了研究。李宇明（1997）提出，面对语气词"嘛"和"吗"理解时存在不确定性的问题，可根据句末语调对二者加以区分，即句末是疑问语调时用"吗"，陈述语调时用"嘛"。邢福义（2002）指出，"吗"和"嘛"的不确定性更多地是"书面语里的问题"，在口语中，不管是"吗"还是"嘛"，都使用 ma 这个音。

我们认为，从语音角度看，"嘛"和"吗"虽然都读作 ma，但在句调方面仍具有一些差异，我们不能简单地以句调来确定语气，同理，也不能以语气确定选择"嘛"抑或"吗"。历史语言学角度也表明，我们不能简单地区分"吗"和"嘛"。吴福祥（1997）从语言发展衍化的角度，研究了语气词"麽"在近代汉语文献中的发展和变化情况。

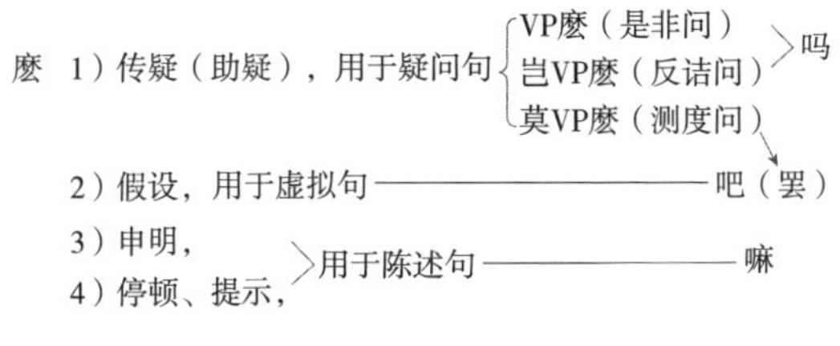

麽　1）传疑（助疑），用于疑问句 ⎰ VP麽（是非问）⎱
　　　　　　　　　　　　　　　⎨ 岂VP麽（反诘问）⎬ 吗
　　　　　　　　　　　　　　　⎩ 莫VP麽（测度问）⎭

　　2）假设，用于虚拟句————————— 吧（罢）
　　3）申明，⎱
　　4）停顿、提示，⎰ 用于陈述句————— 嘛

图 57-1 "麽"在近代汉语文献中的用法示意图（吴福祥，1997）

由图57-1可见,"吗"与"嘛"至少在近代汉语中是同源的,并具有一定的分布互补性,"吗"分布于疑问句(是非问、反诘问)之后,"嘛"多用于表"申明""停顿、提示"的陈述句后。

二、语气词"嘛"的语气及功能

关于语气词"嘛"的语气及功能,《现代汉语八百词》《现代汉语虚词例释》《实用现代汉语语法》等基本都持相同观点,认为句末语气词"嘛"表示事情本该如此,理由显而易见,如例(1);或表示期望与劝阻,如例(2);句中语气词"嘛"主要表停顿,用于唤起听者对下文的注意,如例(3):

(1)女孩儿就应该爱美嘛。

(2)别生气嘛。

(3)好茶嘛,要细细品味才能知道甘甜。

傅由(1997)提出,语气词"嘛"用在特指问句后,表达言者的强烈不满情绪,也可以表示说话人强烈的自信,具有居高临下的语气。例如:

(4)这是怎么回事嘛?

此外,他还提出,语气词"嘛"能表示任性的语气。例如:

(5)不嘛!

(6)人家就是要去嘛!

徐晶凝(2008)从交互主观性的角度认为,"嘛"的情态意义是"强传信式论理劝求,并暗示听话人应当接受"。

关于"嘛"的话语功能,强星娜(2007、2008)分别讨论了疑问句后和陈述句后的句末语气词"嘛"所具有的话语功能,她认为,位于疑问句后的语气词"嘛"具有催促功能,具有"他问"的特点;而位于陈述句后的句末语气词"嘛"是一个直陈语气词,反映说话人对命题为真的强确定态度,由此她解释了"嘛"表"不满"情绪的由来,认为"不满"情绪主要来源于"嘛"所标记的说话人的知情状态。

根据郑家平(2018)的研究,句末语气词"嘛"的核心话语功能是表达言者与语境的预期偏离,即当对话中出现与言者预期相偏离的话语或行为时,言者通过句末语气词"嘛"来暗示这种预期偏离,并通过陈述、祈使、反问、特指疑问形式来明示或暗示自己对这种偏离行为的负面事理立场，从而衍生出"意外、否定、不满、指责"等负面情感。与此同时，句末语气词"嘛"所表达的委婉和撒娇语气，能够将言者的负面事理立场委婉地表达出来，从而减少对交际双方颜面的损害。例如：

（7）［熊顿与医生闲聊］

医生：假发歪了。

熊顿：［用手正了正假发套］正了吗？

医生：不嫌麻烦嘛？这里又没人会嫌弃你。（A）

熊顿：保暖嘛。你现在有时间吗？（B）　　　　（电影《滚蛋吧，肿瘤君》）

例（7）中有两个"嘛"字句，（7A）是一个"嘛"字反问句，在医生看来，"戴假发很麻烦"这是人所共知的事实，熊顿不怕戴假发麻烦的行为与医生的这一预期相反，因此医生说"不嫌麻烦嘛"，句末语气词"嘛"表明了自己的否定态度，而否定来源于熊顿戴假发行为与医生自身的预期相偏离。（7B）是一个"嘛"字陈述句，熊顿用"保暖嘛"作为对医生的回应，为了避免自己的颜面受损，而以"（戴假发）保暖"作为回应。为了让这一回应更加有力，言者加上了句末语气词"嘛"，从而使得"（戴假发）保暖"这一本来不合情理的提法，听起来成了应该是社会共知的信息；同时，句末语气词"嘛"表明了言者对"（戴假发）麻烦"这一说法的反预期感受，因此具有表达否定和不满的功能。

三、语气词"嘛"的教学建议

在汉语 L2 课堂中，在教授语气词"嘛"之时，有必要为学生比较语气词"吗"和"嘛"，帮助学生体会二者的区别。在安排教学流程时，我们可以按照句末语气词的句类分布偏好来安排教学。根据郑家平（2018）的研究，句末语气词"嘛"偏好分布在陈述句之后，其次是祈使句后。句末语气词"嘛"也可以分布在不表疑问语气的疑问句后，语料中以反问句为主。因此，我们的教学顺序可以首先安排"嘛"字陈述句，然后是祈使句，最后是疑问句。

58.几种常见的"呢"字结构如何教学？

之前我们讨论过，语气词"呢"是汉语中一个比较复杂的语气词。在第二语言教学中，"呢"常与一些词语共现，并表达相对固定的意义，这些"呢"字结构有利于汉语 L2 学习者整体记忆并使用，因此是汉语 L2 教学和教材编写的重点。下面我们来逐一讨论这些"呢"字结构的教学要点是什么，应如何安排课堂教学。

一、"正在/正/在……呢"结构

"正在/正/在……呢"一般出现在汉语 L2 教学的初级阶段，主要教学习者如何表述某一时间下正在进行的、持续发生的事件。

1. 教学要点

"正在/正/在……呢"结构包含三个教学要点。

首先是现在或当下正在进行或持续的时间。例如：

（1）你等一会儿，我正在做计划呢。

（2）他这会儿肯定在睡觉呢，你过一会儿再打试试。

例（1）中，我们通过上下文可知，说话人用"正在……呢"介绍的是自己当下正在做的事情。例（2）中有一个比较明确的时间短语"这会儿"，因此"在睡觉呢"猜测的就是当下正在持续的事情。

其次是过去某一时间点正在进行或持续的事件。例如：

（3）昨晚这个时候，我正和朋友打麻将呢。

（4）往年这个时候，我都在老家陪老妈蒸馒头呢。

例（3）中的"昨晚这个时候"和例（4）中的"往年这个时候"，都是过去的某一个时间点。例（3）讲述的是过去某个时点一次性发生的事件，例（4）讲述的是过去某个时间点惯常发生的事件，由上下文可知，这个事件在当下的这个相同时点中断了。

最后是将来某个时点可能进行或持续的事件。例如：

（5）明晚的八点，我可能正在家里舒舒服服泡澡呢。

（6）十年后的这个时候，他再也不会如此奔波了，可能正在家里享受生活呢。

例（5）和例（6）中，都有未来的某个明确的时间点，并且"正在/正/在……呢"结构前有"可能""也许"等表不确定性的副词。

2. 教学安排

在课堂教学或教材编写中，一般都先教授最易理解的表当下持续的"正在/正/在……呢"形式，然后再教授过去某时点下以及未来某时点下的用法。从结构形式入手，教学中先教授完整的"正在……呢"形式，然后教授"正……呢""在……呢""……呢""在……"，最后再教授"正……"，因为"正……"并不完句，通常以"正……时"结构出现。例如：

（7）我正吃饭时他就来了。

（8）我正要睡觉电话就响了。

在这一结构中，我们应该结合上下文语境，帮助学习者理解语气词"呢"的目的是引导听者理解说话人的潜在心理动机。

二、"着""呢"共现结构

"着""呢"共现有两种形式，一种是可以插入其他成分的。例如：

（9）外面下着雨呢，你别出去了。

另一种是以合成性语气词"着呢"的形式出现。例如：

（10）我们白着呢。

无论哪种形式，"着""呢"共现都突显某个动作或状态的持续性。

1. 教学要点

第一，VP+着呢，表动作的持续性。例如：

（11）A：快点儿吃，来不及了。

　　　B：我吃着呢，没看见吗？

（12）你稍等一会儿，我正做着饭呢，做完了就给你回电话。

第二，Adj + 着呢，"着呢"作为合成语气词，整个结构表极高的程度，语气上带有夸张的意味，通常用于说话人以这种夸张的极高程度来否定前述话语中的观点。例如：

（13）谁说我们黑，我们白着呢。

（14）人家两口子关系好着呢，你别掺和了。

例（13）中，说话人说的"白着呢"，除了说明"特别白"以外，还表达了说话人的心理动机，即用来否定前述话语"黑"，这一动机从前半句也可以得到佐证。例（14）中，说话人说的两口子关系"好着呢"除了说明他们的关系特别好以外，还表达了说话人对听话人"掺和"行为的否定，这一点从后半句可以得到佐证。

2. 教学安排

在教学中，一般首先教授"VP + 着呢"形式，然后再教授"着呢"的合成语气词用法。前者一般出现在汉语 L2 教学的初级阶段，与"着"的教学同步；后者作为一个非常口语化的语气词，一般在准中级阶段出现。在教授"着呢"合成语气词用法时，要讲清楚表示程度和表达心理动机两层功能，以便于学习者理解和正确使用。

三、"还……呢"结构

"还……呢"结构中通常出现名词或名词短语，主要表达说话人对所陈述对象的不屑、不以为意、不满等负面情感。例如：

（15）还好朋友呢，连我的生日都没记住。

例（15）中的"还……呢"结构表达了说话人对好朋友的不满，认为连生日都没记住就不配当说话人的好朋友。

在具体上下文中，"还……呢"的用法也有所差别。

1. 教学要点

第一，"还……呢"与"连……也"结构连用，语义上表达某人或某事达不到某种标准，语气方面表达说话人的不屑、不满等负面情感。例如：

（16）还数学老师呢，连这么容易的题都做不出来。

（17）你连这么简单的句子都翻译不出来，还去美国生活呢。

例（16）中说话人认为某人不符合当数学老师的条件，对这个人的态度是不屑、不满的。例（17）中，说话人觉得听话人"连这么简单的句子都翻译不出来"，达不到"去美国生活"的标准，因此对他的"去美国生活"的提法是持否定态度的，整个句子含有挖苦、讽刺的意味。

第二，说话人在对话中的应答句中以"还……呢"重复上文，用以否定上文所提出的信息，并在后半句中以"都……了"申明事实。例如：

（18）A：孩子还小嘛，慢慢教。

　　　B：还小呢，都快大学毕业了。

（19）A：她闺女有对象了吧？

　　　B：还有对象呢，人家都当妈了。

例（18）中，说话人B先是以"还小呢"否定了A的话，然后以"都快大学毕业了"表明事实是孩子已经不小了。例（19）中，说话人B先是以"还有对象呢"否定所谈到的第三方有对象这个说法，然后以"都当妈了"来申明事实是第三方不仅有对象了，而且当妈了。

第三，说话人通过"还……呢"提出比前述话语更进一步的事实，来否定前述话语，表达自己的不认同、不满、不屑等负面情感。例如：

（20）去过美国有什么了不起的，我还在美国生活了十多年呢。

（21）你是局长？我还市长呢！

例（20）中，前述话语应该是某人觉得去过美国很了不起，说话人以"在美国生活了十多年"这一比"去过美国"更进一步的事实，来否定前述话语，表达自己觉得"没什么了不起"之意。例（21）是一个典型的冲突型话语，说话人以比"局长"高一级的"市长"来否定听话人的身份，用来表达自己对听话人的负面情感。

2.教学安排

在"还……呢"的若干用法中，核心功能是表达说话人对前述话语的负面情感，因此应该首先对第一个教学要点进行教学，然后再安排其他要点的教学。

综上所述，上述三种典型结构的语义都包含说话人借助"呢"字结构与听者进行互动，传递说话人心理动机这一功能，而这种功能正是语气词"呢"带来的。教师有必要在教学中帮助学生理解"呢"的这一核心功能。

59.如何教授双音节语气词?

在汉语 L2 教学中，比较常见的双音节语气词有"着呢、似的、而已、不成、罢了"等。这些双音节语气词在日常口语中大多出现频率不高，并且多与书面语体或早期白话文有关，因此在教学中我们不主张在初级阶段进行教学，也不主张对这些双音节语气词在教材编写时做整体设计，可以随文注释、随文讲授和学习，这样做有利于在上下文语段中帮助学习者理解这些双音节语气词所表达的语气及功能用法。"着呢"我们在前文已经提过，这里我们重点讲一下"似的、而已、罢了"三个双音节语气词的用法及教法。

一、似的

"似的"到底是什么词？学界看法不一，有的认为是结构助词（北京大学中文系现代汉语教研室，2012），有的认为是比况助词（黄伯荣、廖序东，1991），也有的认为是语气词（江蓝生，1992）。大部分汉语 L2 教材将"似的"列为语气词，并主要以"（像/跟）……似的"结构向汉语 L2 学习者进行整体教学。

"像……似的"主要表示比喻、比较和推测义。例如：

（1）花滑女神的冰上表演简直像冰上飞天似的。
（2）这丫头长得多好看，像小洋人似的。
（3）他不服气似的，对着爸爸做了个鬼脸。

例（1）表示比喻，将花滑女神的表演比作"冰上飞天"。例（2）表示比较，说明"这丫头"和"小洋人"有某些共同特点。例（3）省略了"像"，表示猜测、推断。

在教学中，可以将"像……似的"先作为一个整体教授给学生，并且教最典型的表示比喻的用法，可以告知学生，"跟"可以与"像"进行替换，但"跟……

似的"更加口语化。省略"像"或"跟"的用法可以最后教授。

二、而已

"而已"是一个公认的双音节语气词（吕叔湘，1942/2014；齐沪扬，2002）。"而已"的意义也比较明确，即常用在陈述句句末，有把事情往小里说的意味。例如：

（4）这点儿钱对于他来说，不过九牛一毛而已。

（5）母亲只是腼腆地笑，不是她不高兴，而是她不知道该怎么表达出来而已。

例（4）中，说话人把对于他来说的这点儿钱往小里说，说成了"九牛一毛"。例（5）中，把母亲腼腆地笑往小里说，说成是"不知道怎么表达出来"。"而已"最常见的用法是位于句末，如例（4）（5），有时也位于句中。例如：

（6）妈妈的梦不再是说说而已的闲话。

（7）他可不是听听而已的人，他是听了就会记住并且会去马上实施的人。

（8）仅此而已还不够，你还得争取一次中标。

例（6）和例（7）中，"而已"位于小句的中间位置。

值得注意的是，"而已"偏好与一些成分共现，主要有以下三类。

第一，"而已"与"只是""不过""仅仅"等表示小范围的副词共现，如例（8）。

第二，"而已"通常与数量短语共现，并且数量短语通常具有客观小量的特点。例如：

（9）远古时期的礼器，现存不过七八件而已。

数量短语"七八件"是一个客观小量，这也与"而已"的表意功能相辅相成。

第三，"而已"与动词重叠式共现，构成"动词重叠式＋而已"形式。例如：

（10）我就是好奇嘛！看看而已，又不会弄坏。

有时，重叠的动词与"而已"之间可以插入宾语。例如：

（11）别害怕，不过走走过场而已，不会伤筋动骨的。

教学时，"而已"一般是出现在中高级阶段的，考虑到有标记的语法项目更易学习和掌握，我们可以先教授位于句末的"而已"及其三类共现形式。

三、"罢了"

实词"罢"表示"完结、结束"之意,"罢"与"了"连用,经过不断虚化最终成为语气词。现代汉语中的语气词"罢了"常用于陈述句末尾。它与"而已"一样,有把事情往小里说的意味,表示如此而已、勉强可以,其与"而已"的共现成分一致,因此,在很多句子中,"而已"可以与"罢了"互相替换。如例(4)~(11)中的"而已"都可以用"罢了"来替换。

但是,"罢了"在不断虚化的过程中还存在两种与"而已"不同的用法,这两种用法在古汉语或早期白话文中还能见到,其一是表示事情姑且就这么决定,其二是表示建议或祈使。但由于这两种用法已经湮没于历史,在现代汉语中已经消失,因此不作为汉语 L2 教学中的常见用法教授给学生。

在实际教学中,无论先教"而已"还是"罢了",我们都可以给出另一个替换形式,这样可以大大提高学习效率。

60.如何从互动的角度进行课堂语气词教学?

众所周知,汉语语气词十分丰富,其多样性、动态性和细微性的特点决定了汉语语气词是汉语语法本体研究的热点和难点问题,同时也是汉语 L2 教学与习得的重点和难点,可以说,语气词使用是否恰当得体,能够反映出汉语学习者的真实汉语水平。传统的从形式与意义相互验证的静态角度开展的语气词研究存在一定不足,多年来相关进展缓慢。互动是言语交际的本质,也是语气词使用的本质动力和特点,基于互动语言学理论的语气词研究能够更加直观、清楚地发现汉语语气词的最本质特点。

下面我们就以句末语气词"呗"为例,讨论如何从真实互动的角度出发,教授语气词"呗"的用法。考虑到语气词"呗"是自然口语中常见的语气词,且对于学习者的汉语水平有所要求,我们将教学对象预设为具备 HSK3 级以上水平的汉语学习者,课型预设为口语课。

具体的教学设计请见表 60-1。

第三部分 习得与教学篇

表 60-1 基于互动的语气词教学设计——以语气词"呗"为例

教学对象	具备 HSK3 级以上水平的汉语学习者
课型	口语课
教学内容	句末语气词"呗"
教学目标	1. 学生能够在口头交际中正确使用句末语气词"呗"; 2. 在口头交际中,学生能够正确理解"呗"字句的含义并做出恰当的回应。

教学环节设计	备注
1. 与尴尬预期相关的"呗"字句 2. 与"不耐烦"之情相关的"呗"字句 3. 与"不以为然"的态度相关的"呗"字句	由于语气词自身空灵虚化的特点,设计语气词教学首先要帮助学习者了解使用这一语气词的典型语境以及使用者的心理动因。根据郑家平(2018)的研究,句末语气词"呗"是一个典型的语境提示词,其与负面预期、两难或尴尬语境紧密关联,主要表达言者的负面事理立场。在教学中,我们可以根据语气词"呗"所提示的特殊的语境顺序来设计教学环节。

教学内容	教学设计	互动语言学理论的应用
与尴尬预期相关的"呗"字句	典型形式:A 就 A 呗、A 就 B 呗 一、话语功能 1. 表达说话人的"尴尬"预期 2. 表达说话人"不在乎"或"随意"的态度,以此来避免面子受损 二、教学安排 1. 导入 在跟别人说话时,当对方的话让你觉得尴尬、不好意思时,你会说什么或者做什么?	一般来说,尴尬是个人的一种主观感受,与个人的面子密切相关。在社会交往中,当人们感到面子轻微受损,就会产生尴尬之情。在会话交际中,当交际使交际者感觉到自己的面子可能会受损时,即交际产生"尴尬"预期时,言者任意选择表达"不在乎"或"随意"态度的句末语气词"呗",这样一旦被拒绝,就能够避免自己的面子受损。通过语料分析,构式"A 就 A 呗"或"A 就 B 呗"基本都与"尴尬"预期有关。因此,这一结构可以作为学习者学习和了解句末语气词"呗"的典型语境。

续表

教学内容	教学设计	互动语言学理论的应用
	2. 语法点讲解 （1）电影节选导入（如《阳光灿烂的日子》《大腕儿》等） （2）文本导入（为方便语气词的理解，需在对话中呈现语气词） 对话一：电影《阳光灿烂的日子》节选 ［马小军看到年轻姑娘米兰在买菜］ 马小军：你还买菜，像个小媳妇。 米　兰：小媳妇就小媳妇呗，不买菜吃什么。 对话二：电影《大腕儿》节选 ［尤优给王小柱介绍泰勒的助手露茜］ 王小柱：怎么回事？你怎么这么早来，不是说十点吗？ 尤　优：来了就见呗。 王小柱：不行。 教师可通过如下问题导入到该语法点，并引起学生思考，进一步讲解两个构式的典型语境和使用特点。 对话一： 1. 你觉得米兰今年多大？ 2. 米兰愿意被男生称作"小媳妇"吗？ 3. 马小军说她像"小媳妇"时她的心情是怎样的？ 教师：所以，米兰用"小媳妇就小媳妇呗"这句话，表示自己不在乎这个说法，从而避免自己丢面子。 引出语言点：当你因为别人的话而感到尴尬、不好意思时，可以用"A 就 A 呗"来表示自己对这句话不在乎，以此来保护自己的面子，并且希望结束让你感到尴尬的话题。	讲解语法点时，首选视频导入，因为视频导入能够让学习者更清晰地感知到使用语气词的语境，通过交际双方的语言、肢体动作、表情信息等多模态信息理解和感知说话人使用语气词的心理动因。

续表

教学内容	教学设计	互动语言学理论的应用
	对话二： 1. 王小柱对于尤优提早到来是高兴还是不高兴？ 2. 你觉得王小柱的话让尤优觉得怎么样？ 教师：所以，尤优对王小柱说"来了就呗"，希望用这种轻松、不太在乎的语气来回应对方，并化解自己的尴尬，希望可能引起尴尬的话题尽快结束。 引出语言点：当你因为别人的话而感到尴尬、不好意思时，除了可以用"A 就 A 呗"以外，还可以用"A 就 B 呗"格式，这个格式可以表达"轻松、不在乎"的语气，同时也表达了自己希望结束尴尬话题、以保护自己面子的意图。值得注意的是，"A 就 B 呗"结构中，B 通常是 A 的后续事件或必然结果，如"饿了就吃呗""感动就哭呗""难受就回家呗"等。 3. 语法点操练 练习一：机械操练。 教师提供上半句，让学生用"A 就 A 呗"或"A 就 B 呗"来完成对话。例如： （1）A: 你最近有点儿胖了。 　　B: _____。（A 就 A 呗） 　　B: _____。（A 就 B 呗） （2）A: 这个工作你怎么到现在还没做完呀？ 　　B: _____。（A 就 A 呗） 　　B: _____。（A 就 B 呗）	

232　语气词

续表

教学内容	教学设计	互动语言学理论的应用
	练习二：两人活动。每个人写出会让自己觉得尴尬的几件事，然后两人交换纸条。一人根据纸条内容说出让对方觉得尴尬的话，听话的一方用"A 就 A 呗"或"A 就 B 呗"语句回应。常用形式：位于对话序列起始位置的"呗"字所使句 一、话语功能 1. 表达说话人的"尴尬"预期 2. 表达说话人"不在乎"或"随意"的态度，以此来避免说话人和听话人双方面子受损 3. 提出请求或命令 二、教学安排 1. 导入 当你想请陌生人帮忙时，你会说什么？如果你担心被拒绝，你可能会说什么？ 2. 语法点讲解 对话一：电影《非诚勿扰》（2）节选 ［芒果正在跟秦奋聊天，看到有宾馆服务员走过来，让他帮忙叫辆车］ 芒　果：这女的吧，再怎么看也是希望有人欣赏自己，你不是也希望有人欣赏嘛？你总不想当万人嫌吧？ 秦　奋：知道。其实我非常爱她。爱到让人感觉不到，我感觉不到她爱我。	在练习的过程中，需要跟学生说明，当说话人用"A 就 A 呗"或"A 就 B 呗"表达自己的尴尬预期或故作不在乎的语气时，常常有后续话轮，后续话轮往往以"反正……"作为开头。 对话一中，说话人（芒果）使用语气词"呗"表明她对这件事并不在意；对于听者（服务员）来说，做不做取决于自己。句末语气词"呗"起到了维护言者和听者双方面子的作用。这是因为，言者在发出祈使时，对于听者是否能够接受自己的请求还存疑的，因此，为了维护自己的面子而选择使用句末语气词"呗"，率先表明这件事听者做不做都没关系，自己并不至于丢了面子，与此同时，言者也给了听者以做出不在乎、这样一来，如果听者拒绝自己的请求，不至于丢了面子，与此同时，言者也给了听者以做出选择的机会，暗示听者，不论听者是否接受要求，都不会损害其颜面。说话人实现这种交际意图的核心是借助了句末语气词"呗"所表达的不在乎和漫不经心的态度取向，削弱祈使句的命令性。同样，对话二中的"呗"字所使句也体现了这些功能。

续表

教学内容	教学设计	互动语言学理论的应用
	芒 果：[对偶然路过的服务员] 帅哥，帮我叫辆车呗。 服务员：好的。 芒 果：反正至少有一点我可以肯定，她现在心里除了你啊，还真没别人，走了啊。 素 备：Bye-bye！ 对话二：电影《我们的十年》节选 [陈伊诺的追求者请陈静依帮忙转交一封信] 追求者：美女，美女，把这个交给你们屋的陈伊诺呗，多谢，多谢。 张静依：行吧。 教师可通过如下问题导入到该语法点，并引起学生思考，进一步讲解本语言点的典型语境和使用特点。 对话一： 1. 芒果认识这个服务员吗？ 2. 芒果跟服务员说话的目的是什么？ 3. 她知道服务员一定会帮助她吗？ 教师：芒果对第一次见面的服务员提出请求，加上"呗"之后，语气上很轻松、随意。如果服务员不帮助她，她也不会丢面子。我们可以在一个表示请求的句子后面加上"呗"，表达轻松、随意，不在乎的语气，以免被拒绝后丢面子。	

续表

教学内容	教学设计	互动语言学理论的应用
	对话二： 1. 这个追求者认识张静依吗？ 2. 他想请张静依做什么？ 3. 张静依会不会帮他，他知道吗？ 教师：这个追求者请一个陌生人帮忙，他不知道对方会不会帮助他，所以使用语气词"呗"，表达一种轻松、随意、不在乎的语气，给自己和对方留有面子，意思是如果你不帮我帮同学我也没关系。 **3. 语法点操练** 练习一：机械操练。 看图选择合适的句子，例如： （1）帮我拿杯水。 （2）帮我拿杯水呗。 然后请同学们讨论哪个句子更客气。 练习二：班级活动。 请每个同学写出5个请求，然后，全班同学在指定时间内找不同的同学完成5个请求任务，如同学完成了请求，则算作完成任务。要同时请记录同学的反馈话语，在时间结束后向全班同学汇报。要求使用"呗"字祈使句。	

续表

教学内容	教学设计	互动语言学理论的应用
与"不耐烦"之情相关的"呗"字句	"呗"字陈述句 一、话语功能 1. 表达对明知故问或常识性问题的"不耐烦""满不在乎"等负面情感 2. 包含尴尬预期 3. 表达说话人不配合和希望尽快结束相关话题的态度和心理动因 二、教学安排 1. 导入 如果有人问你一个特别简单的问题，比如一加一等于几，你会怎样回答他？你觉得他为什么问你这个问题？你的心情是怎样的？ 2. 语法点讲解 电影《非诚勿扰》（1）节选片段导入： [建国和秦奋多年后见面聊彼此的生活] 建国：那你为什么这么多年还不结婚啊？ 秦奋：没找着合适的呗。 建国：得了吧，也许你从心里就排斥女人。 秦奋：嗯……没有没有没有。 教师可通过如下问题导入到该语法点，并引起学生思考，进一步讲解本语言点的典型语境和使用特点。	根据郑家平（2018）的研究，在言语交际中，当交际者面对明知故问或常识性问题时，通常会流露出"不耐烦""不以为意""满不在乎"等负面情感。言者在使用"呗"字陈述句回答明知故问的问题或解释常识性问题时，句末语气词"呗"表现出了"不耐烦""不以为意"或"满不在乎"的负面事理立场。

续表

教学内容	教学设计	互动语言学理论的应用
	1. 你觉得一个人一直没有结婚，最主要的原因可能是什么？ 2. 如果一个人跟你好多年没见面，一见面就问你为什么还不结婚，你的心情会怎么样？你想问答他这个问题吗？ 教师：建国和秦奋多年不见，一见面建国就问秦奋为什么这么多年不结婚，这个问题让大龄青年秦奋觉得尴尬，同时也不愿意回答这个问题。所以，秦奋用一个显而易见的答案"没找着合适的呗"作答，以此来表明一个显而易见、是这个问题的答案是自己对这个问题的态度是"不耐烦"的，并且希望对方能够感受到自己的这种"不耐烦"情绪，进而结束这个话题。 引出语言点：当别人对你明知故问，或者问一些常识性问题，或他的问题让你感到不耐烦，尴尬而不想正面直接回答时，你可以选择"呗"字传达你希望尽快结束这个无聊话题的不耐烦，并传达你希望尽快结束这个无聊话题的意愿。 3. 语法点操练 两人准备若干个常识性问题向对方提问。要求回答的一方以"呗"字陈述句作为应答。例如： （1）你今天怎么起床这么晚？ ——昨晚睡得晚呗。 （2）你这次考试怎么不及格？ ——没复习好呗。 （3）（爬山时）你怎么不走了？快点儿爬啊？ ——爬不动了呗。	

续表

教学内容	教学设计	互动语言学理论的应用
与"不以为然"的态度相关的"呗"字句	用"呗"字句评述第三方 一、话语功能 1. 评述第三方 2. 表达说话人对第三方的否定态度 3. 在语气上是"随意的""满不在乎的""不以为然的" 二、教学安排 1. 导入 你有一个同学，马上就要考试了，他还是不学习，每天出去玩儿。你觉得他这么做怎么样？ 2. 语法点讲解 对话一：电影《甲方乙方》节选 [钱康询问齐大妈寻死觅青年的情况] 钱 康：为什么呀？水米不进，寻死也别用饿死这招儿啊？ 齐大妈：娶不上媳妇呗，寂寞难耐呗。…… 钱 康：哦，那他这境界可不怎么高啊。 对话二：电影《老炮儿》节选 [六爷朋友到达聚会地点，讨论在冰面上准备打架的六爷]	"不以为然"的态度一般指否定的态度，但这种态度并不是严肃正式的，而是随意的、满不在乎的。当言者使用"呗"字陈述第三方的时候，通常通过这种"不以为然"的态度表达否定的负面事理立场。

续表

教学内容	教学设计	互动语言学理论的应用
	朋友1：那是老六吗？ 朋友2：对面儿谁啊？那么多人？ 朋友3：不是说上医院吗？约架了吧？ 朋友2：约架就约架呗，说什么癌呀？！ **教师可通过如下问题导人到该语法点，并引起学生思考，进一步讲解本语法点的典型语境和使用特点。** 对话一： 1. 钱康和齐大妈在评述谁的事情？ 2. 钱康和齐大妈特别关心这个自杀青年吗？ 3. 齐大妈对这个自杀青年的自杀做法持什么态度？ 教师：齐大妈说自杀青年自杀的原因是"娶不上媳妇呗"，可见齐大妈对他娶不上媳妇就自杀这件事是持否定态度的。 对话二： 1. 这几个人在对话现场吗？ 2. "约架就约架呗"的意思是觉得六爷说谎了吗？ 教师：朋友以为六爷以得癌症为借口骗自己出来约架，因此说"约架就约架呗"，表明了朋友认为六爷这么做是不合情理的，即表达了其否定的负面事理立场。 引出语言点：当你和朋友评论第三方时，如果你对第三方的做法持否定态度，对其不关心或不以为然，就可以使用"呗"字句表达你对第三方的否定态度。	教师的问题在于引导学习者注意到交际双方的互动过程及使用该语气词时所表现出的说话人的情感态度。

续表

教学内容	教学设计	互动语言学理论的应用
	3. 语法点操练 小组活动：四人一组，根据老师给出的句子，列举出尽量多的应答句，要求使用句末语气词"呗"。例如： 教师：她最近怎么不来找你玩儿了？ ——人家忙呗。 ——不做好朋友了呗。 ——不喜欢跟我玩儿了呗。 ——学习太忙了呗。 ——她有男朋友了呗。 ……	

参 考 文 献

奥托·叶斯柏森（1988）《语法哲学》，何勇、夏宁生等译，北京：语文出版社。
北京大学中文系 1955、1957 级语言班（1982）《现代汉语虚词例释》，北京：商务印书馆。
北京大学中文系现代汉语教研室（2012）《现代汉语》（增订本），北京：商务印书馆。
曹逢甫（1995）《主题在汉语中的功能研究——迈向语段分析的第一步》，谢天蔚译，北京：语文出版社。
曹逢甫（2000）华语虚字的研究与教学——以"呢"字为例，《第六届世界华语文教学研讨会论文集》（一），台北：世界华文出版社。
曹广顺（1986）《祖堂集》中与语气词"呢"有关的几个助词，《语言研究》第 2 期。
陈平（1987）话语分析说略，《语言教学与研究》第 3 期。
陈望道（1978）《文法简论》，香港：三联书店。
陈望道（1980）试论助词，载复旦大学语言研究室编《陈望道语文论集》，上海：上海教育出版社。
陈欣（2015）现代汉语"A 就 A 吧"格式考察及教学对策，扬州大学硕士学位论文。
陈颖（2009）《现代汉语传信范畴研究》，北京：中国社会科学出版社。
储诚志（1994）语气词语气意义的分析问题——以"啊"为例，《语言教学与研究》第 4 期。
崔健、孟柱亿（2010）《汉韩语言对比研究》，北京：北京语言大学出版社。
崔希亮（2003）事件情态和汉语的表态系统，载中国语文杂志社编《语法研究和探索》（十二），北京：商务印书馆。
崔希亮（2011）语气词"哈"的情态意义和功能，《语言教学与研究》第 4 期。
邓莹洁（2015）话题标记"啊、呢、吧、嘛"的功能研究，《钦州学院学报》第 9 期。
丁恒顺（1985）语气词的连用，《语言教学与研究》第 3 期。
丁声树（1961/1999）《现代汉语语法讲话》，北京：商务印书馆。
杜道流（2003）现代汉语中的独词感叹句考察，《语言文字应用》第 4 期。
杜道流（2005）《现代汉语感叹句研究》，合肥：安徽大学出版社。
范开泰（1985）语用分析说略，《中国语文》第 6 期。
方梅（1994）北京话句中语气词的功能研究，《中国语文》第 2 期。
方梅（2016a）北京话语气词变异形式的互动功能——以"呀""哪""啦"为例，《语言教学与研究》第 2 期。
方梅（2016b）《互动语言学与汉语研究》（第一辑），北京：世界图书出版公司。

方梅、乐耀（2017）《规约化与立场表达》，北京：北京大学出版社。
房玉清（1992）《实用汉语语法》，北京：北京语言学院出版社。
冯春田（2000）《近代汉语语法研究》，济南：山东教育出版社。
冯胜利（1997）《汉语的韵律、词法与句法》，北京：北京大学出版社。
傅由（1997）小议语气助词"嘛"，《中国人民大学学报》第 6 期。
高名凯（1986）《汉语语法论》，北京：商务印书馆。
高岳（2016）当代北京口语语序易位现象的功能研究，载方梅主编《互动语言学与汉语研究》（第一辑），北京：世界图书出版公司。
高增霞（2009）疑问祈使句"Q＋吧"及其中"吧"的功能，《湖南师范大学社会科学学报》第 5 期。
高增霞（2010）"吧"字祈使句的使用条件，《语文研究》第 2 期。
高增霞（2016）从互动角度看"吧"的使用，载方梅主编《互动语言学与汉语研究》（第一辑），北京：世界图书出版公司。
古川裕（1989）副词修饰"是"字情况考察，《中国语文》第 1 期。
顾曰国（1992）礼貌、语用与文化，《外语教学与研究》第 4 期。
郭继懋（1997）反问句的语义语用特点，《中国语文》第 2 期。
郭锐（2002）《现代汉语词类研究》，北京：商务印书馆。
郭小武（2000）"了、呢、的"变韵说——兼论语气助词、叹词、象声词的强弱两套发音类型，《中国语文》第 4 期。
贺阳（1992）试论汉语书面语的语气系统，《中国人民大学学报》第 5 期。
贺阳（1994）汉语完句成分试探，《语言教学与研究》第 4 期。
贺阳、劲松（1992）北京话语调的实验探索，《语言教学与研究》第 2 期。
何雅媚（2014）"扬升抑降"对亲疏关系的影响，《厦门理工学院学报》第 4 期。
何自然、冉永平（2009）《新编语用学概论》，北京：北京大学出版社。
侯学超（1998）《现代汉语虚词词典》，北京：北京大学出版社。
胡炳忠（1989）有关"呢"的两个问题，《语言教学与研究》第 2 期。
胡德明（2010）《现代汉语反问句研究》，合肥：安徽人民出版社。
胡明亮（2014）有分有合的"啊"和"呀"，《现代语文》（语言研究版）第 7 期。
胡明扬（1981）北京话的语气助词和叹词，《中国语文》第 5 期、第 6 期。
胡明扬（1987）《关于北京话的语调问题——北京话初探》，北京：商务印书馆。
胡明扬（1988）语气助词的语气意义，《汉语学习》第 6 期。
胡明扬（1993）陈述语调和疑问语调的"吧"字句，《语文建设》第 5 期。
胡明扬、劲松（1989）流水句初探，《语言教学与研究》第 4 期。
胡裕树（1979/1995）《现代汉语》（重订本），上海：上海教育出版社。
胡壮麟、朱永生、张德禄等（2005）《系统功能语言学概论》，北京：北京大学出版社。
黄伯荣、廖序东（1991）《现代汉语》，北京：高等教育出版社。

黄国营（1994）句末语气词的层次地位，《语言研究》第1期。
黄南松（1994）试论短语自主成句所应具备的若干语法范畴，《中国语文》第6期。
江结宝（2005）权势关系中弱势角色的礼貌语言特点初探，《语言文字应用》第4期。
江蓝生（1986）疑问语气词"呢"的来源，《语文研究》第2期。
江蓝生（1999）从语言渗透看汉语比拟式的发展，《中国社会科学》第4期。
蒋绍愚（1994）《近代汉语研究概况》，北京：北京大学出版社。
金立鑫（1996）关于疑问句中的"呢"，《语言教学与研究》第4期。
金智妍（2011）现代汉语句末语气词意义研究，复旦大学博士学位论文。
劲松（1992）北京话的语气和语调，《中国语文》第2期。
孔令达（1994）影响汉语句子自足的语言形式，《中国语文》第6期。
黎锦熙（1924/1992）《新著国语文法》，北京：商务印书馆。
李成军（2005）现代汉语感叹句研究，武汉大学博士学位论文。
李讷、安珊笛、张伯江（1998）从话语角度论证语气词"的"，《中国语文》第2期。
李先银（2017）《现代汉语话语否定标记研究》，北京：世界图书出版公司。
李咸菊（2010）口语交际中"呗"的多维选择及话语功能，《洛阳师范学院学报》第3期。
李兴亚（1986）语气词"啊、呢、吧"在句中的位置，《河南大学学报》（哲学社会科学版）第2期。
李宇明（1997）疑问标记的复用及标记功能的衰变，《中国语文》第2期。
李宇明、唐志东（1991）《汉族儿童问句系统习得探微》，上海：华中师范大学出版社。
廖崇阳（2004）语言中的主观性与"吗"字问句，北京语言大学硕士学位论文。
廖秋忠（1989）《语气与情态》评介，《国外语言学》第4期。
林大津、谢朝群（2003）互动语言学的发展历程及其前景，《现代外语》第4期。
刘丹青（2011）叹词的本质——代句词，《世界汉语教学》第2期。
刘锋（2015）互动语言学框架下的湖南吉首方言语用小品词研究，山西师范大学博士学位论文。
刘锋、张京鱼（2017）互动语言学对话语小品词研究的启示，《外语教学》第1期。
刘红原（2014）口语交际中"呗"的情态意义与话语功能考察，北京语言大学硕士学位论文。
刘金勤（2010）语气词"哈"源流考察，《长江学术》第4期。
刘娅琼、陶红印（2011）汉语谈话中否定反问句的事理立场功能及类型，《中国语文》第2期。
刘月华（1988）语调是非问句，《语言教学与研究》第2期。
刘月华等（2001）《实用现代汉语语法》（增订本），北京：外语教学与研究出版社。
刘运同（2002）会话分析学派的研究方法及理论基础，《同济大学学报》（社会科学版）第4期。
卢英顺（2007）"吧"的语法意义再探，《世界汉语教学》第3期。
鲁川（2003）语言的主观信息和汉语的情态标记，载中国语文杂志社编《语法研究与探索》（十二），北京：商务印书馆。

陆俭明（1984）关于现代汉语里的疑问语气词，《中国语文》第 5 期。
陆俭明（1994）同类词连用规则刍议，《中国语文》第 5 期。
吕冀平（2000）《汉语语法基础》，北京：商务印书馆。
吕明臣（1989）汉语答句的意义，载湖北省语言学信息交流中心、社会科学联合会主编《语法求索》，武汉：华中师范大学出版社。
吕明臣（2014）《话语意义的建构》（第 2 版），长春：东北师范大学出版社。
吕叔湘（1942/2014）《中国文法要略》，北京：商务印书馆。
吕叔湘（1955）《语法学习》，北京：中国青年出版社。
吕叔湘（1979）《汉语语法分析问题》，北京：商务印书馆。
吕叔湘（1979/2012）《现代汉语八百词》（增订本），北京：商务印书馆。
吕文华（1983）"了"与句子语气的完整及其他，《语言教学与研究》第 3 期。
罗桂花（2012）语言产生于互动 互动塑造语言，《中国社会科学报》第 7 期。
罗丽芳（2014）分析互动语言学发展的历程与前景探讨，《才智》第 5 期。
马建忠（1898/1983）《马氏文通》，北京：商务印书馆。
马真（2016）《现代汉语虚词研究方法论》（修订本），北京：商务印书馆。
毛继光、蒋敦（2015）认知视角下"哦"的语法化研究，《宜宾学院学报》第 11 期。
聂丹（2005）言语进程中问语的选择，《中国社会科学》第 4 期。
潘允中（1982）《汉语语法史概要》，郑州：中州书画社。
彭聃龄（2001）《普通心理学》（修订版），北京：北京师范大学出版社。
彭利贞（2007）《现代汉语情态研究》，北京：中国社会科学出版社。
齐沪扬（2002）《语气词与语气系统》，合肥：安徽教育出版社。
齐沪扬（2003）与语气词规范有关的一些问题，《语言文字应用》第 2 期。
齐沪扬（2011）《现代汉语语气成分用法词典》，北京：商务印书馆。
齐沪扬、朱敏（2005）现代汉语祈使句句末语气词选择性研究，《上海师范大学学报》（哲学社会科学版）第 2 期。
綦甲福、邵明（2010）德语情态小品词与汉语语气词对比分析，《解放军外国语学院学报》第 6 期。
强星娜（2007）"他问"与"自问"——从普通话"嘛"和"呢"说起，《语言科学》第 5 期。
强星娜（2008）知情状态与直陈语气词"嘛"，《世界汉语教学》第 2 期。
强星娜（2010）话题标记"嘛"与语气词"嘛"，《汉语学习》第 4 期。
屈承熹（2003）话题的表达形式与语用关系，载徐烈炯、刘丹青编《话题与焦点新论》，上海：上海教育出版社。
屈承熹（2006）《汉语篇章语法》，北京：北京语言大学出版社。
冉永平（2004）言语交际中"吧"的语用功能及其语境顺应性特征，《现代外语》第 4 期。
仁田义雄（1997）《日语的语气和人称》，曹大峰等译，北京：北京大学出版社。
邵敬敏（1989）语气词"呢"在疑问句中的作用，《中国语文》第 3 期。

邵敬敏（1996）《现代汉语疑问句研究》，上海：华东师范大学出版社。
邵敬敏（2002）《著名中年语言学家自选集　邵敬敏卷》，合肥：安徽教育出版社。
沈家煊（1994）"语法化"研究综观，《外语教学与研究》第 4 期。
沈家煊（1999）《不对称和标记论》，南昌：江西教育出版社。
沈家煊（2001）语言的"主观性"和"主观化"，《外语教学与研究》第 4 期。
沈家煊（2002）如何处置"处置式"，《中国语文》第 5 期。
沈家煊（2003）复句三域"行、知、言"，《中国语文》第 3 期。
史金生（2011）《现代汉语副词连用顺序和同现研究》，北京：商务印书馆。
史有为（1995）主语后停顿和话题，载中国语言学会《中国语言学会》编委会编《中国语言学报》（第五期），北京：商务印书馆。
孙汝建（1999）《语气和口气研究》，北京：中国文联出版社。
孙维张、吕明臣（1996）《社会交际语言学》，长春：吉林大学出版社。
孙锡信（1999）《近代汉语语气词》，北京：语文出版社。
孙占锋（2008）谈"吧"和"呢"的主观量差异，《江西金融职工大学学报》S1 期。
太田辰夫（1987）《中国语历史文法》，蒋绍愚、徐昌华译，北京：北京大学出版社。
陶红印（2004）口语研究的若干理论与实践问题，《语言科学》第 1 期。
田洁（2010）现代汉语回声拷贝式"A 就 A"结构分析，上海外国语大学硕士学位论文。
王璨（2006）语气词"呗"的语气意义及话语标记功能研究，吉林大学硕士学位论文。
王洪君（1999）《汉语非线性音系学》，北京：北京大学出版社。
王洪君（2014）汉语最小和次小语篇单位的特点和流水句的成因，载北京大学中国语言学研究中心《语言学论丛》编委会编《语言学论丛》（第四十九辑），北京：商务印书馆。
王佳梅（2012）语气词"吧""呢""啊""吗""嘛""哈"的主观性研究，四川师范大学硕士学位论文。
王珏（2012）现代汉语语气词的界定标准，《徐州师范大学学报》（哲学社会科学版），第 6 期。
王珏（2016）语气词的功能模式试论，载中国语言学会《中国语言学会》编委会编《中国语言学报》（第十七期），北京：商务印书馆。
王力（1954）《中国语法理论》，北京：中华书局。
王力（1954/1985）《中国现代语法》，北京：商务印书馆。
王力（1958/1980）《汉语史稿》，北京：中华书局。
王力（1989）《汉语语法史》，北京：商务印书馆。
王敏、杨坤（2010）交互主观性及其在话语中的体现，《外语学刊》第 1 期。
温锁林（2004）真谓宾动词带疑问句形式宾语的语气问题，《语文研究》第 2 期。
文炼、允贻（1987）《语句的表达和理解》，上海：上海教育出版社。
吴福祥（1997）从"VP-neg"式反复问句的分化谈语气词"麽"的产生，《中国语文》第 1 期。
吴福祥（2004）试说"X 不比 Y·Z"的语用功能，《中国语文》第 3 期。
吴海平、陶红印（2016）"都"字结构的互动语言学考察，载方梅主编《互动语言学与汉语研究》（第一辑），北京：世界图书出版公司。

肖治野、沈家煊（2009）"了$_2$"的行、知、言三域，《中国语文》第 6 期。

谢群（2015）语气词的主观意义研究——语气词主观意义研究系列之一，《外语学刊》第 6 期。

谢心阳（2016）互动语言学的理论探索——《面向互动与研学的语法研究》介绍，载方梅主编《互动语言学与汉语研究》（第一辑），北京：世界图书出版公司。

邢福义（1987）现代汉语的特指性是非问，《语言教学与研究》第 4 期。

邢福义（1996）《汉语语法学》，长春：东北师范大学出版社。

邢福义（2002）《现代汉语语法修辞专题》，北京：高等教育出版社。

徐春秀（2008）汉语主观性与语气词"吧"，辽宁师范大学硕士学位论文。

徐晶凝（2000）汉语语气表达方式及语气系统的归纳，《北京大学学报》（哲学社会科学版）第 3 期。

徐晶凝（2007）语气助词"呗"的情态解释，《语言教学与研究》第 3 期。

徐晶凝（2008）《现代汉语话语情态研究》，北京：昆仑出版社。

徐烈炯、刘丹青（2007）《话题的结构与功能》（增订本），上海：上海教育出版社。

严正君（2013）语气词"吧"的主观性及其维译，新疆师范大学硕士学位论文。

杨永龙（2003）句尾语气词"吗"的语法化过程，《语言科学》第 1 期。

殷树林（2009）《现代汉语反问句研究》，哈尔滨：黑龙江大学出版社。

尹世超（1999）说语气词"哈"和"哈"字句，载邢福义主编《汉语语法特点面面观》，北京：北京语言文化大学出版社。

于根元（1984）反问句的性质和作用，《中国语文》第 6 期。

于天昱（2007）现代汉语反问句研究，中央民族大学博士学位论文。

袁毓林（1993）《现代汉语祈使句研究》，北京大学出版社。

袁毓林（1999）定语顺序的认知解释及其理论蕴涵，《中国社会科学》第 2 期。

袁毓林（2003a）从焦点理论看句尾"的"的句法语义功能，《中国语文》第 1 期。

袁毓林（2003b）汉语话题的语法地位和语法化程度，载徐烈炯、刘丹青主编《话题与焦点新论》，上海：上海教育出版社。

原苏荣（2008）汉语的"哈"与英语的 Eh，《外国语》第 3 期。

乐耀（2011）从人称和"了$_2$"的搭配看汉语传信范畴在话语中的表现，《中国语文》第 2 期。

乐耀（2016）从互动交际的视角看让步类同语式评价立场的表达，《中国语文》第 1 期。

乐耀（2017a）汉语会话交际中的指称调节，《世界汉语教学》第 1 期。

乐耀（2017b）互动语言学研究的重要课题——会话交际的基本单位，《当代语言学》第 2 期。

翟燕（2011）近代汉语后期语气词"啊"与"呀""哇""哪"的关系——以《聊斋俚曲》为例，《山东师范大学学报》（人文社会科学版）第 5 期。

张斌（1983）《现代汉语》，北京：中央广播电视大学出版社。

张斌（1991）《汉语语法修辞常识》，香港：香港教育图书公司。

张斌（1998）《汉语语法学》，上海：上海教育出版社。

张斌（2001）《现代汉语虚词词典》，北京：商务印书馆。

张斌、胡裕树（1989）《汉语语法研究》，北京：商务印书馆。

张斌、张谊生（2000）《现代汉语虚词》，上海：华东师范大学出版社。

张恒君（2014）《现代汉语祈使句人际功能研究》，北京：中国社会科学出版社。

张旺熹（2010）汉语"人称代词+NP"复指结构的话语功能——基于电视剧《亮剑》台词的分析，《当代修辞学》第5期。

张旺熹（2012a）汉语人称代词复用结构的情感表达功能——基于电视剧《裸婚时代》台词的分析，《当代修辞学》第3期。

张旺熹（2012b）《汉语口语成分的话语分析》，北京：北京语言大学出版社。

张旺熹（2016）《汉语句法的认知结构研究》（修订本），北京：学林出版社。

张旺熹、韩超（2011）人称代词"人家"的劝解场景与移情功能——基于三部电视剧台词的话语分析，《语言教学与研究》第6期。

张旺熹、李慧敏（2009）对话语境与副词"可"的交互主观性，《语言教学与研究》第2期。

张旺熹、姚京晶（2009）汉语人称代词类话语标记系统的主观性差异，《汉语学习》第3期。

张小峰（2003）现代汉语语气词"吧""呢""啊"的话语功能研究，上海师范大学博士学位论文。

张筱平（1993）谈语气助词"呗"，《逻辑与语言学习》第2期。

张相（1953）《诗词曲语辞汇释》，北京：中华书局。

张谊生（2000）《现代汉语虚词》，上海：华东师范大学出版社。

赵春利（2007）情感形容词与名词同现的原则，《中国语文》第2期。

赵春利（2015）句末助词"吧"的分布验证与语义提取，《中国语文》第2期。

赵春利、石定栩（2015）"呗"的态度取向及其语义基础，《语言教学与研究》第4期。

赵元任（1968/2011）《中国话的文法》，北京：商务印书馆。

赵元任（1979）《汉语口语语法》，北京：商务印书馆。

郑家平（2017）网络互动平台中的语气词研究，《中国语文法研究》（2017卷）。

郑家平（2018）现代汉语语气词的互动功能研究，北京语言大学博士学位论文。

郑立华（2012）《交际与面子博弈——互动社会语言学研究》，上海：上海外语教育出版社。

钟兆华（1997a）语气助词"呀"的形成及其历史渊源，《中国语文》第5期。

钟兆华（1997b）论疑问语气词"吗"的形成与发展，《语文研究》第1期。

周毕吉（2015）《小句中枢视点下的现代汉语感叹句研究》，北京：世界图书出版公司。

周国光（2016）叹词的语法功能、语义功能及其定位，《语言科学》第3期。

周洋（2010）论语气词"哦"的语用功能，《语言应用研究》第5期。

朱德熙（1961）说"的"，《中国语文》12月号。

朱德熙（1966）关于《说"的"》，《中国语文》第1期。

朱德熙（1978）"的"字结构和判断句，《中国语文》第1、2期。

朱德熙（1982）《语法讲义》，北京：商务印书馆。

朱敏（2012）《汉语人称与语气选择性研究》，北京：世界图书出版公司。

朱永生（2005）《语境动态研究》，北京：北京大学出版社。

朱永生等（2004）《功能语言学导论》，上海：上海外语教育出版社。

Brown, P., & Levinson, S. C. (1987) *Politeness: Some Universals in Language Usage*. Cambridge: Cambridge University Press.

Halliday, M. A. K. (1994) *An Introduction to Functional Grammar*. London: Edward Arnold.

Kockelman, P. (2003) The meanings of interjections in the Q' eqchi' Maya: From emotive reaction to social and discursive action. *Current Anthropology*, 44(4).

Li, C. N. & Thompson, S. A. (1981) *Mandarin Chinese: A Functional Reference Grammar*. Berkeley, Los Angeles: University of California Press.

Luke, K. K. (1990) *Utterance Particles in Cantonese Conversation*. Amsterdam, Philadelphia: John Benjamins Publishing Company.

Lyons, J. (1977) *Semantics*. Cambridge: Cambridge University Press.

Palmer, F. R. (1979) *Modality and the English Modals*, London: Longman.

Quirk, R., Greenbaum, S., Leech, G., & Svartvik, J. (1985). *A Comprehensive Grammar of the English Language*. London: Longman.

Talmy L. (1988) Force dynamics in language and cognition. *Cognitive Scinece,* 12(1).

Wu, Ruey-Jiuan R. (2004) *Stance in Talk: A Conversation Analysis of Mandarin Final Particles*. Amsterdam, Philadelphia: John Benjamins Publishing Company.

后　记

汉语的语气词空灵多变，对于汉语第二语言学习者来说，语气词除了难学、难理解以外，还神秘、有趣。在攻读博士学位期间，我将语气词作为自己的研究方向，并撰写了博士论文《现代汉语语气词的互动功能研究》。在撰写论文的过程中，我一直在思考，如何将语气词本体研究的成果转化为可供广大一线汉语教师和国际中文教育研究生直接使用的成果。非常感谢齐沪扬教授邀请我参与到"对外汉语教学语法丛书"编写工作中，这项工作给了我完成博士论文教学转化的机会。在这本书的写作过程中，我将前人和自己关于语气词的本体研究成果重新进行了梳理，从教学实践需求的角度出发，以教学中常见的具体问题为落脚点，为读者提供解决问题的思路及研究范式。感谢本系列主编胡建锋教授，胡教授专业的意见和细致的指导，让《语气词》这本书得以最终完成。希望这本书对语气词课堂教学、教材编写、教学研究能有一定的启发作用。

谨以此书向一直支持和鼓励我的师长前辈表示感谢。感谢我的博士导师张旺熹教授，是张老师的悉心教导指引我走上了汉语语法研究之路。在攻读博士学位期间，张旺熹教授教育我们要具有学术前瞻性，不仅要关心语言学领域的问题，还要关心其他领域的新发展与研究成果。他对我学业上的指引和督促，专业方向上的指导和规划，使我受益终生。感谢我的硕士导师施家炜教授，施老师的言传身教鼓舞着我不断追求学术创新与进步。感谢我的师姐、我学习的好榜样郭晓麟教授，感谢她一直以来对我的热心指引和帮助。感谢在我博士论文开题和答辩期间给予我指导和帮助的专家学者们，正是因为有了专家们的鼓励，我才开始深入探索如何将语气词研究与汉语 L2 教学结合起来。此外，还要感谢原汉语速成学院的领导和老师们对我的大力支持，感谢这本书的责任编辑王巧燕老师严谨、细致、专业的工作。

最后，要感谢一直以来默默支持我的坚强后盾——我的家庭。在撰写本书的过程中，我的先生和双方老人承担了几乎全部家务，让我得以全力投入到书稿撰写工作中。也要感谢我的乖女儿文旸宝贝，她永远以最热情的笑脸和最温暖的拥抱来迎接工作归来的妈妈。

最后，衷心希望本书能够为汉语教学语法研究领域中关于语气词的研究提供借鉴，希望学界开启更多基于语气词的教学研究。希望未来，对于汉语第二语言学习者来说，语气词不再难学、难理解，希望外国同学都能正确使用"啊、吧、吗、了、的、呢、呀、哪、哇、哦、哈、呗、着呢、而已、罢了……"。

也谨以此书送给而立之年的自己，希望能不负师长期望！不负大好时光！